キーパーソンと時代の流れで一気にわかる

鎌倉・室町時代

本郷和人 監修
かみゆ歴史編集部 編

朝日新聞出版

ここのところ出版社やテレビ局に勤務する友人から、「鎌倉時代・室町時代、つまりは中世に注目が集まっている感じがするんだよ」、という話を聞くようになりました。「ん？」ぼくは正直、首を傾げます。ぼくのようなおじさんにとっての中世史ブームというと、それは30年くらい前、網野善彦先生や石井進先生が中世社会のありようを復元する試みを、活発に世に問いかけていた時なんですね。だけど現在は社会構造を分析するような、いわば「重たい」本が売れているようには見受けられません。じゃあ、いったい何が求められているのかな？

それで思い当たるのは、やはり呉座勇一さんの『応仁の乱』（中公新書／2016年）の大ヒットです。なぜあの本が売れたのか。正直、それが的確に把握できたなら、研究者はみんな本を書き始めるでしょう。いやいや、どの道、二番煎じはいけませんね。

冗談はさておいて、あの本の素晴らしいところをぼくなりに考えてみると、「しっかりと根拠を明示しながら叙述をすすめる姿勢」ということになるのではないか、と思うのです。30年前の中世史ブームというと、まだバブルの影響が色濃かった頃。いけいけどんどん、の気風の中では、網野先生の大胆な仮説が受けた。けれども、確実性が重視され、折に触れて「エビデンスを示せ」と要求される現代は、仮説の可能性の面白さ

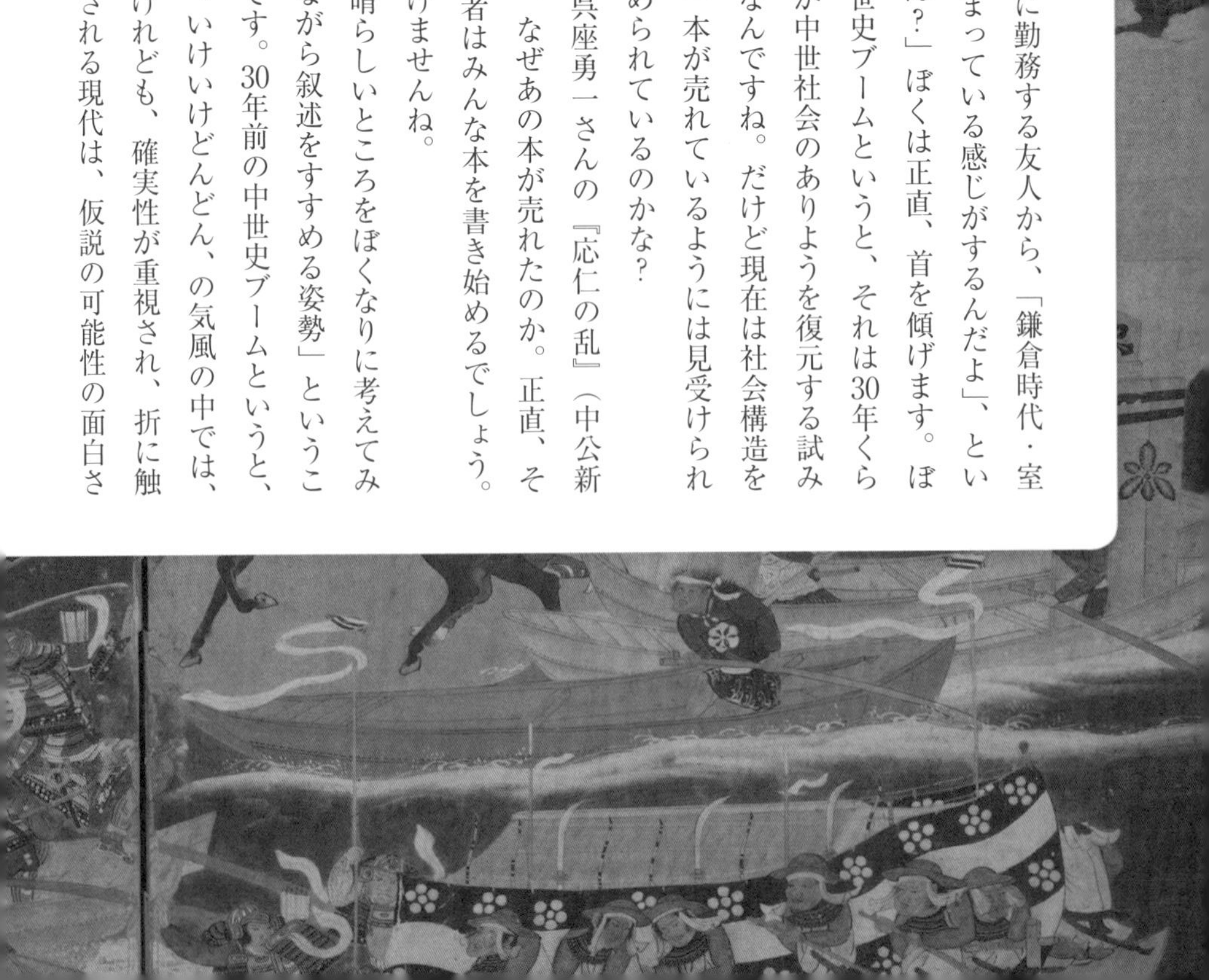

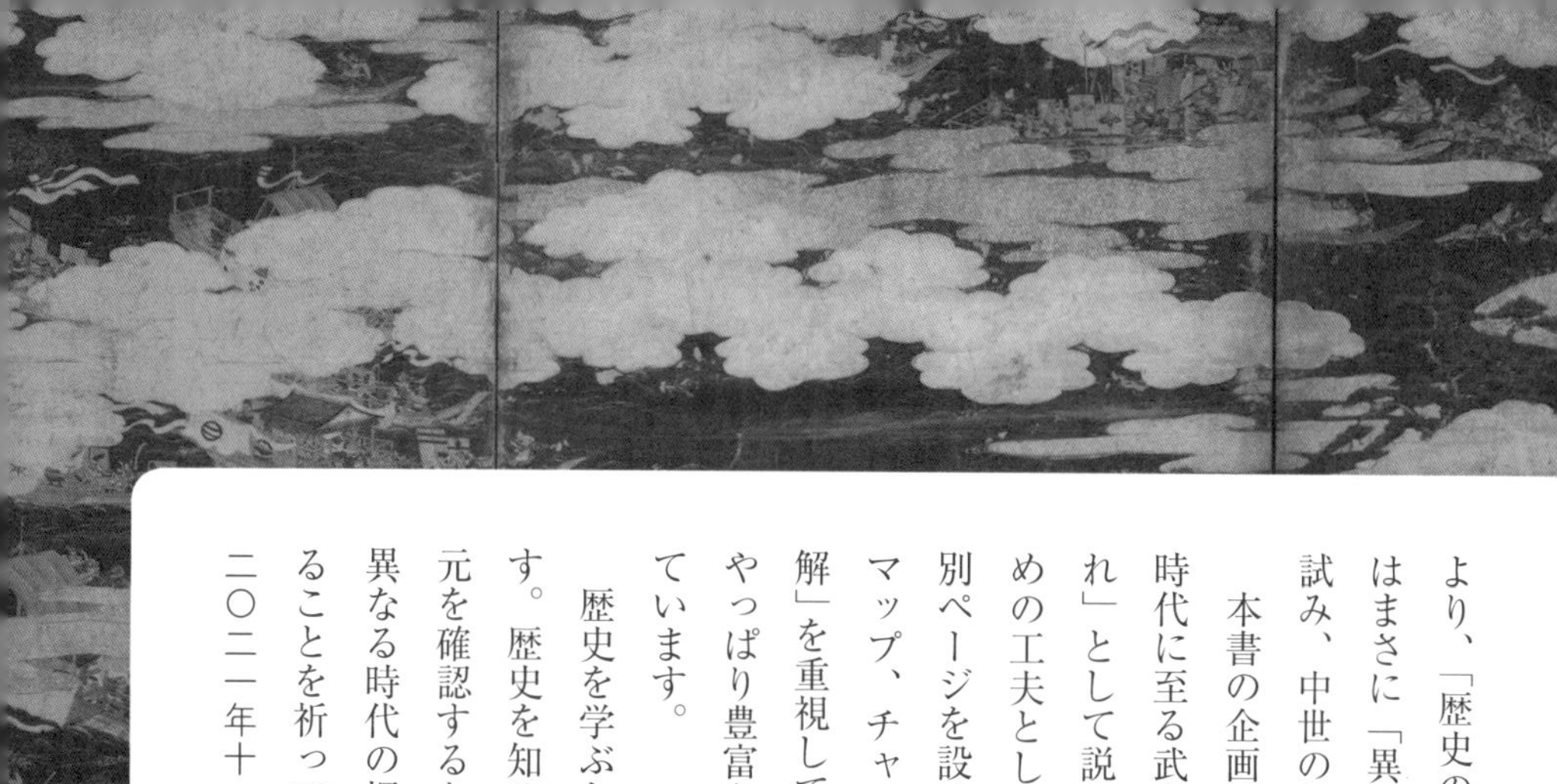

より、「歴史の真実」の解明が喜ばれる。中世というと、現代にとってはまさに「異文化」ですね。真実を求めて異文化と交流する。そうした試み、中世の学び直し、が注目されているのかもしれません。

本書の企画はそうした問題意識から出発しました。平安末期から戦国時代に至る武士の世を、ファクトに忠実に、しっかりとした「一つの流れ」として説き明かす。それが一番の目的です。その目的を達成するための工夫としては、「ミステリー」「古都を歩く」「Features」などの特別ページを設け、多様な視点からの解説を試みました。また、相関図やマップ、チャートなどの図版をふんだんに掲載し、「見ることからの理解」を重視しています。ただ話しているだけの講演は聴衆に飽きられる。やっぱり豊富な画像を用意しないと、という痛い体験(苦笑)に基づいています。

歴史を学ぶとは、先述したように、いわば異文化交流だと考えられます。歴史を知ることによって、現代が鮮明に見えてくる。ぼくたちの足元を確認するためにも、さあ「鎌倉・室町の世界」を楽しんでください。異なる時代の探求が、あなたの内なるイノベーションの生起の一助になることを祈ってやみません。

二〇二一年十一月吉日

本郷和人

キーパーソンと時代の流れで一気にわかる　鎌倉・室町時代　もくじ

第2章 鎌倉幕府の成立と暗躍する北条氏

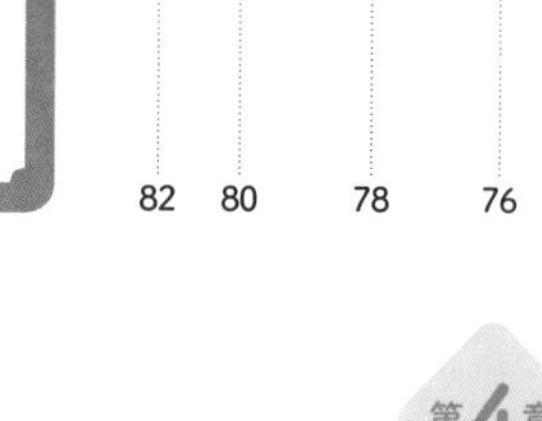

第3章 承久の乱と御成敗式目

第4章 蒙古襲来とその影響

第5章
建武の新政と南北朝の内乱

第6章
足利義満による室町幕府の全盛期

※人物の年齢は数え年とした。
※日付は全て旧暦で表記。南北朝時代の和暦は「南朝／北朝」の順で表記した。
※「足利尊氏」は1333年の改名以前は「足利高氏」とした。

本書の見方

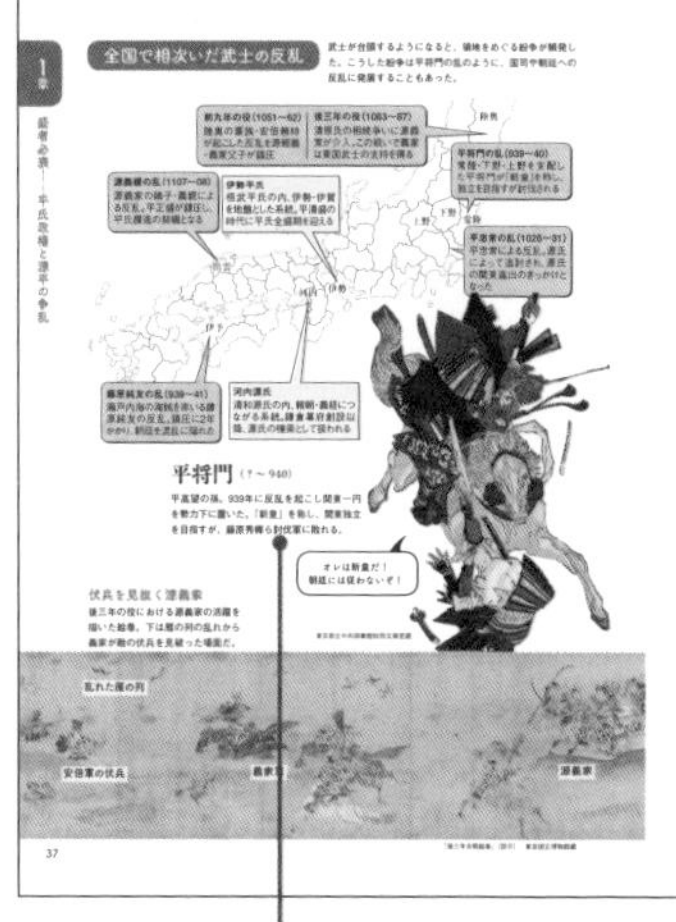

地方で力をつけた武士たちが朝廷に対して反乱を起こす

本文
時代の動きがわかる重要な箇所はマーカーで示した

主な出来事
ページ内で取り上げた主な合戦・事件と、それが起こった年数を記した

コラム「時代のギモン」
その時代の人物や出来事に関する疑問に答え、理解を深めるコラム

登場人物
各ページ内に登場する人物。他ページで解説されている人物にはリンクを入れた

人物紹介
時代を動かした重要人物の生没年や事績を解説

欄外解説

人物解説
ページ内で登場した人物について解説

用語解説
ページ内で登場した重要な用語を解説

10大事件で知る鎌倉・室町時代

1167年

FILE 01
平清盛が太政大臣になる

➡ P40

保元・平治の乱でライバルである源氏を打ち負かした清盛は、その勢いで日本初の武家政権を樹立！武士で初となる太政大臣にまで上りつめた。しかし、平治の乱で源頼朝を流罪にしたことが、平氏の命取りとなるのだった……。

平相国清盛
東京都立中央図書館蔵

平安時代

1180年

FILE 02
源頼朝が鎌倉入りを果たし政権を樹立

➡ P66

父の敵である平氏を討つと誓った頼朝。一度は平氏に大敗するも味方を集め鎌倉入りに成功した。ところで鎌倉時代の成立年は1192年？ 1185年？ 1180年？答えは本編へGo！

伝源頼朝肖像
神護寺蔵

時代を動かした10人

1118 平清盛 ➡ P12 1181

1147 源頼朝 ➡ P14

1159 源義経 ➡ P16

1157 北条政子 ➡ P18

1163

1274・81年

FILE 05 北条時宗の活躍で二度の蒙古襲来を退ける

➡ P112・P116

北条時宗肖像
模写／東京大学史料編纂所蔵

国交を拒み続けた結果、元軍が日本に襲来。若き執権北条時宗は、運を味方につけ二度も撃退に成功！しかし恩賞が不十分だったため、戦で疲弊した人々は幕府への不満を募らせるのであった……。

1185年

FILE 03 源義経が壇ノ浦で平氏を滅ぼす

➡ P56

兄・頼朝と涙の対面を果たし、打倒平氏に燃える義経は、得意の奇襲戦法でついに平氏を滅ぼした。しかし戦の後に待っていたのは、頼朝の非情な仕打ちだった……。

源義経銅像
山口県下関市

鎌倉時代

1221年

FILE 04 承久の乱で北条義時が朝廷に勝利

➡ P90

後鳥羽上皇が、幕府の執権・北条義時を討つため挙兵！窮地に追い込まれた義時だったが、持ち前のカリスマ性で対応。さらに姉の政子が軍の士気を高め、上皇の制圧に成功した。

北条政子木像
安養院蔵

頼朝様のご恩を忘れるなかれ！

1242 北条泰時 1183

1199

1284 北条時宗 ➡ P22 1251

1189

北条貞時 1272

1225

1224 北条義時 ➡ P20

1333年

楠木正成銅像

FILE 06 後醍醐天皇が鎌倉幕府を滅ぼし、新政権樹立

➡ P140

天皇中心の政治を取り戻すため、後醍醐天皇が倒幕を計画！鎌倉幕府に不満を持つ武士たちの協力でついに倒幕を果たした後醍醐は、新政権を樹立するが……。２年で崩壊した後醍醐の「建武の新政」ってどんな政治だったの？

皇居外苑／東京都千代田区

室町時代

南北朝時代

建武の新政

鎌倉時代

1336年

FILE 07 足利尊氏が幕府開府 南北朝時代はじまる

➡ P144

「建武の新政」に不満を持った足利尊氏が挙兵し、後醍醐方の軍勢に勝利！尊氏は入京を果たすと新しい天皇をたてて室町幕府を開く。一方で後醍醐は吉野で自身が天皇だと主張。朝廷が南北に分裂する前代未聞の事態に……！

足利尊氏木像
等持院蔵

後醍醐天皇 ➡ P24　1288–1339

足利尊氏 ➡ P26　1305–1358

1358

北条貞時　1311

楠木正成　1294–1336

足利義満

イラスト＝ニシザカライト

1392年

FILE 08

足利尊氏が幕府の最盛期を築き、ついに南北朝合一

➡ P160

3代将軍足利義満は、ライバルの権力者たちを次々と失脚させ幕府の権力を高めると、約60年間分裂していた南北朝の合一を果たした。武家・公家・寺社の頂点を極めた超カリスマの義満。実は自分が天皇になりたかったって本当？

室町時代

1441年

FILE 09

赤松満祐が将軍義教を殺害（嘉吉の乱）

➡ P182

クジで選ばれた6代将軍の足利義教。恐怖政治を行ったため反発した守護大名の赤松満祐が義教を暗殺！幕府の権威は地に落ちた……。

足利義教肖像
模写／東京大学史料編纂所蔵

1467年

FILE 10

足利義政の後継争いから応仁の乱が起きる

➡ P188

幕府の衰退が始まった頃、8代将軍になった足利義政。芸術に没頭して政治をおろそかにしたため応仁の乱が勃発！武将が群雄割拠する戦国時代に突入する。

足利義政肖像
模写／東京大学史料編纂所蔵

1394 足利義教 1441

1439 足利義視 1491

1408 足利義満 ➡ P28

1440 日野富子 1496

1436 足利義政 ➡ P30 1490

平清盛

武家の世を切り開き
平氏一門の全盛を築いた
時代の革命児

生没年 1118～81年
享年 64

法皇を幽閉し独裁政権を樹立

平安時代末期、初の武家政権を樹立し、武士を政治の主役の座に引き上げたのが平清盛である。

院政を行う上皇の近臣にすぎなかったが、36歳で平氏の棟梁となると、保元・平治の乱で朝敵から天皇を守り、平氏の権力を確固たるものにした。

その後も破格の出世を遂げ、50歳で武士として初めて太政大臣に就任。さらに対立する後白河法皇を幽閉し、孫の安徳天皇を即位させて実権を握り独裁政権を樹立する。都を摂津（兵庫県）福原に遷すなど、型破りな改革を断行したが、間もなく源頼朝など各地で反平氏勢力が挙兵し、全国的な内乱に発展。京の防衛態勢を固める中、熱病にかかり「最後の一人になるまで戦え」と一門に遺言して亡くなったという。

イラスト＝竹村ケイ

厳島神社社殿 広島県廿日市市

清盛は厳島神社を崇敬し社殿を造営した。現在残るのは後世に再建されたもの。

平忠盛
白河法皇・鳥羽上皇のもとで活躍

時子
妻を亡くした清盛のもとに嫁ぐ

清盛
36歳で平氏の棟梁となる

徳子
高倉天皇に嫁ぐ

安徳天皇
3歳で天皇に即位

重衡
平氏の大将として活躍

知盛
軍事面で宗盛を支えた

宗盛
清盛の死後棟梁に

重盛
清盛の先妻の子。期待の嫡男だったが病死

1118年 平忠盛の子として誕生

▼

平氏の棟梁になる
父の忠盛が死去し、清盛が36歳で後継する。

▼

保元の乱（1156） ⇩P40
後白河天皇と崇徳上皇の争い。清盛は後白河側につき勝利。

▼

平治の乱（1159）
源義朝が後白河法皇に謀反を起こし、清盛が鎮圧。

▼

太政大臣に就任
武士で初の太政大臣になるが、福原の都市開拓のため3カ月で辞任。

▼

鹿ケ谷の陰謀（1177） ⇩P46
後白河法皇による清盛討伐の計画が発覚。後白河の重臣の多くが処罰された。

▼

1181年 熱病により死去

横暴な独裁者とされた清盛

古くから平清盛は横暴な独裁者とされてきた。そのイメージを定着させたのは『平家物語』だろう。清盛を猛き者、悪人と呼び、政治活動を悪行と断じた。それは武力クーデターによる朝廷支配や、公家の反対を押し切って実行された福原遷都などが、天皇に敵対的な不忠な行為とされたためだ。

しかし、近年は研究の進展により評価は変わりつつある。排外主義がはびこる朝廷にあって、積極的に宋との貿易に取り組んだ先進性は、後世の織田信長とも比較される。軍事独裁政権の樹立に対しても、貴族政権に真っ向から立ち向かい、東アジアに開かれた新王朝の樹立を目指した変革者といった評価が与えられている。実力で武士の世を切り開いた英雄が、清盛の実像だったのである。

用語解説

『平家物語』 鎌倉時代の軍記物語。平家の栄華から没落までを、時にフィクションを交えながら劇的に描く。琵琶法師が「平曲」として語ることによって伝えられた。➡P62

源頼朝

生没年 1147〜99年
享年 53

朝廷の権威によらない恩賞

源頼朝の最大の功績は、鎌倉幕府を樹立し、本格的な武家政権を創始したことだ。しかし、武士が政権を掌握したという点では、クーデターにより朝廷を掌握した平清盛も同じである。両者の違いは何なのか。

それは、平氏政権が天皇家との姻戚関係や軍事力によって朝廷を掌握したのに対し、頼朝は朝廷から距離を置き「武士のための政権」を築いた点だ。従来、武士への恩賞も所領の没収もすべて主体は朝廷にあった。しかし頼朝は、自分の意志で御家人に所領の保全を約束。その一方で敵対する武士は徹底的に殲滅して土地を奪い、御家人に分け与えた。御家人は将軍に忠誠を誓い、その恩賞として土地が与えられる「御恩と奉公」の関係が成立した。

鶴岡八幡宮　神奈川県鎌倉市

1180年に頼朝が現在の場所に移し、源氏の守護神として崇拝された。

源義朝
平治の乱で平清盛に敗れる

北条時政
伊豆の豪族。頼朝を支援した

義経
平氏を滅ぼすが、兄・頼朝と対立

頼朝
鎌倉幕府初代将軍

政子

実朝
3代将軍

頼家
2代将軍

1147年 **源義朝の子として誕生**
平治の乱で伊豆に流され、伊豆で北条政子と結婚する。

▼

平氏打倒のため挙兵（1180）
伊豆で挙兵。石橋山の戦いで大敗するが、立て直す。弟義経が平氏を滅ぼす。

▼

鎌倉幕府を開く P66
幕府成立年は守護・地頭が設置された1185年説が有力。

▼

奥州合戦で義経・藤原氏を排除 P70
義経と対立。奥州に逃げた義経を自害に追い込み、奥州藤原氏を滅ぼした。

▼

征夷大将軍に任命される（1192）

▼

1199年 **落馬により死去（諸説あり）**

御家人の信頼だけが頼り

朝廷の権威や行政機構によらず、武士に対して個別に所領の保全・没収を行う権力は、頼朝以前にはなかった。頼朝の新しさは、所領を媒介に主従関係を築いた点だ。

また、御家人と1対1の絆を結び、主従関係に人格的なつながりを持った点も画期的だった。挙兵の際、頼朝は武士を一人ずつ部屋に呼び「お前だけが頼りだ」と訴えたという。

こうした政治姿勢は、頼朝の政権が反乱軍として出発したことと無関係ではない。公的な動員命令も朝廷の権威を背景にした恩賞も下せない頼朝は、独断で所領を保障し御家人の信頼を勝ち取るしかなかった。それが頼朝の軍隊の強さの秘訣であり、結果的に鎌倉幕府という新しい政治権力を生む推進力となったのである。

用語解説
源氏　814年に嵯峨天皇が財政圧迫緩和のために多くの皇子を家臣にした際、源の姓が与えられた。中でも清和源氏は武家の棟梁として力をつけ、皇族や摂関家に仕えた。

参

源義経

生没年 1159～89年
享年 31

源氏を勝利に導いたが
兄に追われ奥州に散った
悲劇のヒーロー

奇襲戦法で平氏軍を撃破

義経ほど苦難と栄光の落差の激しい人物は少ないだろう。1歳の時、平治の乱にあい父義朝と死に別れ、幼少期を謀反人の子として鞍馬寺で過ごした。鞍馬山に籠もって修行し武芸を磨き、やがて立派な若武者に成長した義経は、平氏打倒を目指して京を出奔。平泉に下って奥州藤原氏の庇護を受けたのち、兄の頼朝の挙兵を知りはせ参じる。富士川の戦いの直後、駿河（静岡県）の黄瀬川で初めて対面した頼朝と義経は、涙を流しながら昔を語り合ったという。当時、義経は22歳、頼朝は34歳だった。

じつは、義経が歴史の表舞台で活躍するのは、これ以後5年ほどにすぎない。しかしその武功は、義経を日本史上屈指のヒーローたらしめる華々しいものであった。

対面石　八幡神社／静岡県清水町

頼朝と義経が初めて対面した際に腰掛けたと伝わる石。写真手前の石に義経、奥に頼朝が座ったという。

1159年 源義朝の子として誕生

▶ 平治の乱で父を亡くし、京の鞍馬寺で育つ。成長した義経は京を出て奥州平泉へ。

兄の頼朝に出会う

▶ 兄頼朝が平氏追討のため挙兵したと聞き黄瀬川へ参陣。この時初めて頼朝と対面。

一ノ谷の戦い（1184） ➡P54

▶ 一ノ谷に陣を張る平氏軍を背後の断崖から奇襲し勝利。平氏の多くが討死した。

壇ノ浦で平氏を滅ぼす（1185）

▶ 屋島の戦い・壇ノ浦の戦いで勝利し平氏を滅ぼす。

▶ 平氏滅亡後、頼朝に鎌倉入りを拒まれ対立。頼朝追討を決意するも失敗。

1189年 平泉で死去

▶ 頼朝に追われ義経は奥州平泉へ逃げるも、自害に追い込まれる。

兄頼朝との確執

一ノ谷の戦いでは、そそり立つ断崖を騎馬で駆け下りて平氏軍を混乱に陥れる。屋島の戦いでは、嵐の中をわずか5艘で四国に渡り、背後から平氏本陣を急襲した。この電光石火の奇襲戦法が義経の持ち味だった。

しかし、壇ノ浦の戦いで平氏を滅ぼしたのち、義経の人生はふたたび暗転する。頼朝に疎まれ鎌倉入りすら拒まれたのだ。義経は兄に無実を訴えたが無駄だった。不仲の原因は、梶原景時の讒言、戦場での独断専行、壇ノ浦での宝剣の喪失、頼朝の許可なく任官したことなど諸説あるが、真実は不明だ。頼朝への反抗にも失敗した義経は京を落ち、各地を潜伏したのち逃亡先の奥州平泉で藤原泰衡の裏切りにあい自害。平氏追討の栄光から4年後のことであった。

用語解説

壇ノ浦の戦い　山口県下関の壇ノ浦で起きた平氏水軍と義経水軍の海上戦。一時平氏が優勢だったが、次第に義経軍が圧倒。敗北を悟った平氏軍は次々と海へ入水し、滅亡に至った。

四

北条政子

生没年 1157~1225年
享年 69

夫亡きあと幕府の支柱となった尼将軍

大恋愛の末に頼朝と結婚

中世の女性政治家といえば、真っ先に北条政子を思い浮かべる人は多いだろう。源頼朝の妻、将軍頼家・実朝の母として政治を後見し「尼将軍」と呼ばれた。そのため古くから、政子を烈女とするイメージも定着している。実際、頼朝の愛妾亀の前の隠れ家を破壊し、彼女をかくまった御家人を追放しており、嫉妬深い性格だったのは事実だろう。一方、父時政の反対を押し切り、流人の頼朝との恋を貫く情熱的な一面もあった。

そうした政子の主体性・実行力が発揮されたのは政治の世界だ。夫の死後、出家し「尼御台」と呼ばれた。政子は、2代将軍となった頼家の資質に不安を覚え御家人による合議制を導入するなど、常に幕府の安定と発展を最優先に考えた。

安養院　神奈川県鎌倉市

北条政子が夫・頼朝を弔うために建てた長楽寺が焼失後、現在の場所に再建され、政子の法名である「安養院」と名付けられた。

北条時政
鎌倉幕府の初代執権

義時
政子の弟。ともに政治を行う

政子
頼朝の死後、幕府の実権を握り政治を行う

源頼朝
伊豆に配流中、政子と結婚

実朝
3代将軍。暗殺され、源氏将軍が断絶する

頼家
2代将軍。政子は素質に不安を抱き合議制を導入

大姫
父の策謀で婚約者の源義高を謀殺され心を病む

公暁
叔父・実朝を父の仇と思い込み、暗殺。その後自身も謀殺される

1157年　伊豆国で生誕
▼
頼朝と結婚
父時政の反対を押し切り、流人の頼朝と結婚。
▼
鎌倉幕府が成立　➡P66
1185年に平氏が滅亡すると夫の頼朝が鎌倉幕府を開く。将軍の妻となる。
▼
頼朝が死去する（1199）
政子は出家し、息子の頼家が2代将軍となる。
▼
政子は頼家から将軍職を剥奪。また、弟の義時と謀り、父・時政から執権を奪った。
▼
承久の乱（1221）　➡P90
後鳥羽上皇が義時追討のため挙兵。政子は武士たちを説得して勝利に導く。
▼
1225年　69歳という高齢で死去

尼将軍として幕府の発展に尽くす

政子の冷徹な政治家としての一面を表すのが、身内に対する厳しい処遇である。外戚の比企（ひき）氏と結んだ長男頼家の将軍職を奪って出家させ、弟義時（よしとき）と謀り父時政を追放した。3代将軍実朝（さねとも）の死後は、幼い三寅（みとら）（九条道家の子、4代将軍九条頼経）の後見役となり、事実上の「鎌倉殿（かまくらどの）」として幕政や訴訟の最終決定を下す権限を握ったのだ。これが尼将軍と呼ばれるゆえんである。

承久（じょうきゅう）の乱では、御家人たちに結束を呼びかけ幕府の勝利に貢献。義時の死後に起こった伊賀（いが）氏との執権職の後継争いでは、甥の泰時（やすとき）を執権に就任させることに成功した。鎌倉末期の歴史書は、実朝の次の将軍に政子の名をあげている。武家政権成立史に名を刻む女傑といえよう。

用語解説

承久の乱　後鳥羽上皇が政権奪還のため京で挙兵し、これを幕府軍が制圧した戦い。この戦いにより上皇は隠岐へ流され、幕府の権威は朝廷のある京に及ぶほど高まった。

五

北条義時

生没年 1163〜1224年
享年 62

北条氏専横のために暗躍
彼はなぜライバルたちに
打ち勝つことができたのか

最年少で13人の合議制に参加

鎌倉幕府の成立に大きな役割を演じながら、意外に実績が知られていないのが北条義時ではないだろうか。知略と謀略で、執権の座を勝ち取り、幕府を北条氏中心の政権に変えたのが義時だ。

若い頃から頼朝の信任を受け「家子の専一」といわれた。家子は御家人から武芸に秀でた者を選んで頼朝の寝所の警固を命じたものである。下河辺行平や結城朝光など11人の勇者が選ばれ、義時はその筆頭だった。『増鏡』は「心が猛く、肝の据わった人物だった」と評している。

2代将軍頼家の時に設置された有力御家人による「13人の合議制」にも最年少で加わった。頼朝挙兵以来の功労者であるとともに、その政治力は誰もが認めるところだった。

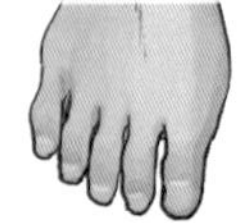

義時の墓　静岡県伊豆の国市

義時と後妻・伊賀の方の墓が並ぶ。伊賀の方は義時死後に、「伊賀氏の変」で北条政子により伊豆へ流された。

北条時政
義時・政子の策謀により執権職を剝奪される

政子
義時の姉。頼朝の死後、ともに政治を行った

義時
2代執権。謀略により幕府を北条氏中心の政権へ変えた

宗時
時政の嫡男だが、源平合戦で討死する

重時
六波羅探題に就任し、晩年は執権の補佐をした

朝時
一度父から絶縁されるが、その後幕臣に復帰する

泰時
3代執権。御成敗式目を制定し、政治を安定させた

時氏
父に先立ち28歳の若さで死去

1163年　伊豆国で誕生

▶ 姉政子の夫頼朝が平氏に勝利し幕府を開く。しかし1199年、頼朝死去。

13人の合議制に抜擢 ⬇P74

▶ 2代将軍頼家の補佐のため、13人の合議制が始まり、義時は最年少で参加。

▶ 父の時政とともにライバルの有力御家人たちを次々と失脚させる。

2代執権に就任（1205）⬇P76

▶ 義時は謀略で父時政を失脚させ、2代執権を継ぐ。

承久の乱（1221）⬇P90

▶ 義時追討のため挙兵した後鳥羽上皇に勝利。義時の権力は揺るぎないものとなる。

▶ **1224年　脚気により死去**

執権の地位を確立

義時は「江間（えま）」を名字としており、北条氏の嫡流ではなかったとされる。父時政は謀略で比企氏や畠山（はたけやま）氏を滅ぼし初代執権として権勢をふるったが、義時がその地位を受け継ぐという保証はなかったのだ。そこで義時は謀反の嫌疑で時政を幽閉。和田（わだ）氏を滅ぼして政所・侍所の長官を兼務し、北条氏の家督と幕府の実権を手に入れる。ここに幕府の最高実力者である執権の地位は確立した。

この実力を背景に、後鳥羽（ごとば）上皇との承久の乱に勝利。幕府は全国政権となり朝廷を超える実力を得た。清盛・頼朝が営々と築いてきた武家政権は、義時によって完成されたのだ。死後、義時の嫡流は得宗（とくそう）、本家は得宗家と呼ばれた。義時は事実上の北条氏の祖として、敬われ続けたのである。

執権　将軍の補佐を行う役職で、3代将軍実朝が幼かったために、北条時政が執権に就任したことから開始された。のちに義時がその座を奪い、義時の嫡流を得宗家と呼んだ。

六

北条時宗

揺るぎなき意志で蒙古の毒牙を振り払った若き執権

生没年 1251〜84年

享年 34

得宗家の専制化を進める

中世史上最大の対外危機とされる蒙古襲来。この時、幕政を主導し、未曽有の国難を救った若き執権が北条時宗である。急死した父時頼に代わって13歳で得宗家を継ぎ、日本に服属を促すフビライ＝ハンの国書が届いた翌年、18歳で執権となる。

時宗にはモンゴルへの対応だけでなく、父時頼に始まる得宗家の専制化を推し進める使命もあった。長老の北条政村、外戚の安達泰盛らと協力し、宮将軍の宗尊親王を追放して幼い将軍を擁立。さらに得宗家に敵対する北条一族の名越氏、時宗の異母兄時輔を討つなど（二月騒動）、得宗家への権力集中を進めた。34歳で病死した時宗だが、反対勢力を排除する強硬姿勢で、得宗家の権力を揺るぎないものにした。

復元された元冠防塁　福岡県福岡市

生の松原地区には、元冠の際に時宗が築かせた防塁が復元されている。

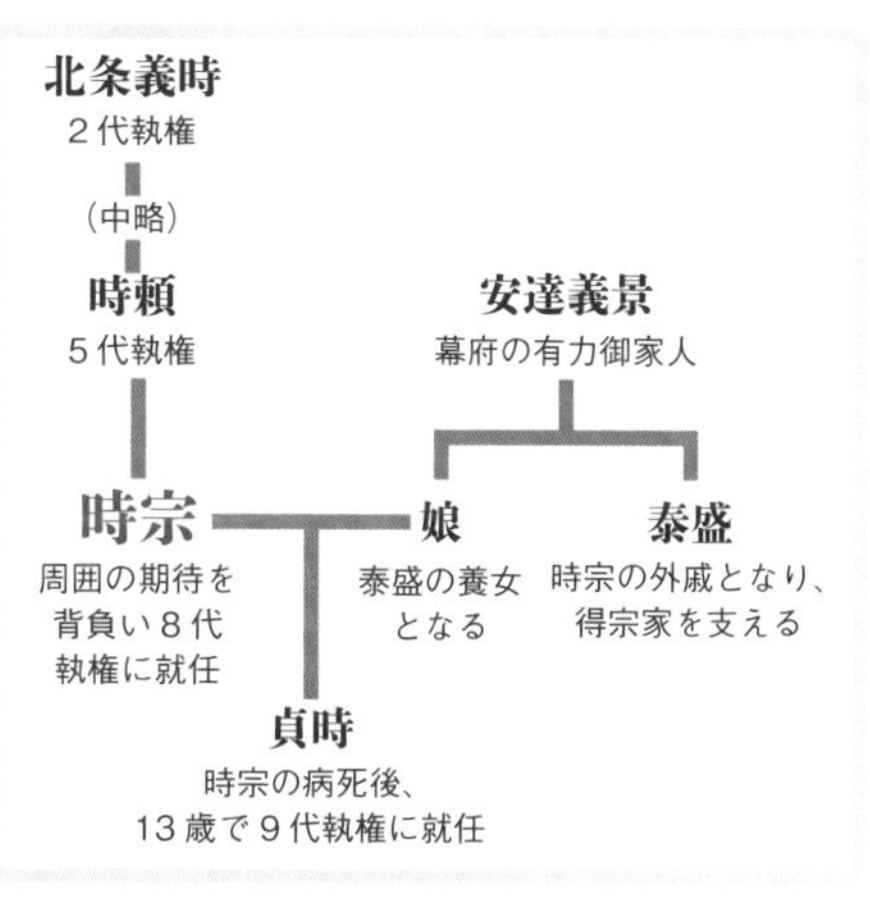

1251年　北条時頼の次男として誕生

▼

8代執権に就任

元から服属を要求する国書が届き幕府が混乱する中、18歳の若さで執権に就任。

▼

時宗が追放した6代将軍宗尊親王側の敵対勢力を謀反の疑いで誅殺。（二月騒動）

▼

文永の役（1274） P112

幕府が元への服従を拒否したため元軍が襲来。激戦となり、元軍は撤退した。

▼

弘安の役（1281） P116

次の襲来に備え防塁を築く。2度目は10万以上の軍勢が襲来したが台風で退けた。

▼

1284年　病で急死する

▼

御家人の不満が高まる

蒙古襲来の恩賞が十分に出ず、御家人の暮らしは困窮。

御内人の台頭と皇統の分裂

モンゴルに対しても断固とした姿勢で臨んだ。元の使者を斬り、九州の御家人に海岸防備や防塁築造を命令。西国の守護に北条一門を配して得宗権力を九州まで浸透させた。「神風」と呼ばれた台風の助けもあって、2度の侵攻（文永・弘安の役）を退けた時宗は英雄として名を残す。

その一方、時宗の治世は様々な対立の火種がまかれた時代でもあった。この頃から得宗家の直臣の御内人が勢力をのばし、御家人との対立を深めたため幕政が不安定になった。

さらにこの頃、皇統が分裂。後深草上皇の持明院統と亀山天皇の大覚寺統の争いが始まったのだ。幕府の調停が中途半端だったため対立は激化し、やがて後醍醐天皇の挙兵と南北朝の分裂を招く。

用語解説

元　1271～1368年の中国大陸の王朝で、チンギス=ハンが建てたモンゴル帝国を孫のフビライが元という国名に改め成立。フビライの死後、後継争いにより政治が混乱し衰退していく。

後醍醐天皇

生没年 1288〜1339年

享年 52

隠岐から奇跡の復権を果たす

2度の倒幕計画に失敗しながらも北条氏に不満を持つ武士を糾合し、約150年に及ぶ鎌倉幕府の歴史に終止符を打ったのが後醍醐天皇である。

当時朝廷では、皇統が持明院統と大覚寺統で対立。幕府は両統が順番で皇位に就く両統迭立を推奨していた。これに不満を持った大覚寺統の後醍醐は、政権を朝廷に取り戻すべく倒幕を計画する。

1度目の正中の変は密告により失敗。2度目の元弘の変では笠置山に籠り、全国の武士に決起を呼びかけたが、捕らえられ隠岐に流された。しかし後醍醐は諦めず、隠岐から脱出。さらに楠木正成や護良親王のねばり強い抗戦により天皇方に寝返る武士が続出した。足利尊氏・新田義貞の離反で鎌倉幕府は滅亡したのだった。

後醍醐天皇

後醍醐は勢力拡大のために自らの皇子たちを全国に派遣した

- **懐良（かねよし）親王**：征西将軍に任命され、九州に派遣される
- **義良（のりよし）親王**（後村上天皇）：新政初期、北畠顕家らと陸奥へ派遣され、奥州を統治
- **成良（なりよし）親王**：新政初期、足利直義と鎌倉へ派遣され、関東を統治
- **恒良（つねよし）親王**：北陸で室町幕府軍と戦うが敗れて自害
- **宗良（むねよし）親王**：奥州に派遣されるが遭難し信濃・越後で勢力の拡大に努めた
- **護良（もりよし）親王**：尊氏討伐のため挙兵するが、父の命で囚われて足利氏に引き渡され幽閉
- **世良（ときよし）親王**：出生は不明だが、若くして病死
- **尊良（たかよし）親王**：金ヶ崎の戦いで室町幕府軍に敗れ死去

1288年 大覚寺統の皇子として誕生

▼

第96代天皇に即位（1318）

即位後、父の後宇多法皇が隠居し後醍醐は親政を行う。

▼

倒幕を計画した正中・元弘の変 P134

両統迭立に不満を持ち、倒幕を計画するが2度とも失敗し隠岐に流される。

▼

建武の新政（1333） P140

武士の活躍で倒幕に成功。後醍醐は建武の新政を始めるが武士の不満が高まる。

▼

足利尊氏が室町幕府を開く P144

建武の新政への不満が高まり尊氏が挙兵。尊氏は光明天皇を立て、幕府を開く。

▼

吉野に南朝を開く

吉野へ逃げた後醍醐が皇位の正統性を主張し南朝を開いたため、南北朝時代が始まる。

▼

1339年 病で死去する

朕が新儀は未来の先例

帰京した後醍醐は「建武（けんむ）の新政」と呼ばれる改革に着手する。「公家一統」（公家中心の政治）を目標としたが、訴訟制度など武家政治の優れた点は受け継いだ。文官を中心に才ある者を抜擢し皇帝が実権を握る、宋の専制政治を目指したともいわれる。しかし新政は武士の反発を受け、後醍醐は尊氏と対立し吉野に出奔。北朝と南朝が並ぶ南北朝時代が始まる。

鎌倉幕府転覆のため自ら護摩を焚いて密教の祈禱を行い「異形の天皇」と呼ばれた後醍醐。倒幕後は「朕が新儀は未来の先例」（私の新政は後代の模範）と意気込んだ。戦前は武家政権を倒した英主と仰がれ、今もその革新性を支持する声が根強いが、一方で古い秩序に縛られた保守的な政治家という見方もあり評価は割れる。

用語解説

建武の新政　鎌倉幕府の滅亡後に後醍醐が始めた政治。平安時代の「延喜・天暦の治」を理想とし、鎌倉時代の慣例を否定したため武士の不満を招き、足利尊氏の離反で崩壊した。

足利尊氏

抜群のカリスマ性と勝負強さにより新たな幕府を築いた武家の棟梁

生没年 1305～58年 **享年** 54

北朝を擁立し室町幕府を樹立

源氏3代の滅亡後、清和源氏の嫡流を自認したのが足利氏だった。しかし、幕府では北条氏の下風に立たされ、歴代当主には「天下を取るべし」とする家訓が伝えられていたともいわれる。

足利尊氏も得宗家への不満を抱き、後醍醐天皇の討伐のため上洛したのを機に離反。関東の新田義貞と連携して六波羅探題を攻略し、倒幕の功労者となった。

しかし建武政権で冷遇され天皇と対立。鎌倉に居据わって帰京命令を拒み、追討を受ける身となった。一度は後醍醐天皇方の軍勢に敗れ九州へ逃げるが、味方を集めて再び挙兵。湊川の戦いで後醍醐方の楠木正成を破り、京を制圧した尊氏は、持明院統の北朝を立て、建武式目を発して室町幕府を樹立する。

1305年 **足利貞氏の子として誕生**

▼

鎌倉幕府を離反し、滅ぼす ➡P136

幕府から後醍醐軍の鎮圧を命じられるが背き、六波羅探題を攻めて倒幕に協力。

▼

後醍醐が新政権を樹立するが、悪政のため尊氏が反旗を翻す。

▼

湊川の戦い（1336） ➡P142

一度は敗れ、九州へ敗走するが、再び挙兵。湊川で楠木正成・新田義貞らに勝利。

▼

室町幕府を開く（1336）

光明天皇を立て、幕府の方針を示した「建武式目」を発布。

▼

観応の擾乱（1350〜52） ➡P146

弟直義と尊氏の側近だった高師直が対立し、次第に直義と尊氏の争いへ発展。

▼

1358年 **京にて死去**

足利貞氏
鎌倉幕府に服従

- **直義** 尊氏の弟。次第に尊氏と対立
- **尊氏** 室町幕府初代将軍
  - **直冬** 尊氏に実子と認められず、直義の養子に（直義の養子）
  - **基氏** 初代鎌倉公方となり鎌倉を統治
  - **義詮** 室町幕府2代将軍

失敗に終わった二頭政治

尊氏の勝利した要因は、建武政権に不満を持つ武士を取り込み所領を保障したこと、持明院統を味方にして戦いの大義名分を得たことにある。

後半生の尊氏は弟直義（ただよし）との対立に悩まされた。勇猛で懐が深く気前が良い親分肌の尊氏に対し、直義は沈着冷静で思慮深い能吏タイプだった。幕府樹立後は尊氏が軍事を、直義が行政を担当する二頭体制をとったが、家臣間の争いから両者は次第に対立。観応（かんのう）の擾乱（じょうらん）と呼ばれる内紛が勃発し尊氏は直義を滅亡に追い込んだ。

天皇が神聖視された近代、後醍醐に背いた尊氏は逆賊とされた。だが源氏嫡流として武士の期待を背負う尊氏にとって幕府再興は使命であり、主君や肉親との闘争も乗り越えねばならなかったのだ。

六波羅探題　朝廷を監視するための鎌倉時代の役職。もとは京都守護という名称で、承久の乱で後鳥羽上皇が反乱を起こしたことから権限が強化され、名称も六波羅探題となった。

九

足利義満

生没年 1358～1408年
享年 51

公武の頂点に君臨し
幕府の絶頂期を築いた
キング オブ 室町

将軍の身で自ら朝廷政治を主導

60年に及ぶ南北朝の動乱に終止符を打ち、室町幕府の最盛期をつくったのが3代将軍足利義満である。従来の将軍との違いは京の宮廷社会で育ったことだ。父義詮の死を受けて11歳で将軍に就任。21歳で京の室町に「花の御所」を築いて政務の中心とした。これが「室町幕府」と呼ばれる由縁だ。

その後、学者の二条良基に宮廷作法を学び左大臣となる。儀礼・政務の専門知識が必要な職であり、教養で朝政を主導し公家社会に君臨した稀有の将軍だった。

武家の棟梁として将軍権力の強化にも力を入れた。守護の一族や地方の有力武士を集めて奉公衆という直轄軍を編成。土岐氏や山名氏、大内氏ら複数の領国を持つ有力守護を次々と挙兵に追い込み屈服させていった。

金閣寺（鹿苑寺）　京都府京都市

義満が京都の北山に築いた。戦後に放火により焼失し、現在は1955年に復元されたものが立つ。

足利尊氏
室町幕府初代将軍

基氏
初代鎌倉公方。以後、基氏の子が代々鎌倉公方を継ぐ

氏満
２代鎌倉公方

満兼
３代鎌倉公方

義詮
２代将軍

義満
３代将軍に就任し、室町幕府の最盛期をつくる

義持
４代将軍。28年間在任

義教
６代将軍

1358年　足利義詮の子として誕生

3代将軍に就任
11歳で将軍に就任、やがて成長すると京の室町に「花の御所」を築き、政務を行った。

明徳の乱（1391） P158
守護大名・山名氏を挑発し挙兵させる。これを鎮圧し、山名氏の勢力を削いだ。

南北朝の合一（1392） P160
幕府の力が大きくなると、義満の呼びかけに南朝が応じ南北朝の合一を果たす。

応永の乱（1399）
有力守護の大内義弘が反乱。幕府軍の総攻撃で鎮圧した。

日明貿易を開始 P164
明との国交樹立に成功。貿易を開始し財政を潤す。

1408年　病により死去

日本国王として日明貿易を推進

義満は、祭祀や課税権など天皇独自の権力も接収していった。この実力を背景に、1392年、南朝に和平を呼びかけ南北朝の合一を実現。２年後には太政大臣に就任し、名実ともに公武統一政権の頂点に立った。

将軍職を退いた後も実権を握り続け、北山に金閣寺（鹿苑寺）を含む北山第を造り政庁とした。晩年は明に朝貢し、日本国王の称号を得て日明貿易を推進。その後、貿易は守護や寺社でも活発化し、唐物（輸入品）の流入は文化に大きな影響を与えた。

晩年は法皇並みの対遇を受け、子の元服式を親王の儀礼で行うなど天皇に匹敵する権威を誇った。かつては義満が天皇になろうとしていたのでは？と考えられていたが、近年は否定的な意見が多い。

用語解説

日明貿易　明に貢ぎ物を捧げて、返礼として品物が与えられる朝貢貿易で、通常の貿易よりも大きな利益が得られた。義満は貿易のために博多を支配し、海賊の倭寇を鎮圧した。

十

足利義政

戦乱に背を向け
美の世界に心酔した
世捨て将軍

生没年 1436～90年 享年 55

飢饉の最中、庭づくりに熱中

戦国時代の始まりには諸説あるが、中でも有名なのが応仁の乱である。11年に及ぶ大乱で幕府の支配は衰え、戦乱は地方に飛び火し戦国時代が到来したという。大乱の原因をつくった一人が8代将軍足利義政である。

6代将軍義教が嘉吉の乱で暗殺されて以来、将軍の権威は低下。守護の勢力が増していた時、義政は将軍に就任した。義満時代の専制政治を取り戻すため、義政は裁判の充実や朝廷の掌握など復権に努めた。関東の戦乱にも積極的に介入したが、解決できず長期化してしまう。

そんな義政の実際の関心は政治より風雅にあった。寛正の大飢饉の折には、餓死者があふれる中で猿楽を興行。庭づくりに熱中し天皇に諫められたほどだった。

銀閣寺（慈照寺）　京都府京都市

義政が約8年かけて築いた慈照寺に立つ銀閣（観音殿）。義政は完成前から移り住み、芸術活動を行った。

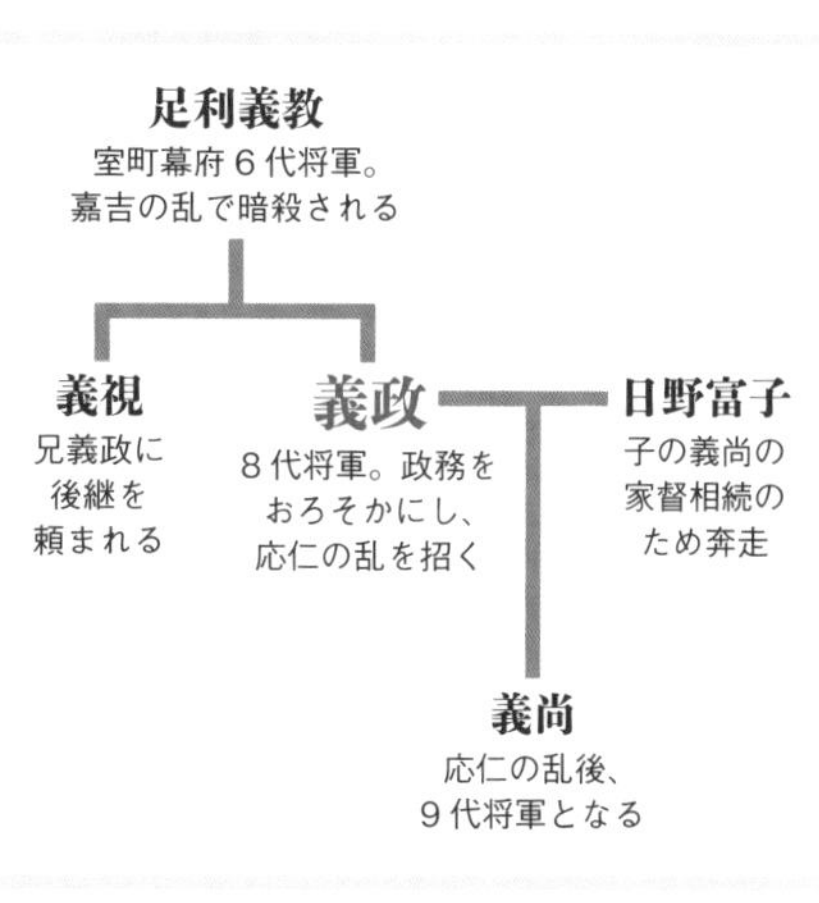

1436年　足利義教の子として誕生

◀ 守護大名赤松満祐の謀反で、父である6代将軍義教が殺害される（嘉吉の乱）。

8代将軍に就任（1449）

◀ 最盛期の義満時代の政治を理想としたが成果が出ず、次第に政治から遠ざかる。

◀ 義政は弟の義視に後継を頼むが翌年、妻の富子が義尚を生み、後継者問題が勃発。

応仁の乱（1467） P188

◀ 義視と義尚の後継争いに大名の覇権争いが絡み、日本中を巻き込む戦乱に発展。

銀閣寺（慈照寺）建設開始 P176

◀ 義尚に家督を譲り出家。銀閣寺の建設を開始し、芸術活動に没頭した。

1490年　銀閣寺の完成目前に死去

現代につながる東山文化を現出

政治的にも失政を繰り返した。若くして引退を考え、軽々に弟義視を後継者に指名した。のちに妻の日野富子との間に義尚が生まれ将軍後継争いが勃発。これに畠山・斯波など有力守護の家督争いも加わり、細川勝元・山名宗全を東西の両大将とする応仁の乱へ発展する。しかし、義政は戦乱の収束に向けて指導力を発揮せず、京は荒廃してしまった。

政治家としては褒められないが、文化的には多大な業績を残した。大乱ののち、銀閣寺（慈照寺）を含む東山山荘を造営。作庭や猿楽、茶の湯など、異能の芸能者を集め、趣味と遊興の空間を演出した。そこから書院造の建築や枯山水の石庭、水墨画など、幽玄やわび、簡素さといった今日の日本文化につながる美意識が生まれた。

用語解説

応仁・文明の乱　1467年から約11年間続いた内乱。将軍家の家督争いに、守護大名の争いが絡み、東軍と西軍に分かれ衝突。9代将軍に義尚が就任し、その後和睦により終結した。

旧国名と
鎌倉・室町時代の主要合戦

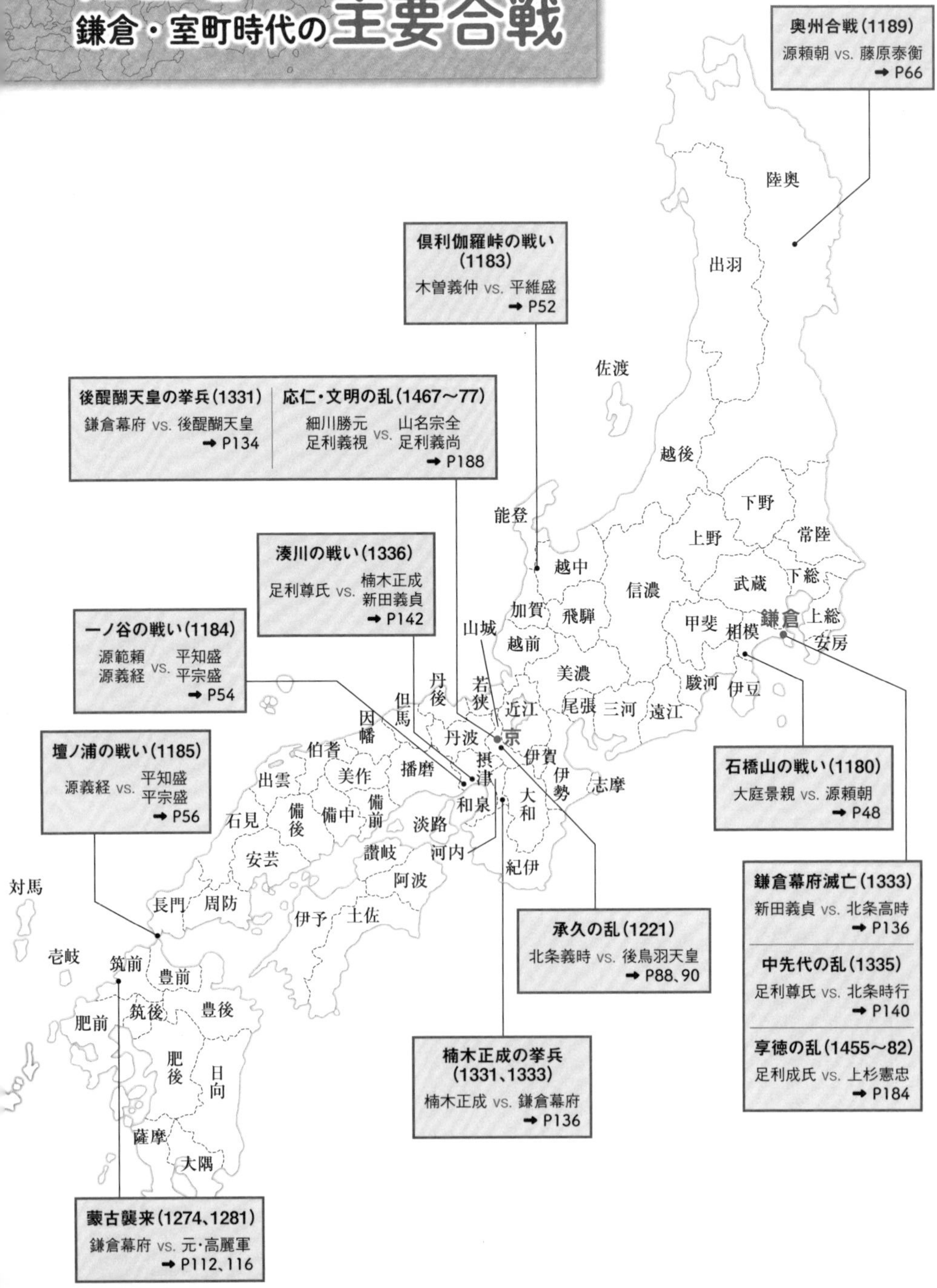

奥州合戦(1189)
源頼朝 vs. 藤原泰衡
➡ P66

倶利伽羅峠の戦い(1183)
木曽義仲 vs. 平維盛
➡ P52

後醍醐天皇の挙兵(1331)
鎌倉幕府 vs. 後醍醐天皇
➡ P134

応仁・文明の乱(1467〜77)
細川勝元
足利義視 vs. 山名宗全
足利義尚
➡ P188

湊川の戦い(1336)
足利尊氏 vs. 楠木正成
新田義貞
➡ P142

一ノ谷の戦い(1184)
源範頼
源義経 vs. 平知盛
平宗盛
➡ P54

壇ノ浦の戦い(1185)
源義経 vs. 平知盛
平宗盛
➡ P56

石橋山の戦い(1180)
大庭景親 vs. 源頼朝
➡ P48

承久の乱(1221)
北条義時 vs. 後鳥羽天皇
➡ P88、90

鎌倉幕府滅亡(1333)
新田義貞 vs. 北条高時
➡ P136

中先代の乱(1335)
足利尊氏 vs. 北条時行
➡ P140

享徳の乱(1455〜82)
足利成氏 vs. 上杉憲忠
➡ P184

楠木正成の挙兵(1331、1333)
楠木正成 vs. 鎌倉幕府
➡ P136

蒙古襲来(1274、1281)
鎌倉幕府 vs. 元・高麗軍
➡ P112、116

陸奥 出羽 佐渡 越後 下野 常陸 上野 能登 越中 信濃 武蔵 下総 加賀 飛騨 甲斐 鎌倉 上総 相模 安房 山城 越前 美濃 駿河 伊豆 丹後 若狭 近江 尾張 三河 遠江 但馬 因幡 丹波 京 伯耆 伊賀 摂津 播磨 伊勢 志摩 出雲 美作 備前 大和 和泉 石見 備後 備中 淡路 讃岐 河内 安芸 紀伊 阿波 対馬 長門 周防 伊予 土佐 壱岐 筑前 豊前 筑後 豊後 肥前 肥後 日向 薩摩 大隅

第1章

盛者必衰——平氏政権と源平の争乱

第1章：盛者必衰——平氏政権と源平の争乱

時代の流れ

平安時代後期、白河天皇が院政を始める。院や朝廷は護衛として武士を使うようになり、その中から平清盛が現れた。保元・平治の乱に勝利した清盛は初の武士政権を打ち立てるが、その強引なやり方は人々の反発を呼び、源頼朝らの挙兵につながるのだった。

権力者	白河上皇	鳥羽上皇	後白河上皇	平氏政権成立
時代	平安時代			

1086 白河上皇が院政を開始する

1156 **保元の乱**
後白河天皇の勝利に貢献した平清盛が、朝廷で力を持つ。

1159 **平治の乱**
平清盛が源義朝を排除し、平氏が政治の表舞台に立つ。

1167 **平清盛が太政大臣に就任する**

1179 清盛が後白河法皇を幽閉する

1180 以仁王の挙兵
挙兵と同時に源頼朝らへ平氏追討の令旨が出され、のちの平氏滅亡の遠因となる。

武士が政治を動かす時が来た…！

平清盛

後白河法皇

平安時代

平清盛 ｜ 後白河法皇

1180　源頼朝が伊豆で挙兵する

1180　富士川の戦い

関東武士を味方につけた頼朝が勝利。以降、頼朝は関東で勢力をのばす。

1181　平清盛が死去

1183　倶利伽羅峠の戦い

木曽義仲が平氏軍に大勝利。平氏は、京を棄てて福原に逃れる。

1184　宇治川の戦い

源義経・範頼が義仲を破る。義仲は直後の粟津の戦いで敗死する。

1184　一ノ谷の戦い

源氏軍が平氏の本拠地・福原を攻撃。義経の一ノ谷奇襲で見事勝利する。

1185　屋島の戦い

嵐に乗じて義経が屋島を急襲。敗れた平氏は長門彦島に追い詰められる。

1185　壇ノ浦で平氏が滅びる

平氏の将兵とともに、安徳天皇と三種の神器の神剣が海中に沈んでしまう。

政子、ワシは父上の仇を討つぞ！

源頼朝と北条政子

源義経

939年

平将門が新皇を称する

地方で力をつけた武士たちが朝廷に対して反乱を起こす

地方を中心に武士団が拡大

武士が生まれたのは、9世紀末から10世紀頃といわれる。この頃、それまでの朝廷中心の中央集権体制が崩れ、地方の豪族や有力農民が武装して紛争を起こすようになった。そのため、**武勇に秀でた中・下級貴族が、朝廷から反乱鎮圧や犯人逮捕の命を受けて地方に下向。そのまま在庁官人として現地に土着し、兵（武士）になる者が現れたのだ。**

兵たちは一族や郎等（従者）を率いて抗争を繰り返し、国司に反抗するようになる。こうした兵が、やがて中央政界で発展をとげた源氏・平氏などの武家の棟梁に組織され、武士団として成長していくのである。

源平の誕生と武士の反乱

平氏は桓武天皇の曽孫・平高望を祖とするため「桓武平氏」とも呼ばれる。息子たちは関東に土着し坂東平氏を形成した。そのうち高望の孫の平貞盛は、下野の豪族・藤原秀郷とともに平将門の乱〈939〜40〉を鎮圧。朝廷から恩賞を受けて発展した。

一方、**清和天皇の孫である源経基を祖として武士となったのが源氏（清和源氏）である。**子孫の頼義は奥州で豪族安倍氏の謀反を鎮圧（前九年の役〈1051〜62〉）。子の義家は、出羽の清原氏の家督争いに介入し勝利した（後三年の役〈1083〜87〉）。この両乱で、関東の武士が源氏軍に動員されたことで、源氏と坂東の関係が深まっていく。

時代のギモン

なぜ、関東では反乱が相次いだのか？

関東地方は足柄峠・碓氷峠の坂より東にあることから、古く「坂東」と呼ばれた。中央からは異域の地とみなされ、住人は「東夷」と呼ばれてさげすまれた。険しい峠で東西がさえぎられているため、朝廷の力が弱まるとしばしば統制が行き届かなくなり、農業の生産性も低いため土地の争奪も起きやすかった。将門の乱の前には僦馬の党という騎馬盗賊団が横行。謀反人がしばしば東国に逃れようとしたのも、中央の追及が及ばなかったためだ。こうした半独立的な坂東の地政学的条件が、後世、鎌倉幕府の生まれる基盤となったのである。

登場人物

- 平高望
- 平将門
- 源頼義
- 源義家

人物解説

源義家〔1039〜1106〕 前九年の役、後三年の役で活躍した源氏の棟梁。後三年の役では参戦した関東武士たちに私財から恩賞を与えたため、彼の子孫は関東武士に支持された。

全国で相次いだ武士の反乱

武士が台頭するようになると、領地をめぐる紛争が頻発した。こうした紛争は平将門の乱のように、国司や朝廷への反乱に発展することもあった。

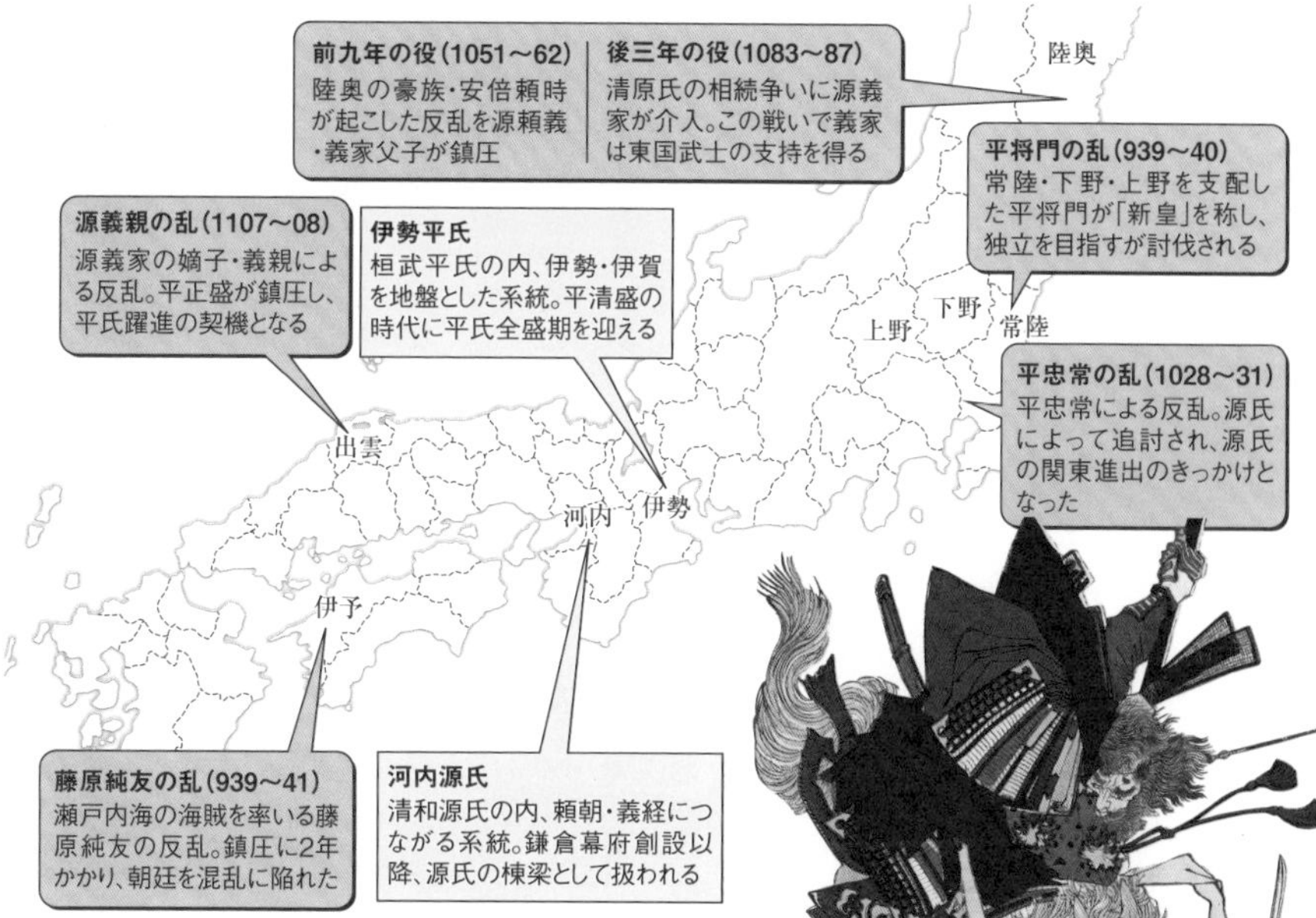
前九年の役(1051～62)
陸奥の豪族・安倍頼時が起こした反乱を源頼義・義家父子が鎮圧
後三年の役(1083～87)
清原氏の相続争いに源義家が介入。この戦いで義家は東国武士の支持を得る
陸奥
平将門の乱(939～40)
常陸・下野・上野を支配した平将門が「新皇」を称し、独立を目指すが討伐される
源義親の乱(1107～08)
源義家の嫡子・義親による反乱。平正盛が鎮圧し、平氏躍進の契機となる
伊勢平氏
桓武平氏の内、伊勢・伊賀を地盤とした系統。平清盛の時代に平氏全盛期を迎える
下野
上野
常陸
平忠常の乱(1028～31)
平忠常による反乱。源氏によって追討され、源氏の関東進出のきっかけとなった
出雲
河内
伊勢
伊予
藤原純友の乱(939～41)
瀬戸内海の海賊を率いる藤原純友の反乱。鎮圧に2年かかり、朝廷を混乱に陥れた
河内源氏
清和源氏の内、頼朝・義経につながる系統。鎌倉幕府創設以降、源氏の棟梁として扱われる

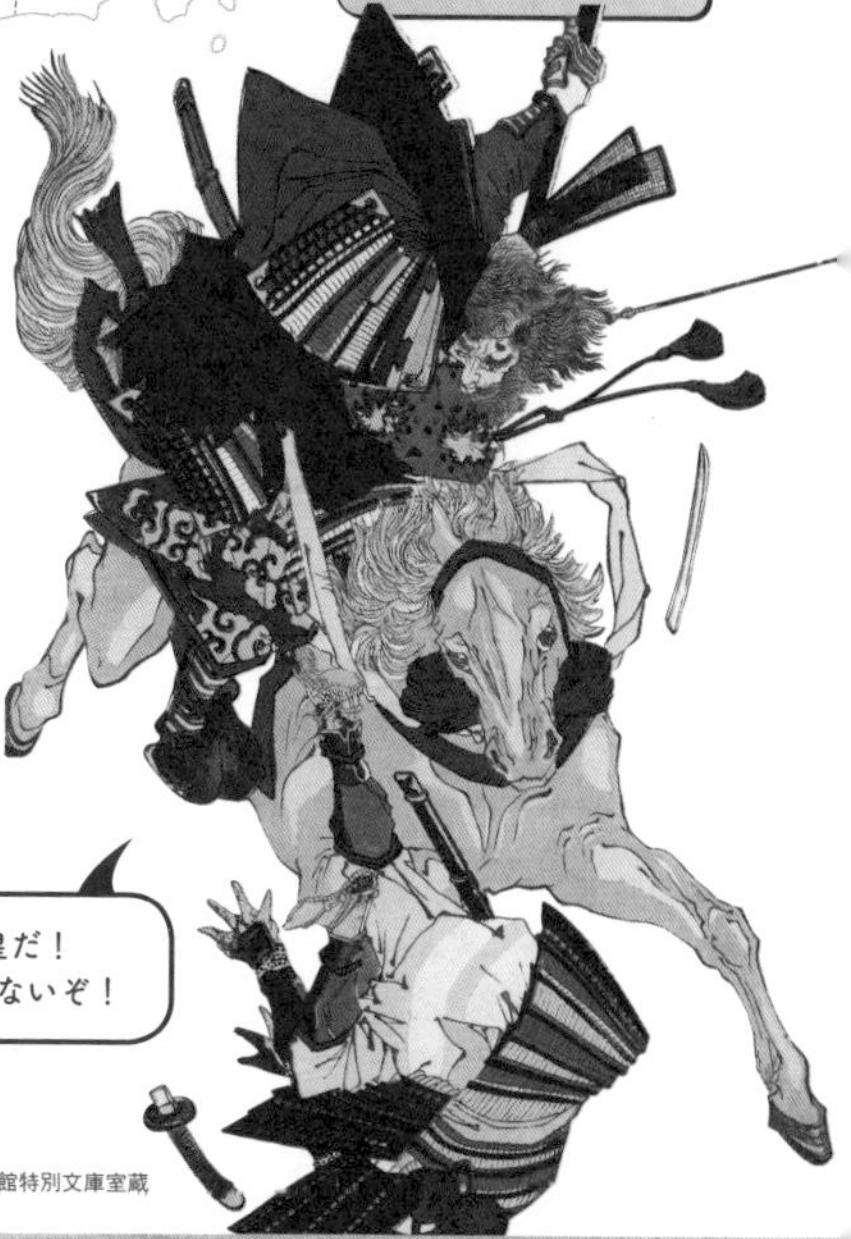
オレは新皇だ！
朝廷には従わないぞ！

平将門 (？～940)

平高望の孫。939年に反乱を起こし関東一円を勢力下に置いた。「新皇」を称し、関東独立を目指すが、藤原秀郷ら討伐軍に敗れる。

東京都立中央図書館特別文庫室蔵

伏兵を見抜く源義家

後三年の役における源義家の活躍を描いた絵巻。下は雁の列の乱れから義家が敵の伏兵を見破った場面だ。

乱れた雁の列
安倍軍の伏兵
義家軍
源義家

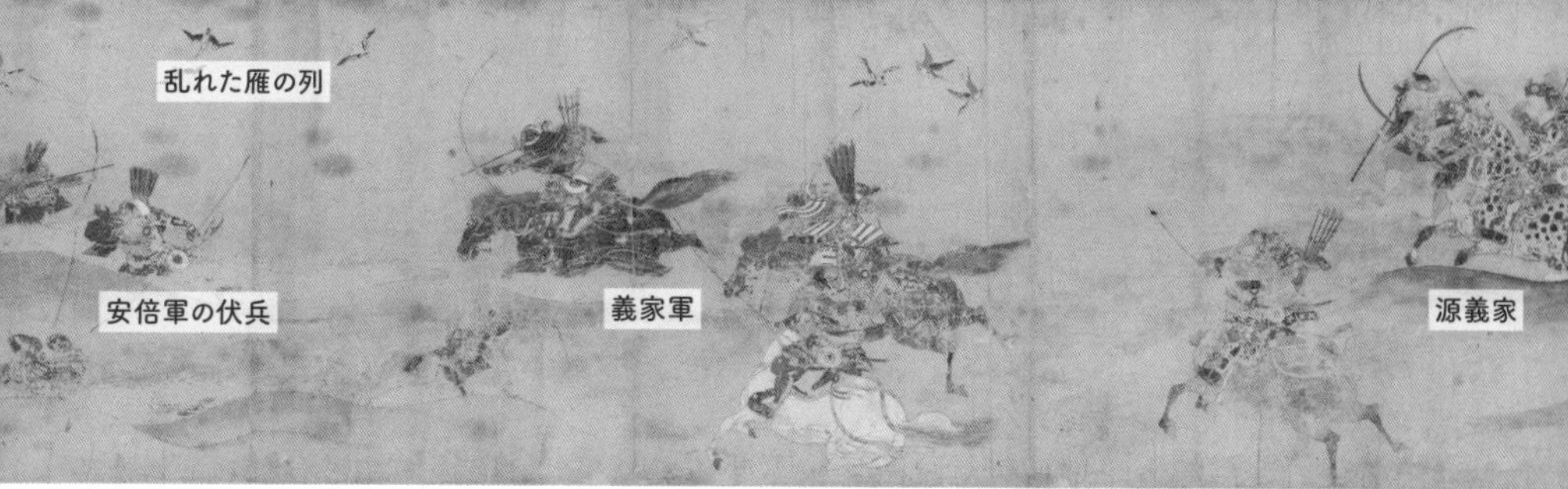

『後三年合戦絵巻』（部分）／東京国立博物館蔵

1086年

白河天皇が上皇となり院政を始める

院政の始まりによって上皇・法皇が絶対権力者となる

天皇の父・祖父が行う院政

院政は退位した天皇（上皇）が行う政治をいう。**天皇の権威に依存して政権を握る摂関政治と異なり、天皇の父や祖父という絶対的な立場を生かし、皇位決定権や官僚の人事権を握った点に権力の源泉があった。**

院政は1086（応徳3）年、白河天皇が子の堀河天皇に譲位したことに始まる。白河の父後三条天皇は藤原氏を外戚としない天皇として170年ぶりに即位し実権を握った。これを受け継ぎ、実子に皇位を伝えるのが譲位の目的だった。以後40年、白河が国政を掌握したことで政治制度として定着。続く鳥羽・後白河・後鳥羽上皇の時代が院政の全盛期だった。

家柄に囚われない自由な人事

院政を行うのは天皇家の家長である「治天の君」一人である。儀式や神事など制約の多い天皇に代わって、上皇が自由な立場で国政に関与できる点にメリットがあった。上皇が朝廷の最高機関である太政官に意志を伝える形で政権を掌握した。

院政は院近臣という政治勢力を生んだ。乳母の夫や子、学者や官僚、受領（国守）など、家柄よりも上皇との関係が重視され、彼らが能力により抜擢された。**これにより、政治的発言力の低かった中級貴族が国政に関与。また、白河法皇が北面の武士という親衛隊を組織したことで、武士にも栄達の道が開けた。**

時代のギモン

なぜ、院政期に宗教勢力の強訴が増えたのか?

白河法皇が「天下三不如意」として「賀茂川の水、双六の賽、山法師」をあげたことはよく知られている。意のままにならないのは賀茂川の氾濫とサイコロの目、比叡山延暦寺の僧による強訴だけで、法皇の権力の巨大さを示す言葉とされる。強訴は武装した僧侶が宗教的権威をたてに、朝廷に要求を突きつける示威行為で院政期に急増した。白河が寺社の人事に介入するようになったこと、受領が法皇の近臣となり大寺社の荘園廃止を求めたことなどが原因といわれる。強訴の激増により武士の活躍の場が増え、武家の台頭を招く結果にもなった。

登場人物

- 白河法皇
- 堀河天皇
- 鳥羽上皇
- 後白河上皇

用語解説

北面の武士　白河法皇が設置した院の護衛武士。院と親しい下級貴族や源平などの武士団で構成され、主に寺社の強訴の対応にあたった。

「治天の君」による専制の時代

院政を行った上皇を「治天の君」と呼ぶ。院政期は白河・鳥羽・後白河の３上皇が絶大な権力を振るった。

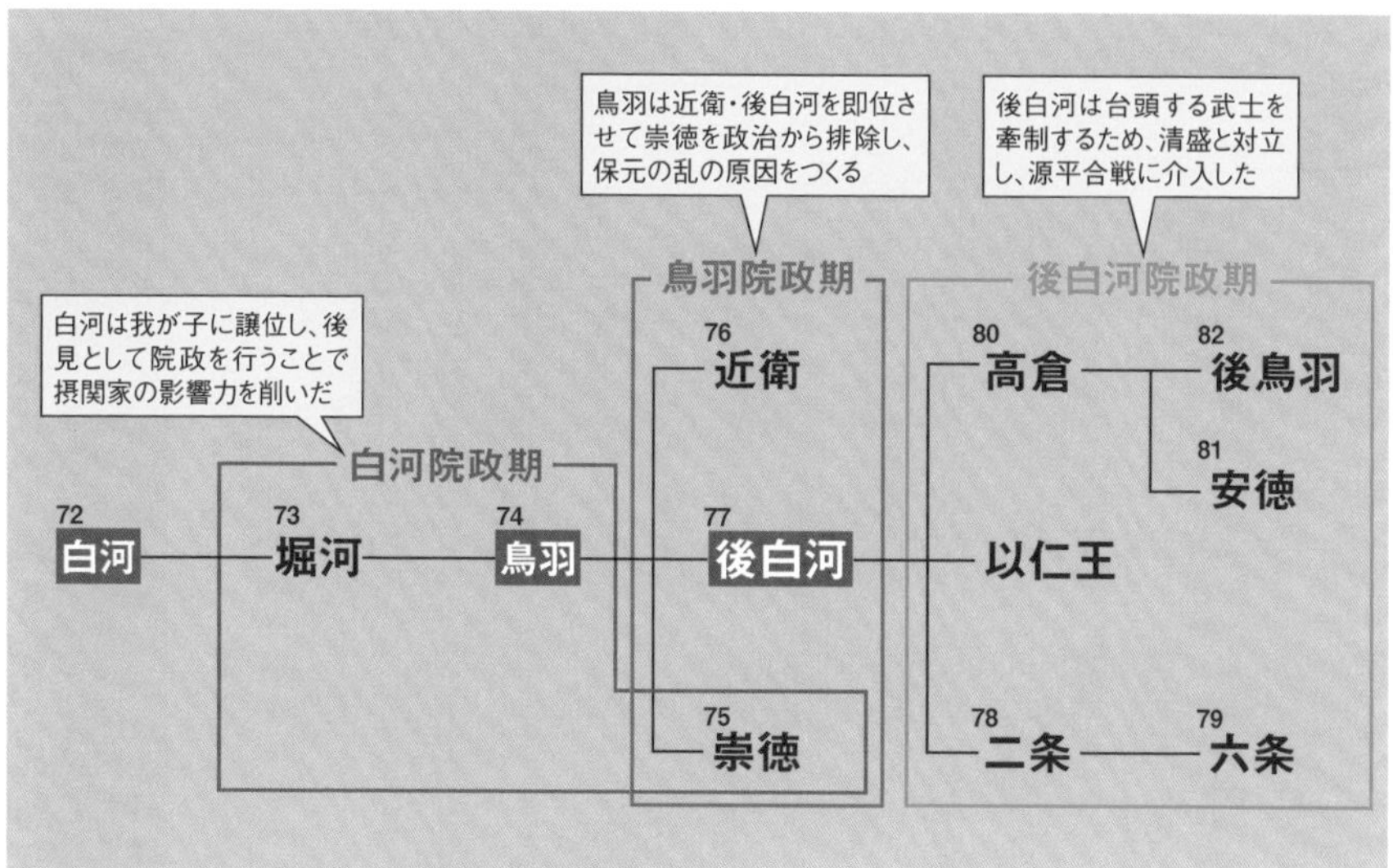

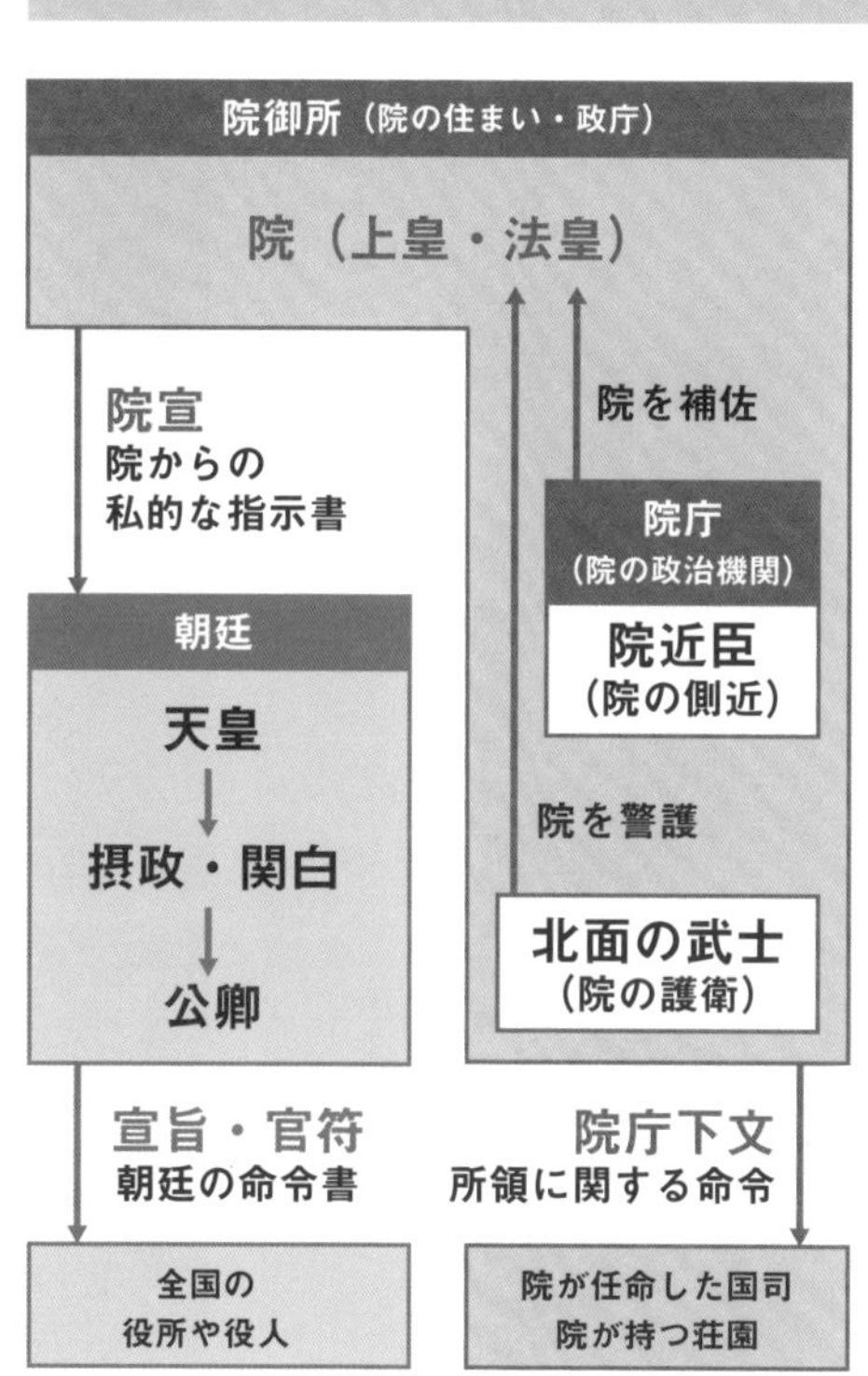

天皇をもしのぐ院の権力

院は院近臣と重要政策の方針を決定し、院宣でその方針を朝廷に指示した。さらに強訴などへの対策として、北面の武士を創設し、身辺護衛を行わせた。

白河法皇 (1053～1129)

72代天皇。自分の子を天皇にするため、34歳の若さで堀河天皇に譲位。その後は院として権力を握り続け、堀河・鳥羽・崇徳の３代にわたって院政を行った。

早稲田大学図書館蔵

1159年

平清盛が
平治の乱に勝利

平清盛は、なぜ朝廷のトップに立つことができたのか？

保元の乱で「武者の世」が到来

初の武家政権を確立した平清盛は、京都を拠点とする伊勢平氏の嫡流の家に生まれた。**平氏躍進の土台を築いたのは祖父正盛である。白河法皇に所領を寄進して院近臣となり大国の受領を歴任。子の忠盛とともに海賊討伐や謀反人の追捕などで功をあげ、西国の武士団を組織して武家の棟梁としての地位を確立した。**

跡を継いだ清盛は、鳥羽法皇の死後、崇徳上皇と後白河天皇の対立から勃発した保元の乱〈1156〉で、源義朝とともに後白河天皇の勝利に貢献。皇位継承の解決に武力が活用されたことで、武士の存在感が高まり「武者の世」が到来したといわれている。

清盛、太政大臣となる

保元の乱で最大の恩賞を得たのは平氏だった。これに不満を持つ源義朝は、後白河の近臣である信西と対立していた藤原信頼と結んで挙兵。義朝たちは内裏を占拠し朝廷の実権を握ったが、二条天皇を味方につけた清盛の活躍で敗北。逃亡先で暗殺され、子の頼朝は伊豆に流された。

この平治の乱〈1159〉で、平氏は朝廷を守る最大の武家の地位を確立。清盛は武士で初の公卿となり、数年で律令制最高官の太政大臣に。一門も高位高官を占めて栄華を現出する。間もなく清盛は、嫡子重盛に家督と軍事指揮権を譲り引退したが、一門を通じて政界に影響力を持ち続けた。

時代のギモン

なぜ、頼朝は処刑されなかったのか？

合戦の敗者は殺されるのが当時の武家の慣習だった。14歳の頼朝も三男とはいえ義朝の嫡男である。清盛も当初は処刑を命じたが、継母の池禅尼の懇願を受けて流刑とした。早世した禅尼の実子・家盛が頼朝によく似ていたためと『平治物語』は語るが、実際は頼朝が仕えた上西門院やその弟・後白河上皇からも嘆願があったと推測されている。当時、家長の正室の発言力は強く、父・忠盛の正室である池禅尼の頼みを、清盛もむげにできなかったのだろう。この判断が誤りであったことを、清盛は20年後に知ることとなる。

登場人物

- 平清盛 ☞P12
- 平正盛
- 後白河天皇
- 源義朝

人物解説

源義朝〔1123〜60〕　保元の乱では父・為義と対立していたこともあり後白河方に付くが、清盛との恩賞の差に不満を持ち平治の乱を起こす。源頼朝・義経の父。

『平治物語絵巻』(模本/部分)/東京国立博物館蔵

平治の乱の始まり

乱の発端となった義朝・信頼の三条殿襲撃を描いた絵巻。この襲撃で義朝は天皇と院を手中に収めるが、こののち、清盛の策で奪い返され、賊軍になってしまう。

保元・平治の乱で台頭する武士

保元・平治の乱では、院や朝廷の権力争いに武士団が動員された。二つの乱で活躍した平清盛は、朝廷での発言権を高めていく。

保元の乱の敵対関係

上皇方		天皇方
兄・崇徳上皇	皇室	弟・後白河天皇
弟・藤原頼長	摂関家	兄・藤原忠通
叔父・平忠正	平氏	甥・平清盛
父・為義 子（弟）・源頼賢 子（弟）・源為朝	源氏	子（兄）・源義朝

崇徳上皇は我が子を天皇にするため、摂関家の藤原頼長や源氏を味方につけ保元の乱を起こす。

平治の乱の敵対関係

源氏方		平氏方
藤原信頼	貴族	藤原通憲 (信西)
源義朝 源義平 源頼朝	武士	平清盛 平重盛 平頼盛

保元の乱後、朝廷の実力者・信西に冷遇された源義朝は、藤原信頼と組み平治の乱を起こす。

源為朝 (1139～70？)

源為義の八男。弓の名人だが暴れ者で、九州に追放されていた。保元の乱では清盛や義朝を得意の強弓で撃退する活躍を見せたが、味方の敗北により伊豆大島に流罪となる。

東京都立中央図書館特別文庫室蔵

ミステリー

当時からささやかれる落胤説
清盛は本当に白河法皇の子だったのか？

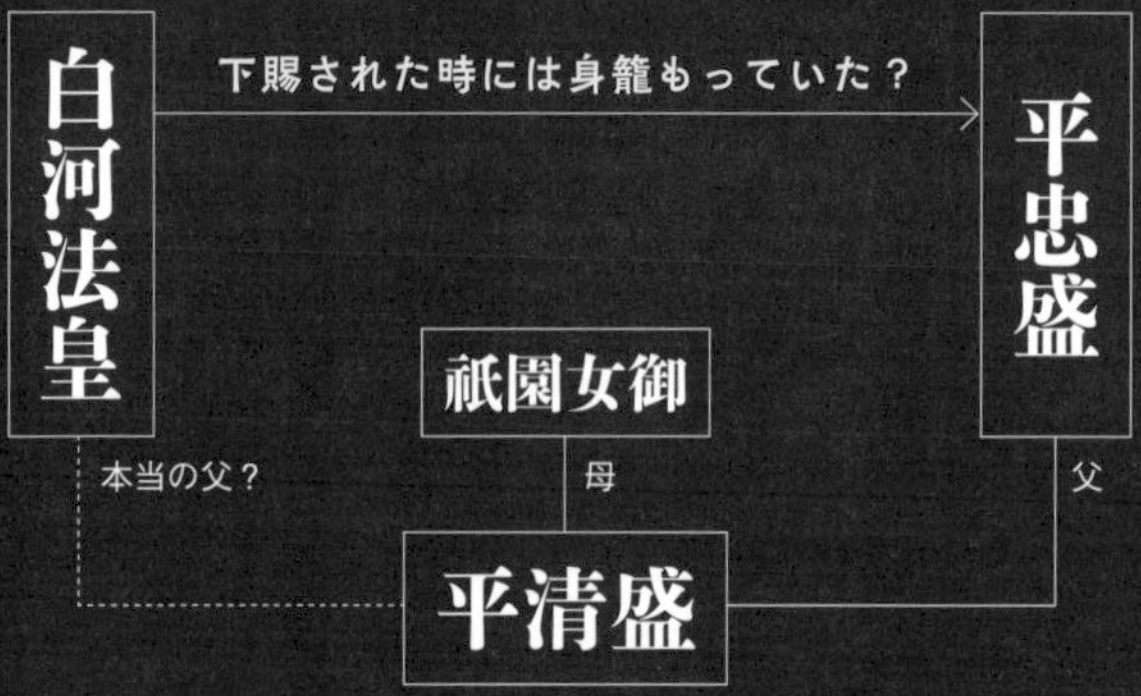

白河法皇
下賜された時には身籠もっていた？
平忠盛
祇園女御
本当の父？
母
父
平清盛

平清盛は白河法皇の落胤？

『平家物語』巻六に次のような話がある。ある雨の夜、白河法皇が寵愛する祇園女御のもとへ向かう途中、鬼のようなものに出くわした。平忠盛は法皇に殺害を命じられたが、冷静に対処して老法師であることを見抜く。法皇は忠盛をほめ、祇園女御を妻として与えたが、この時、女御が宿していた白河の子が清盛であったという。

清盛を白河法皇の御落胤とする説は古くからあった。ただし、女御を清盛の母とするには年齢が合わず、この説は否定されている。現在は清盛が3歳の時に亡くなった忠盛の妻を母とする説が有力で、この女性ももとは白河法皇に仕えた女房であった。

一般に落胤説は荒唐無稽と一蹴されることが多いが、清盛の場合は事情が異なる。肯定する研究者が少なくないのだ。その根拠は異例の出世にある。清盛が五位の貴族となったのは12歳で、左兵衛佐に任官している。まず叙爵の年齢が早い。加えて、武士の子が衛府に任官する場合、通常は三等官の尉から始まるが、清盛は二等官の佐からスタートしている。

さらに異例なのが大臣の就任だ。当時、院近臣が大臣に任じられることはほとんどない。ましてや太政大臣昇進は破格の人事で、これは公家社会が清盛の御落胤説を公認したことを意味するというのである。

『芳年武者无類』より「平相国清盛」。
東京都立中央図書館特別文庫室蔵

重なる専制君主のイメージ

一方、出世の早さは落胤説の裏づけにはならないという識者もいる。少年時代の昇進は他の院近臣に比べて早くない、清盛が白河から厚遇された跡がない、太政大臣任官は強力な武力を持つ平家を朝廷に取り込むためだった、といった意見である。実際、清盛が白河の子であることを示す一次史料はない。状況証拠の積み重ねにすぎず、今後も議論は続くだろう。

前述の逸話に続けて、『平家物語』は「清盛は白河院の子だったから、遷都のような容易ならぬことを思い立った」と語る。清盛の政治的なスケールの大きさが、専制君主であった白河法皇と重なるのも事実。落胤説には、常識では測れない清盛の行動や発想を理解しようとした人々の思いが込められているのかもしれない。

アジアとのつながり

East Asia

【日宋貿易と北方貿易】

宋と交易を行った平清盛と北方と交易を行った奥州藤原氏

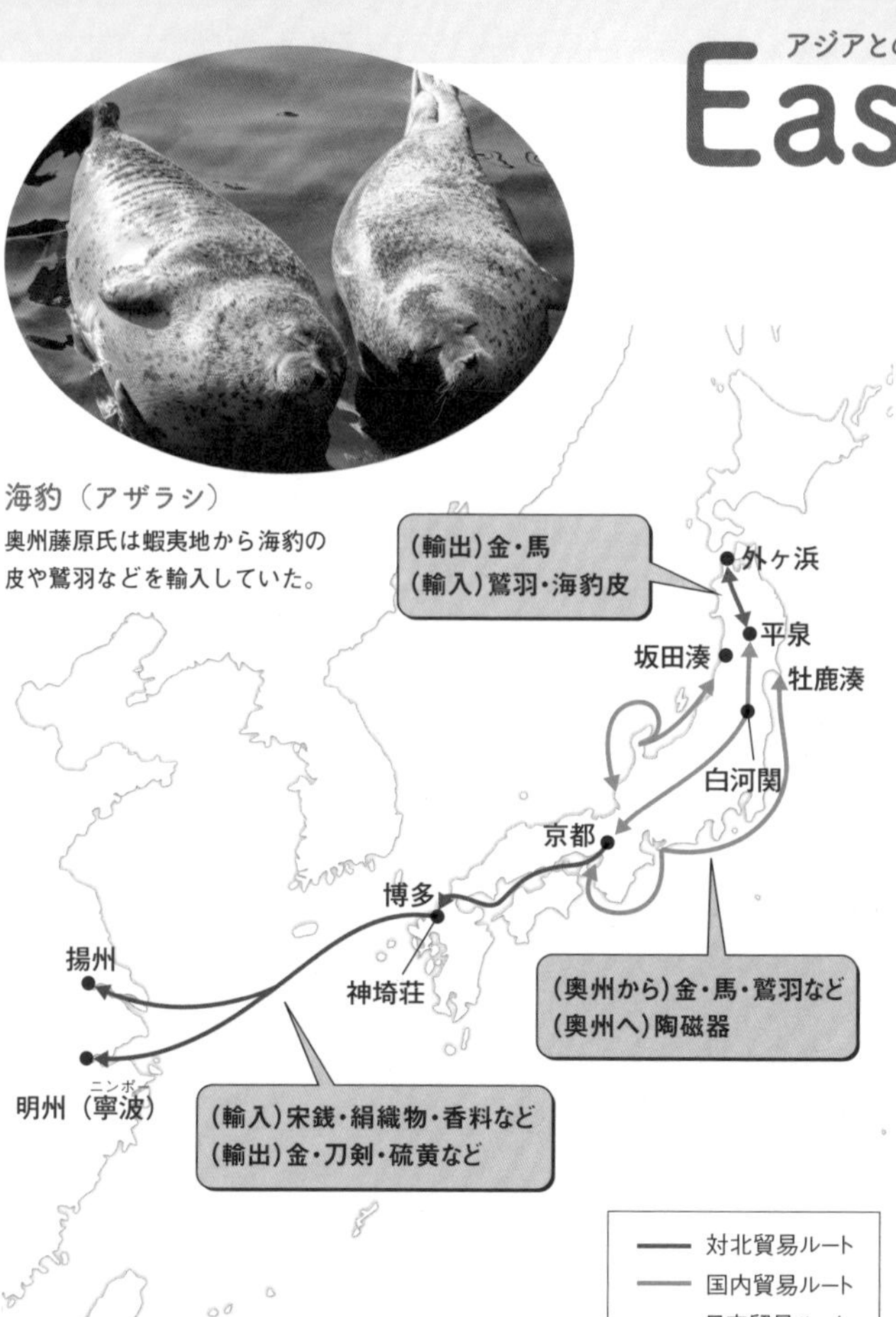

海豹（アザラシ）
奥州藤原氏は蝦夷地から海豹の皮や鷲羽などを輸入していた。

平氏と奥州藤原氏の交易ルート

貨幣経済を浸透させた日宋貿易

日本は飛鳥時代から遣隋使・遣唐使を派遣し、中国から政治制度を学び、文化・文物を輸入してきた。9世紀末に遣唐使が廃止されたのちも文化・経済の結び付きは活発で、朝廷の貴族は外国をケガレの対象と見て差別意識を持つ一方、大陸からもたらされる唐織物や香料、陶磁器、絵画、書籍などを「唐物」と呼んで珍重し先を争って購入した。

これに目を付けたのが平忠盛である。忠盛は有明海に臨む鳥羽上皇の神埼荘（現・佐賀県神埼市）の領所（管理者）という特権を利用して、貿易

貨幣博物館蔵

宋銭

当時の日本は税を年貢で納めていたが、日宋貿易で宋銭が大量に流入し、貨幣納税が主流となった。

砂金

奥州では大量の金が産出した。奥州藤原氏は金を輸出し、国内外の珍品を輸入していた。

を管理する大宰府の干渉を退け宋人と貿易を行った。

これを大々的に推し進めたのが清盛である。1168年(仁安3)に出家した清盛は、摂津(大阪府)福原に別荘を築いて隠退し、本格的に日宋貿易に着手する。**大型の宋船が停泊できるよう福原の外港の大輪田泊に経の島という人工島を築造。安芸の厳島神社の造営や音戸の瀬戸の開削、鞆・尾道を掌握するなど瀬戸内航路を整備し、船舶の運航の安全を確保した。**

輸入品はペルシャ・アフリカの品を含む唐物が中心だったが、後世に大きな影響を与えたのが大量の宋銭だ。当時、宋銭は国際通貨として信用が高く国内でも流通しつつあった。日宋貿易によって宋銭の流通量は飛躍的に増加し、鎌倉時代に本格化する貨幣経済の先がけとなった。

「砂金外交」で存在感を高める

一方、輸出品は硫黄や銀、真珠などで、中でも需要が大きかったのが奥州産の金である。その利権を握っていたのが、平泉を拠点に半独立の勢力を築いた奥州藤原氏だった。

奥州藤原氏は初代清衡の時代からアイヌを通じて蝦夷島(北海道)と、九州の大宰府・博多を介して大陸とつながり幅広い交易圏を構築。北方交易で得た鷲羽や海豹皮、奥州の金や馬を京に送り、貴族たちを喜ばせた。平氏全盛の時代、後白河上皇が3代秀衡を異例の鎮守府将軍に任じたのも、日宋貿易の原資となる砂金の確保がねらいだったといわれる。

このように平安末期の日本はオホーツク海から日本海、東シナ海までつながる交易圏を形成し、東アジアと密接に結ばれていたのである。

1179年

平清盛が後白河法皇を鳥羽殿に幽閉する

財力を背景にのし上がった清盛は後白河を幽閉し独裁体制を築く

平氏の三つの経済基盤

平氏が栄華を極めた背景には豊かな経済力があった。その基盤の一つが荘園からの収入である。平氏は清盛の祖父正盛以来、所領を上皇に寄進し、管理者として荘園を支配。その数は全国500以上に達した。

二つ目が知行国だ。特定の貴族に一国の支配権を与え、国内の収益を得させる制度である。平治の乱の頃、7カ国だった平氏の知行国は、全盛期には32カ国に及んだ。

三つ目が日宋貿易の収益である。珠・錦・綾などの宝物が大陸からもたらされ平氏のもとに集積する様子を、『平家物語』は「七珍万宝一として闕たる事なし」と記している。

清盛のクーデター

平氏の権勢が強まるにつれ、治天の君である後白河法皇と清盛は対立を深める。藤原成親ら院近臣による平氏打倒の謀議（鹿ケ谷の陰謀）〈1177〉が失敗すると、法皇は繰り返し清盛を挑発。**怒った清盛は1179年〈治承3〉、軍勢を率いて後白河を幽閉し、関白以下、大量の貴族を追放。孫の安徳天皇を即位させ軍事独裁政権を樹立する。**

しかしその直後、法皇の子以仁王が平氏討伐の令旨（命令書）を全国の源氏に送ったことが発覚（以仁王の乱）〈1180〉。京都防衛の難しさを悟った清盛は、一門や安徳天皇を伴い福原遷都を断行したため、平氏に対する貴族や寺社の不満は高まっていった。

時代のギモン

「平氏にあらずんば人にあらず」は誰の発言?

有名な「平氏にあらずんば人にあらず」（『平家物語』では「この一門にあらざらむ人は皆人非人なるべし」）は、平氏の絶頂期に平時忠が語った言葉とされる。時忠は武士ではなく、朝廷で発展した公家平氏の出身だが、清盛の妻・時子の弟で高倉天皇（安徳の父。母は時忠の妹である滋子）の伯父にあたることから無双の権勢を誇り「平関白」と呼ばれた。上のセリフは、平氏以外は人並み以下の者、あるいは平氏でなければ十分に出世はできない時世を述べたものともいわれるが、平氏の“おごり”を表す言葉として十分なインパクトを持っている。

登場人物

- 平清盛 ☞P12
- 後白河法皇
- 安徳天皇
- 以仁王

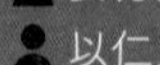

人物解説

安徳天皇〔1178～85〕 高倉天皇と清盛の娘・徳子の子。清盛の圧力により、3歳で即位。平氏全盛期の象徴だったが、反平氏勢力が活発化すると一門とともに都落ちをする。

隆盛を極める平氏一門

平正盛の代に飛躍した平氏は清盛の代に最盛期を迎える。1167年に清盛が太政大臣になると彼の子弟も高位高官に昇進した。

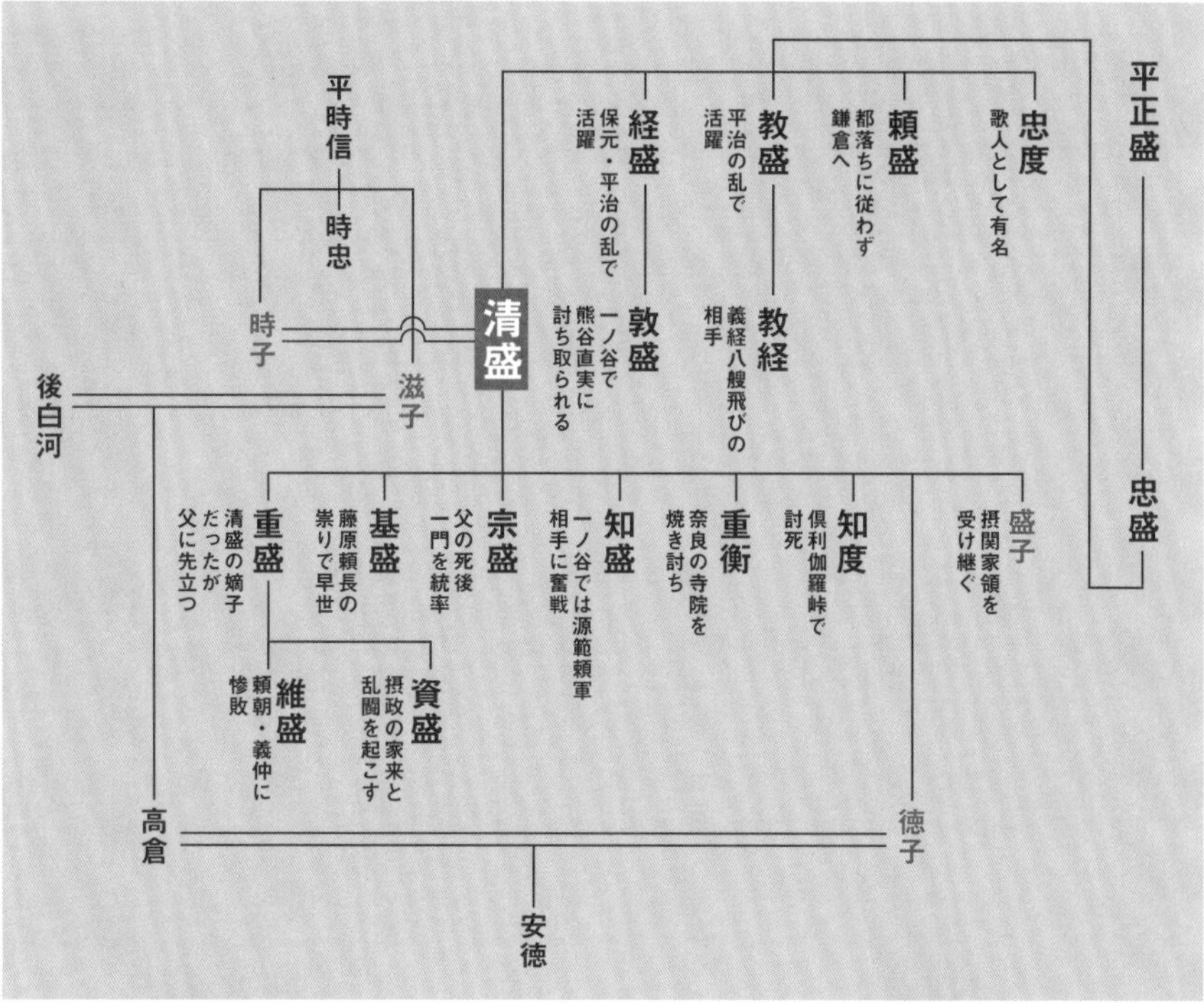

平正盛
忠盛
忠度　歌人として有名
頼盛　都落ちに従わず鎌倉へ
教盛　平治の乱で活躍
経盛　保元・平治の乱で活躍
教経　義経八艘飛びの相手
敦盛　一ノ谷で熊谷直実に討ち取られる
平時信
時忠
時子
滋子
清盛
後白河
盛子　摂関家領を受け継ぐ
知度　倶利伽羅峠で討死
重衡　奈良の寺院を焼き討ち
知盛　一ノ谷では源範頼軍相手に奮戦
宗盛　父の死後一門を統率
基盛　藤原頼長の祟りで早世
重盛　清盛の嫡子だったが父に先立つ
資盛　摂政の家来と乱闘を起こす
維盛　頼朝・義仲に惨敗
高倉
徳子
安徳

院がワシを討伐するだと？

清盛は巨大になりすぎた…

平清盛（1118～81）
平氏の棟梁。保元・平治で活躍し、武士初の太政大臣となる。しかし、後白河法皇の幽閉や福原遷都で反感を買い、反平氏勢力の拡大を許してしまう。

イラスト＝ニシザカライト

後白河法皇（1127～92）
第77代天皇。平治の乱は清盛と協調して院政を行う。しかし、平氏一門の力が大きくなるとこれを警戒。平氏の領地を没収するなどの牽制を行うが、清盛によって幽閉されてしまう。

模写／東京大学史料編纂所蔵

源頼朝が伊豆で挙兵

なぜ源頼朝は短期間で関東を制圧できたのか？

頼朝の挙兵と鎌倉入り

平氏政権への不満が高まるなか、伊豆（静岡県）の源頼朝、信濃（長野県）の木曽義仲をはじめ各地で武士が挙兵、全国的な内乱に発展する。

1180（治承4）年8月、北条時政・義時とともに数十人で挙兵した頼朝は、伊豆の代官を倒し緒戦を勝利で飾る。石橋山の戦いでは大敗したが、三浦氏の支援で房総半島に上陸。千葉常胤、上総介広常、畠山重忠など関東の有力武士を味方につけ、わずか1カ月で南関東を制圧し、鎌倉に拠点を置いた。続く富士川の戦いで平氏の大軍を撃破した頼朝は、御家人たちの助言を受けて関東にとどまり、幕府機構の整備に専念する。

軍事政権へ脱皮を遂げる平氏

なぜ頼朝は短期間で関東を制圧できたのだろうか。**当時、関東では平氏方の武士が勢力をのばし千葉氏や上総氏を圧迫していた。頼朝は所領を保証することで彼らの支持を獲得し、坂東武士の力を結集したのだ。**

一方、事態を重く見た清盛は、内乱対処のため半年で京に帰還。近江（滋賀県）や伊賀（三重県）の反乱勢力を掃討し、以仁王に加担した奈良の悪僧を討ち東大寺を焼き討ちした。また、平氏の拠点である六波羅や西八条の邸宅の防御を強化して軍事体制を構築したが、突如熱病にかかる。「頼朝の首をわが墓前にかけよ」と遺言し64年の生涯を閉じた。

時代のギモン

富士川の戦いの敗因は水鳥の羽音だった?

富士川の戦いは、1180年10月、駿河の富士川で源平の主力が初めて対峙した合戦である。結果は平氏軍が戦わずして敗走したが、『平家物語』によると、合戦前夜、突如飛び立った水鳥の羽音を敵の襲来と勘違いしたためという。水鳥の件は当時の貴族の日記にもあるので事実のようだが、これを貴族化した平氏の軟弱さととらえるのは早計だ。平氏軍の多くは街道沿いの国々から徴発した臨時戦闘員だったため士気は低く、圧倒的な源氏軍の戦力を見て投降する兵が後を絶たなかった。遠征軍の構造的な欠陥が平氏を敗北へ導いたのである。

登場人物

- 源頼朝 ☞P14
- 木曽義仲
- 北条時政
- 平清盛 ☞P12

人物解説

上総介広常〔?～1183〕 房総半島を拠点とする大豪族。頼朝が安房で味方を集めた際、2万という大軍を率いて参戦したが、のちに謀反の疑いをかけられ暗殺される。

打倒平氏を目指す源頼朝の戦い

平治の乱に敗れ、壊滅状態にあった源氏だが、以仁王の令旨を受け各地で挙兵。中でもめざましい戦果を挙げたのが源頼朝だ。頼朝は弟の範頼・義経を西国に派遣し、壇ノ浦で平氏を滅亡に追い込んだのである。

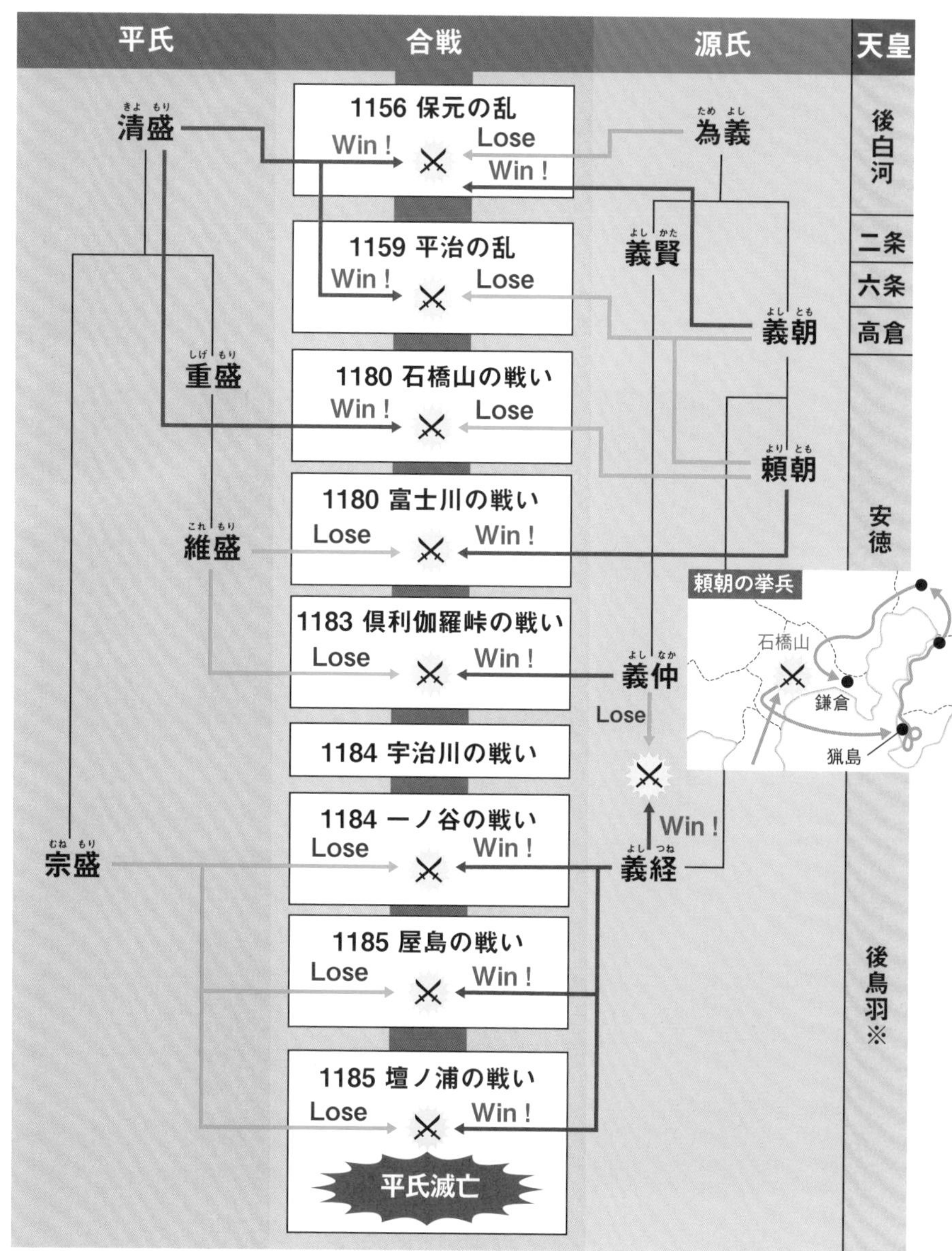

※1183年に安徳が退位しないまま後鳥羽が即位したため、1885年まで2天皇が両立した状態となっていた。

古都を歩く

鎌倉1

丘陵と海によって守られた武家政権創設の地

❶朝比奈切通し

切通しの中で最も昔の面影を残す。『吾妻鏡』に北条泰時が工事を監督した記述がある。

❸名越切通し

当時の面影が残る他、周辺にはまんだら堂やぐらなどの史跡が点在する。

❷亀ヶ谷坂切通し

現在は整備されているが、かつては亀もひっくり返る険しい道だった。

❺化粧坂切通し

鎌倉幕府滅亡時の激戦地。険しい坂を上ると源氏山公園に着く。

❹極楽寺坂切通し

10万の兵でも落とせない難所。現在は車も通れる道路に整備されている。

朝比奈切通し❶
巨福呂坂切通し
大倉幕府
鶴岡八幡宮
亀ヶ谷坂切通し❷
名越切通し❸
若宮大路❻
化粧坂切通し❺
由比ヶ浜❼
大仏切通し
極楽寺坂切通し❹
相模湾

三方を山に囲まれた鎌倉は防衛面では有利だったが、交通の便は悪かったため、「切通し」と呼ばれる道が開削された。

イラスト＝香川元太郎

❼由比ヶ浜

現在は人気の海水浴場だが、鎌倉時代は処刑場や戦場となっていた。

❻若宮大路

頼朝が妻・政子の安産祈願のために整備した鎌倉のメインストリート。

源頼義以来の源氏ゆかりの地

鎌倉（神奈川県鎌倉市）は古くから源氏ゆかりの地である。その関係は、前九年の役に勝利した源頼義が、坂東平氏の平直方（なおかた）の婿となり鎌倉を相続したことに始まる。源義朝は鎌倉を拠点に近隣の所領争いに干渉し、武士団を組織して勢力を広げた。

鎌倉が要害の地であったことも、拠点に選ばれた理由だ。南は海、北東西の三方が山で囲まれ、全体が巨大な城塞都市として機能したことから「鎌倉城」とも呼ばれた。さらに周囲の山を掘削して切通しという狭い通路を設け、戦時は木戸でふさぎ敵の侵入を防いだ。切通しは狭い道が次々と折れ曲がり、容易に侵入できない構造になっている。こうした軍事面の工夫も、武家の都・鎌倉の発展を支えていたのである。

1183年

木曽義仲が倶利伽羅峠で平氏軍を破る

木曽義仲に敗れた平氏一門は安徳天皇を連れて西国へ逃亡

義仲、北陸道に進出

木曽義仲は源義朝の弟・義賢の次男で、頼朝の従弟にあたる。2歳の時、義朝の長男義平に父を殺され（大蔵合戦）、以来、信濃の豪族中原兼遠に養育された。頼朝と前後して以仁王の令旨を受け、乳兄弟の今井兼平らと木曽谷で挙兵。1181年6月、千曲川で行われた横田河原の戦いで、平氏方の城氏を奇計により撃破し北陸に進出した。

平氏は北陸道平定のため平維盛を総大将とする大軍を派遣したが、砺波山で義仲の夜襲を受け大敗（倶利伽羅峠の戦い〈1183〉）。**続く篠原の戦いにも敗れて平氏軍は京に潰走。**義仲軍は破竹の勢いで京を目指す。

平氏の都落ちと法住寺合戦

義仲の軍勢が京に迫ると、平氏の棟梁宗盛は都落ちを決意。六波羅・西八条の邸宅を焼き払い、安徳天皇と皇位の象徴である三種の神器を奉じて一門とともに西国を目指す。

はれて入京した義仲は、京の警備責任者となるが、兵による略奪をおさえられず治安は悪化。皇位継承問題に口を挟んだことも後白河法皇の不興をかった。法皇はひそかに頼朝と通じ東海・東山道の支配権を公認する。これにより、頼朝は謀反人の立場を脱し幕府樹立に一歩近づいたが、義仲と法皇の対立は先鋭化。義仲は院御所を焼き討ちして法皇を幽閉し実権を握った（法住寺合戦〈1184〉）。

時代のギモン

なぜ、清盛は東大寺を焼き討ちしたのか？

1180年12月、平氏は奈良に大軍を送り東大寺・興福寺を焼き払った。発端は以仁王の乱に興福寺の悪僧が協力する動きを見せたことにある。乱後、清盛は寺院勢力の及ばない福原への遷都を断行したが、内乱の勃発によりとん挫。京への帰還を強いられた清盛は反乱勢力を粉砕するため、五男重衡に南都攻略を命令する。折からの強風で予想以上に火の手があがったが、焼き討ち自体は当初の計画どおりだった。鎮護国家の象徴である東大寺、藤原氏の氏寺興福寺の焼亡は朝廷を震撼させ、平氏への反発を強める結果となった。

登場人物

- 木曽義仲
- 源頼朝☞P14
- 平宗盛
- 後白河法皇

大蔵合戦　南関東を領地とする源義朝と北関東に進出した弟・義賢（木曽義仲の父）の所領争い。弟の勢力拡大を警戒した義朝は、東国にいる長男・義平に義賢を殺害させる。

木曽義仲の快進撃と没落

木曽で挙兵した義仲は北陸道で平氏を破り入京を果たす。当初頼朝とは協調路線を採っていたが、後白河法皇が頼朝に義仲討伐を要請したことで決裂。宇治川で義経軍を迎え撃つが敗れ、粟津で討ち取られた。

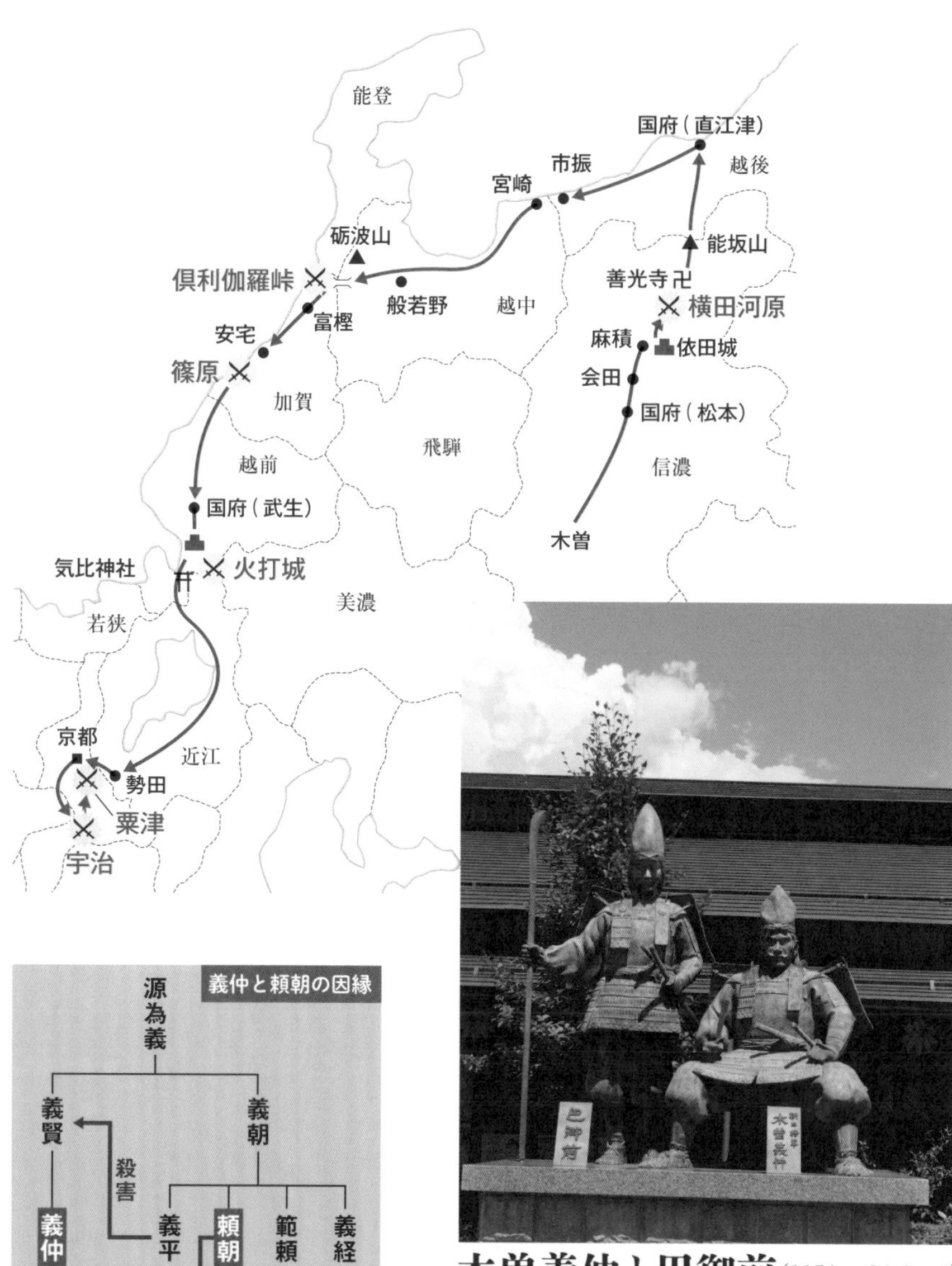

木曽義仲と巴御前（1154～84、?～?）

頼朝の従弟。倶利伽羅峠の戦いに勝利し入京するが、貴族の慣習になじめず後白河法皇と対立。妾の巴御前は、敵の首をねじ切る怪力を持つ女武者だったという。

長野県木曽町

1184年

源義経が一ノ谷の戦いに勝利

義仲を倒した義経は平氏を追って一ノ谷を奇襲する

粟津に散った木曽の風雲児

義仲の謀反を知った源頼朝は上洛の好機とみて、弟の源範頼（のりより）・義経（よしつね）を大将とする軍勢を派遣する。鎌倉軍は軍を二手に分け、範頼は近江の瀬田（せた）、義経は宇治から京に迫った。

早々に決着がついたのは宇治川の戦いだった。佐々木高綱（ささきたかつな）、梶原景季（かじわらかげすえ）の先陣争いにうながされ宇治川を突破した義経軍は京に突入し、法皇の六条御所に急行。**義経軍の電光石火の進軍を見た義仲は、法皇を拉致するひまもなく京を脱出し、瀬田で戦闘中の今井兼平と合流したが、範頼軍に敗れて自害した（粟津（あわづ）の戦い）**〈1184〉。京を制圧した鎌倉軍は、法皇から平氏追討の命を受け官軍となる。

鵯越の逆落しで均衡を破る

西国に追われた平氏は、屋島を拠点に勢力を盛り返し、瀬戸内の制海権を掌握。福原を中心に城郭を築いて京への帰還をうかがっていた。

1184年（寿永3）2月、京を発った鎌倉軍は、東の生田と西の一ノ谷から一斉攻撃をかけた。膠着状態が続く中、義経は小勢を率いて鵯越（ひよどりごえ）に向かい、崖上から奇襲を敢行（鵯越の逆落（さかお）とし）。平知盛をはじめとする平氏軍は大混乱に陥り、海上の軍船めがけて潰走。安徳天皇や平宗盛は海上へ逃れたが、平重衡は捕らえられ、平忠度（ただのり）や平敦盛（あつもり）など一門の多くが討たれた。しかし、軍船がない源氏軍は追撃できず、平氏の水軍は温存された。

時代のギモン

鎌倉軍の総大将は源範頼だった？

源範頼は義朝と遠江（静岡県）池田宿の遊女の子で、蒲御厨（かばのみくりや）で生まれたため蒲冠者（かばのかじゃ）と呼ばれた。源平の戦いというと義経の活躍が注目されがちだが、平氏追討戦の総大将は主力の大手軍を率いる範頼だった。範頼が目立たない原因は、『平家物語』の作者が彼の動静に無知・無関心だったためとされる。史実の誤りが多いうえ、遠征中に遊女と戯れる場面を描くなど、義経の引き立て役として描かれた。実際の範頼は常に頼朝の意思を尊重し、御家人たちの意見に素直に耳を傾けるなど細やかな配慮ができる人物で、頼朝の信頼も大きかった。

登場人物

- 木曽義仲
- 源義経 ☞P16
- 源範頼
- 平宗盛

人物解説

平宗盛［1147〜85］　清盛の三男で、父の死後平氏の棟梁となる。都落ち後も勢力の巻き返しを図るが、範頼・義経軍に敗れる。壇ノ浦の戦いで源氏軍に捕らえられ、近江で斬首された。

平氏を追う源氏軍

義仲を倒した範頼・義経軍は、平氏の拠点・福原を攻撃。義経の一ノ谷奇襲によって平氏軍は屋島へ落ちのびた。

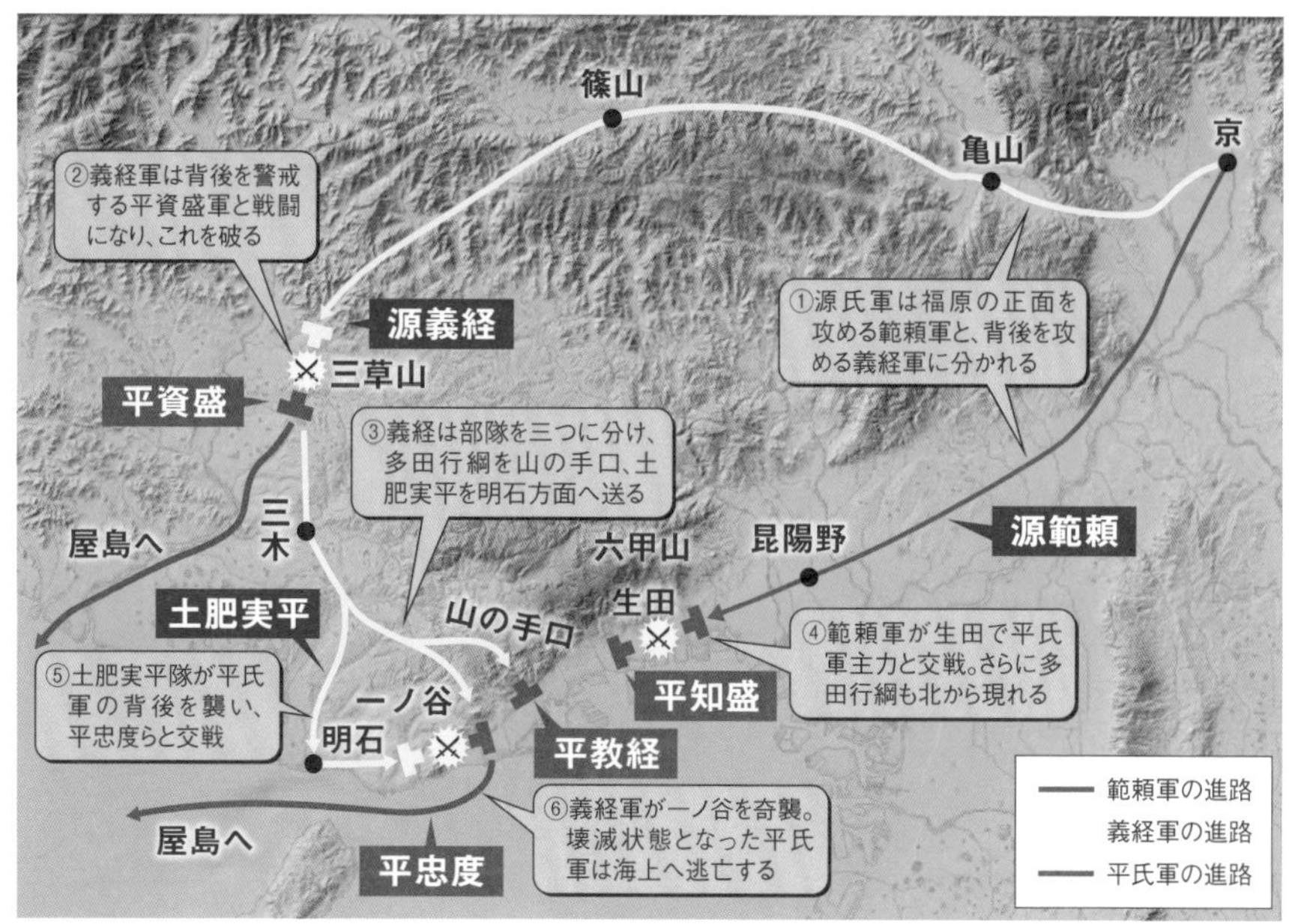

源範頼（？～1193）

源義朝の六男。総大将として義仲・平氏追討の大任を果たし頼朝に信頼されたが、1193年に謀反の疑いで伊豆修善寺に幽閉される。

鎌倉国宝館蔵

『源平合戦図屛風』（部分）埼玉県立歴史と民俗の博物館蔵

鵯越の逆落とし

平氏軍の背後から兵を進めた義経は、難所の鵯越を鹿が駆け下りたのを見て、「鹿が通れるなら馬も通れるはず」と言い、自ら先頭に立って鵯越を駆け下りたという。

1185年

壇ノ浦で平氏が滅びる

屋島を失い追いつめられた平氏は壇ノ浦で最後の決戦に挑む

登場人物

源義経☞P16

源範頼

平宗盛

安徳天皇

範頼の九州遠征と義経の出陣

平氏は一ノ谷の戦いに敗れたのちも、屋島と関門海峡の彦島の2カ所を拠点とし、瀬戸内海の東西をおさえて制海権を掌握した。

対する頼朝は、義経に京の治安維持を任せる一方、範頼を総大将とする遠征軍を九州に派遣。しかし、長途の遠征と兵糧不足により御家人の士気は低下。平氏追討は進まず、ついに頼朝は義経に出撃を命じる。

嵐の中、摂津(大阪府)渡辺津を出港した義経軍は、阿波(徳島県)から上陸し陸路で屋島の平氏本陣を急襲。海からの襲来を予想していた平氏軍は、背後からの奇襲に驚き、海上に逃れ彦島に落ちた(屋島の戦い〈1185〉)。

壇ノ浦の戦いと平氏の滅亡

屋島の戦いの1カ月後、壇ノ浦で源平最後の海戦が行われた。当初は平氏軍が優勢だったが、味方の裏切りもあって、戦力に勝る源氏軍が勝利する。総帥の平宗盛と建礼門院(けんれいもんいん)徳子は生け捕り、平知盛・資盛ら一門の多くが自害し平氏は滅亡する〈1185〉。

しかし、義経が決戦を急いだことで、安徳天皇と三種の神器の宝剣が海に沈んだのは痛恨事だった。**頼朝は後白河法皇との交渉の切り札にするため、安徳と神器の奪還を最優先に考えていたのだ。一方、義経は戦乱の長期化で諸国が疲弊するのを心配した。この認識の違いが、兄弟対立の原因になったともいわれる。**

時代のギモン

なぜ「治承・寿永の内乱」と呼ばれるのか?

一般に源頼朝の挙兵から平氏滅亡までの内乱は「源平合戦」と呼ばれる。それはこの内乱が、武家の両雄である源氏と平氏の覇権をかけた戦いだと考えられていたためだ。しかし、頼朝軍には千葉・上総・畠山・三浦など多くの坂東平氏が参加していた。頼朝の御家人の多くは平治の乱で没落した源氏の再興のためではなく、自身の所領を守ってくれる新たな権力を求めて戦ったのであり、源氏 vs. 平氏という単純な図式は成り立たない。そのため、近年の教科書では争乱の起きた年号から「治承・寿永の内乱」と呼ぶことが多い。

三種の神器　皇位の象徴とされる宝物で、八咫鏡、草薙剣、八尺瓊勾玉からなる。安徳天皇とともに壇ノ浦に沈み、鏡と勾玉は引き揚げられるが、剣は行方不明となる。

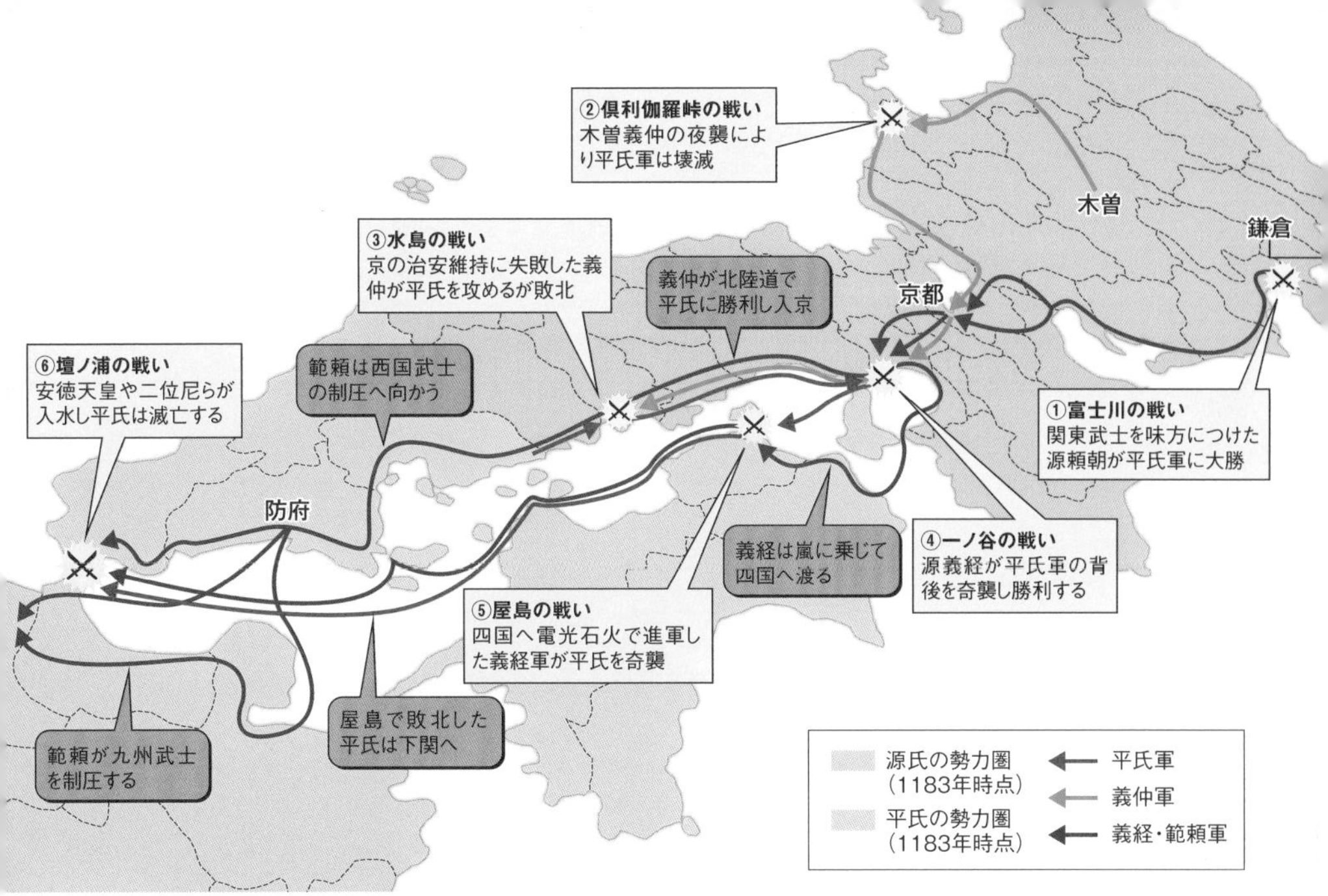

栄華を極めた平氏の終焉

一ノ谷の敗北後も西国は平氏の支配下だったが、義経の奇襲で屋島が陥落。さらに九州も範頼に攻略され、平氏は長門（山口県）で孤立する。

源義経（1159～89）

平氏追討軍の大将を務めた頼朝の弟。鵯越や屋島で奇襲を成功させるなど、軍事センスは抜群だったが政治に疎く、頼朝と対立していく。

平知盛（1152頃～85）

清盛の四男。平氏きっての智将で、一ノ谷では範頼軍を食い止める活躍を見せた。壇ノ浦では一門の入水を見届けたのち、碇を担いで海に沈む。

ともに山口県下関市

教科書でも紹介されている有名な「源頼朝像」は足利直義だった？

源頼朝説の根拠	足利直義説の根拠
●『神護寺略記』内の神護寺に源頼朝、平重盛、藤原光能像があるという記述。 ●像の衣装や武具の様式は鎌倉初期までさかのぼることができる。	●顔の表現が室町前期作の「夢窓疎石像」と類似している。 ●「足利直義願文」の神護寺に尊氏・直義の肖像を捧げたという記述。

神護寺に残る足利直義の願文

源頼朝といえば、神護寺に伝わる衣冠束帯姿の肖像画を思い浮かべる人は多いだろう。切れ長の目に鼻筋の通った理知的な顔立ち。頭脳明晰で決断力に富んだ政治家というイメージにふさわしく、誰もが疑うことなく頼朝の肖像と信じてきた。

しかし近年、この肖像画が頼朝ではなく足利尊氏の弟直義を描いたものであるという新説が打ち出された。

そもそもこの絵が頼朝とされたのは『神護寺略記』の記述に基づく推定にすぎず、実際の絵画と記述を結びつける証拠はない。美術史家の米倉迪夫氏は直義が神護寺に奉納した願文の写しに、兄尊氏と自身の像を奉納したことが記されていることに着目。等持院の尊氏木像とも比較し**伝重盛像が尊氏、伝頼朝像が直義とし、伝光能像は義詮像で直義失脚後に作られたものと推測した。**また、神護寺像は1枚の絹地に等身大の肖像を描くが、こうした絹の使用は12世紀末にはみられない。顔の表現にも、12世紀初頭に伝えられた宋の彩色技法が取り入れられているが、そうした特徴は14世紀中頃の作品に多くみられることも、伝頼朝像が足利直義である傍証であるという。

伝源頼朝像（「神護寺三像」より）
神護寺に伝わる肖像画。髭や髪の生え際まで精緻に描かれており、中世肖像画の最高峰と評価される。源頼朝を描いた作品とされるが、近年の研究では足利直義を描いたものであるという説が有力。

神護寺蔵

直義説にも疑問が残る

一方、直義説を疑う意見も根強い。日本の肖像画は外見の類似性でモデルを推定することはできないため尊氏木像との類似は根拠にならず、伝頼朝像に描かれている装束や武具の年代比定からも鎌倉前期の作品とみて不自然はないというのである。**また、前述の直義願文が指す尊氏・直義像が伝重盛・伝頼朝像であるという直接の証拠はなく、論拠として薄いというのだ。当の神護寺も直義説を否定しており、今後も論争は続きそうである。**

この論争を踏まえ、近年の教科書や解説書では、「伝頼朝像」として神護寺像を掲載する場合が多い。また、北条政子が作らせたという甲斐（かい）善光寺（ぜんこうじ）の木像を掲載する書籍も増えている。

文化・美術

Culture 【院政期の美】

『平家納経』（模本／部分）

原本は厳島神社蔵。1164年に平清盛が一門の繁栄を祈って奉納した経。一門の人々が1巻ずつ書写し、巻ごとに異なる装飾が施されている。

東京国立博物館蔵

『病草紙』（眼病の治療）

奇病の症状を生々しく描いた絵巻物。右は眼病を患った男に鍼治療を行って失明させてしまったという場面だ。

京都国立博物館蔵

日本アニメの原点？院政期美術の独創性を示す絵巻物

装飾経の極致「平家納経」

院政期は、上皇をパトロンとして多くの絵画作品が制作された。仏教の終わりを嘆く末法思想が広がる一方、華美を求める風潮もあり、美醜を織り交ぜた奥深い芸術が生まれた。

院政期の美術は仏画、装飾経、絵巻の3種類に分けられる。仏画は藤原時代以上に美を追求する傾向が強まった。装飾経は金銀箔や水晶で華麗に装飾した「平家納経」を極致とする。絵巻は横長の巻物に、右から左へ画面を展開させることで時間の推移と空間の広がりを表した絵画で、日本アニメの原点ともいわれる。

『鳥獣人物戯画』
（上：模本／左：断簡）

鳥獣人物戯画は鳥羽僧正により描かれたとされる全４巻の絵巻物。原本は高山寺に伝わる。僧などの人間に扮した動物たちをコミカルに描いているが、通常の絵巻物と違い説明文がないため、内容や作者の意図などは謎に包まれている。

東京国立博物館蔵

人間の真実に目を向けた六道絵

現存する絵巻はすべて12世紀以降に制作されたものだ。「源氏物語絵巻」は王朝文化を華麗に描いた優品である。庶民の姿や空を飛ぶ米俵など粗削りで躍動感あふれる「信貴山縁起絵巻」、動物を擬人化し生き生きと描いた「鳥獣戯画」は、まさにアニメを見るような楽しさがある。

異彩を放つのは、輪廻や地獄をモチーフにした「六道絵」だ。地獄の亡者を描いた「地獄草紙」、病気の症例を集めた「病草紙」などは、醜い現実から目を背けず人間の真実を追求した作品といえる。

歴代上皇で特に絵巻制作に熱心だったのが後白河法皇だ。法皇主宰の工房で常盤光長などの絵師が腕を振るい、御所の宝蔵にはコレクションが所せましと並べられていた。

作者不明／鎌倉時代成立

平家物語

強者の栄枯盛衰を描く壮大なドラマ

祇園精舎の鐘の声
諸行無常の響きあり
沙羅双樹の花の色
盛者必衰の理をあらわす
おごれる人も久しからず
唯春の夜の夢のごとし

［現代語訳］

祇園精舎の鐘の音には、万物は変転し、同じ状態でとどまることはないという響きがある。沙羅双樹の花の色は、盛んな者も必ず衰えるという、この世の道理を示している。栄華におごる者も、それを長く維持できるものではない。ただ、春の夜に見る夢のようである。

『新版 平家物語（一）全訳注』（講談社学術文庫）を参照

冒頭の「祇園精舎の鐘の声…」の美文で知られる『平家物語』は、平氏の栄華と没落を仏教の無常観を基調に描いた軍記物語である。

成立は13世紀半ばとされ、作者や制作の目的は不明である。『徒然草』によれば、延暦寺の天台座主慈円の保護を受けていた信濃前司行長が物語を作り、生仏という盲人に語らせたのが始まりという。現在は個人の作ではなく、膨大な説話や記録を収集できた場所で編まれたと考えられており、比叡山や高野山、醍醐寺などの関わりが想定されている。

最大の特徴はテキストの異なる異本の多さで、その数は80種類以上に及ぶとされる。琵琶法師の語りと関わる「語り本系」と、読む前提に書かれた「読み本系」に大別され、いずれも史実をベースに構成されている。

鵯越における義経の奇襲戦法が光る「坂落」、屋島の戦いの謎めいた逸話「扇の的」などの華々しい合戦譚だけでなく、義仲主従の友情が印象的な「木曽最期」や、少年武者を討つ熊谷直実の葛藤が切なさを誘う「敦盛最期」など武士の悲哀を描いた人間ドラマ、女性の生き様を追った「祇王」「横笛」、さらに宮廷の人間模様や仏教説話、中国の故事、災害や怪異現象まで、雑多な内容で構成される点が魅力である。

『源氏物語』など他の古典文学との違いは、琵琶法師の語り（平曲）として普及した点である。そのため、文字が読めない庶民の間にも浸透し、日本人の死生観や宗教観、歴史観に大きな影響を与えたといわれる。

さらに、同書の説話の多くは、後世の浄瑠璃、歌舞伎など多くの芸能に題材を提供し、今日のドラマや小説にも受け継がれ人々を魅了し続けている。

第2章

鎌倉幕府の成立と暗躍する北条氏

第2章：鎌倉幕府の成立と暗躍する北条氏

時代の流れ

頼朝・義経らの挙兵によって平氏は滅んだ。しかし、ほどなくして二人は対立し、義経と彼をかくまった奥州藤原氏は滅ぼされる。こうして頼朝の敵はいなくなり、鎌倉時代が始まる。頼朝の死後は北条氏が台頭。2代将軍頼家をはじめ、邪魔者を次々に粛清していく。

権力者：源頼朝

時代：鎌倉幕府成立

1185 **守護・地頭が設置される**
頼朝の支配域が全国に広がったきっかけであるため、幕府成立年として有力視されている。

1189 **藤原泰衡が義経を殺害**

1189 **奥州合戦**
奥州藤原氏を滅ぼしたことで、頼朝に逆らう勢力はいなくなった。

1190 **源頼朝が右大将となる**

1192 **頼朝が征夷大将軍に就任する**
名実ともに政権が確立されたとして、鎌倉幕府成立年の通説であった。

頼家 | 北条時政 | 義時

鎌倉時代

1195 頼朝は長女大姫の入内を計画するが失敗

1199 頼朝が死去

1199 源頼家が2代将軍となり、13人の合議制が始まる

1200 **梶原景時の変**

13人の一人である梶原景時が滅ぼされ、合議制は事実上崩壊する。

1203 **比企能員の乱**

頼家と比企能員が北条時政の討伐を企むが、比企氏は滅ぼされ、頼家は修善寺に幽閉される。

1205 **畠山重忠の乱**

畠山重忠と対立する時政は、息子・義時らの反対を押し切り、重忠を謀殺する。

1205 **時政が失脚し、義時が幕府の実権を握る**

1213 **和田合戦**

義時が和田義盛を滅ぼしてその地位を奪い、鎌倉幕府における覇権を確立する。

畠山重忠

北条義時

私の邪魔をする者は誰であれ排除する

1192年

頼朝が征夷大将軍に就任

1192ではなく1185?鎌倉幕府の成立はいつなのか

奥州合戦で内乱が終結

義経は壇ノ浦の戦い（1185）で平氏を滅亡させたが、頼朝との対立は悪化した。義経は平氏の捕虜を連れて東海道を下ったが鎌倉入りを許されず、頼朝の放った刺客の襲撃を受けるにいたり反逆を決意。後白河法皇に頼朝追討の宣旨を出させたが兵は集まらず、わずかな家臣を連れて京を落ちた。

頼朝は自身の追討を命じた法皇を非難し、義経捜索を口実として守護・地頭を設置する権限を獲得。さらに、義経をかくまった奥州藤原氏の討伐を決定し、全国の御家人を動員して平泉を攻略した。（1189）奥州藤原氏は滅亡し、頼朝の挙兵以来10年にわたる内乱も集結したのである。

諸説ある鎌倉幕府の創立年

奥州合戦の3年後の1192年（建久3）、頼朝は征夷大将軍となる。従来、これをもって鎌倉幕府の創立とされたが、この時点で幕府のしくみはある程度できており創立年には諸説ある。

関東を実効支配し御家人を統括する侍所を設置した1180年（治承4）、朝廷に東国支配権を公認された1183年（寿永2）、公文所・問注所を設置した1184年（元暦1）、頼朝が右大将となった1190年（建久1）などだ。教科書では守護・地頭が設置された1185年（文治1）が創立年とされる。ただし、重要なのは頼朝が朝廷から徐々に権利を勝ち取った事実であり、前述の過程を経て段階的に成立したと考えるべきだろう。

時代のギモン

当時は「幕府」とは呼ばれていなかった?

現在、日本では将軍を頂点とする武家政権を「幕府」と呼んでいるが、中世を通してそのように呼ばれたことはなかった。「幕府」の語はもともと出征中の将軍の陣営や近衛大将の居館を指していた。幕府の創立年を、頼朝が右大将や征夷大将軍に任官した年とするのは、そうした語義にもとづく説といえる。当時の鎌倉政権の呼び方は「関東」「武家」「鎌倉殿」や、中国の故事にもとづく「柳営」などであった。武家政権を指す用語として「幕府」が使われ始めたのは江戸時代中期のことで、定着するのは明治以降のことである。

登場人物

- 源義経 ☞P16
- 源頼朝 ☞P14
- 後白河法皇

征夷大将軍　本来は蝦夷地（東北）征伐の指揮官のこと。頼朝の就任以降、武家の棟梁を指すようになり、後の天下人である足利尊氏・徳川家康もこの地位を求めた。

東国に武家政権を打ち立てた頼朝

義経・奥州藤原氏を滅ぼし全国を支配下に収めた頼朝は、鎌倉に幕府を開く。

幕府創業の地

石橋山の敗戦後、頼朝は鎌倉に入りここを本拠地とする。この時つくられた大倉御所は、幕府の政庁として使われた（のちに焼失）。

諸説ある幕府の成立年
治承4年説（1180） 頼朝が鎌倉に入って侍所（御家人統括機関）を設置し、政権の原型が整えられた年。
寿永2年説（1183） 朝廷が頼朝に東国の荘園・公領の支配権を認める宣旨を出した年。
元暦元年説（1184） 幕府の中枢機関である公文所（家政機関）と問注所（裁判機関）が設置された年。
文治元年説（1185） 守護と地頭が各地に設置され、幕府の力が全国に及んだ年。教科書で幕府成立年とされる。
建久元年説（1190） 頼朝が右大将に就任し、頼朝の家政機関（公文所）が公的機関（政所）となった年。
建久3年説（1192） 頼朝が征夷大将軍に就任し、名実ともに政権が成立した年。従来の通説。

鎌倉で武士の
政権をつくるぞ！

源頼朝（1147～99）

平治の乱に敗れ伊豆に流罪となるが、以仁王の令旨を受けて挙兵。弟たちを平氏討伐に派遣し、自らは鎌倉で地盤固めを行う。そして、平氏や奥州藤原氏を滅ぼし、日本初の武家政権を打ち立てる。

甲斐善光寺蔵

古都を歩く

平泉

この世に極楽をつくろうとした奥州藤原氏の華麗な都

中尊寺金色堂覆堂

藤原氏３代の亡骸と４代泰衡の首を納めたお堂。仏像から須弥壇の装飾にいたるまで金で飾られた華麗な金堂が納められている。

初代：清衡（1056 ～ 1128）

義父の子・清原家衡と真衡を排除し奥州の支配者となる。中尊寺を創建した。

毛越寺蔵

３代：秀衡（1122 ～ 87）

朝廷から鎮守府将軍に任じられ、奥州藤原氏の最盛期を築いた。無量光院を創建。

２代：基衡（? ～ 1157）

奥州に手をのばす国司や荘園領主と長年争う。毛越寺を建立した。

浄土を思わせる美しい都市

奥州を支配した藤原氏は仏教を篤く信仰していた。彼らは平泉に中尊寺や毛越寺、無量光院などのきらびやかな寺院を建築し、地上に極楽浄土を表現した。

イラスト=香川元太郎

毛越寺

奥州合戦では兵火を逃れ幕府に保護されるが鎌倉中期に焼失。本堂は1989年に再建された。

柳之御所(平泉館)

清衡・基衡の居館。奥州合戦で焼失したが、庭園などが復元された。

絢爛豪華な黄金の都

奥州藤原氏は初代清衡が後三年の役に勝利し、奥羽の支配権を得たことに始まる。清衡が拠点とした平泉(岩手県平泉町)は奥州の中心に位置し、奥大道と北上川に接する交通の要地だ。以後、基衡・秀衡・泰衡の4代100年にわたって半独立を保ち、北方の王者として君臨した。

都市平泉の最大の特徴は華麗な仏教文化だ。黄金や螺鈿、象牙で飾られた中尊寺金色堂をはじめ、極楽を表現した浄土庭園を持つ毛越寺、宇治平等院を模した無量光院など、京に劣らぬ大寺院が点在。平泉の入り口にあたる観自在王院の南には高屋という倉庫群が連なっていたという。北を目指す旅人は高屋を見上げながら平泉に入り、豪華な寺院や藤原氏の邸宅を目にしたことだろう。

義経は本当に衣川で死んだのか？悲劇の天才武将の伝説を追う

京都府京都市

①鞍馬天狗との修行

父の仇討を誓った牛若丸（義経）は、鞍馬山の天狗に武術を習った。写真は鞍馬寺の木の根道。

⑧義経=チンギス=ハン伝説
⑦義経=オキクルミ伝説
③平氏の霊を退治する弁慶
①鞍馬天狗との修行
②牛若丸と弁慶の出会い
④安宅の関
⑥義経北行伝説
⑤静御前の舞

メトロポリタン美術館蔵

③平氏の霊を退治する弁慶

頼朝と対立し西国へ落ちのびる義経一行の前に平氏の亡霊が現れるが、弁慶により退けられる。

京都府京都市

②牛若丸と弁慶の出会い

通行人の刀を狙う弁慶と牛若丸の戦い。牛若丸に敗れた弁慶は彼の家臣となる。

多くの伝説を生んだ『義経記』

平氏追討の最大の功労者でありながら、兄・頼朝に疎まれ逃亡の果てに自害した悲劇の英雄、義経。栄光と挫折の生涯は人々の同情をさそい、勝者より敗者を応援する「判官びいき」という日本人独特の心情を生んだ（判官は義経の官職「検非違使尉」の別名）。

その悲劇的な生涯は、後世多くの義経伝説を生んだ。その土壌となったのが室町時代成立の『義経記』だ。鞍馬寺における天狗との武者修行、五条大橋での弁慶との出会いなど、いずれも同書をベースにしている。弁慶が関所で白紙の勧進帳を読み上げ山伏に化けた義経の危機を救う説話は、謡曲や歌舞伎の題材となった。

神奈川県鎌倉市

⑤静御前の舞

鎌倉方に囚われた義経の愛妾・静御前は鶴岡八幡宮で義経を慕う舞を舞う。

石川県小松市

④安宅の関

山伏に変装した義経一行を疑う関所の役人に対し、弁慶はあえて義経を打ち据え疑いを晴らす。

青森県外ヶ浜町

⑥義経北行伝説

衣川から逃れた義経が蝦夷地に渡ったという伝説。写真は、義経が観音菩薩に授けられた龍馬で海を渡ったという地に立つ義経寺。

北海道平取町

⑦義経＝オキクルミ伝説

蝦夷地に渡った義経がアイヌの神・オキクルミとして崇められたという伝説。写真は伝説を元に建てられた義経神社。

⑧義経＝チンギス＝ハン伝説

蝦夷地に逃げた義経がさらに大陸へ渡り、チンギス＝ハンとなって元を建国したという伝説。

肥大する義経生存説

江戸時代になると伝説はさらにエスカレートする。義経が衣川で死なず北海道に渡り、その末裔が住んでいる、あるいは、義経がオキクルミ神としてアイヌに崇拝され、義経・弁慶にまつわる地名も多いといった伝承が、幕府や大藩の記録に現れるのだ。

極め付きは大正時代にベストセラーとなった小谷部全一郎（おやべぜんいちろう）の『成吉思汗（ジンギスカン）ハ源義経也』だろう。大陸に落ちのびた義経が成吉思汗と名を変え、モンゴル帝国を打ち立てたという説で、両者の体格や性格、武器や戦術が似ていることを根拠としている。この説が支持されたのは、人々が日本の大陸進出に対する歴史的意義を求めていたのに加え、義経に第二の人生を与えたいという「判官びいき」の心情もあったと考えられる。

1199年

源頼朝が死去

鎌倉幕府を開いた頼朝は朝廷とどのような関係だったのか？

「御恩と奉公」が幕府の基本

鎌倉幕府の支配の根幹は「御恩と奉公」にある。将軍が御家人に所領や役職を保証し、御家人が将軍に軍事で奉仕する関係である。これを封建制度といい武家政権の基本理念となった。最も重要な御恩が御家人の守護・地頭への任命で、対する御家人は合戦への従軍、将軍御所や朝廷の警備などの奉公でこれに応えた。

従来も武士への恩賞はあったが、それは朝廷が与えるもので、武家の棟梁は取次役にすぎず、平氏政権も例外ではなかった。**それに対し鎌倉幕府は頼朝が直接恩賞を与えることで、御家人との間に人格的なつながりを持たせた点に革新性があった。**

頼朝が行った朝廷対策

平家滅亡（1185）後から、頼朝は朝廷改革を断行していた。**親鎌倉派の貴族を中心とした議奏公卿の合議により国政を運営する制度を整え、幕府と朝廷の取次役である関東申次を置いて朝幕間の意思疎通を図った。**

さらに、頼朝は正室・政子との間に設けた長女・大姫を後鳥羽天皇に入内（結婚）させる計画を立てる。自ら上洛し、朝廷の有力者・源通親に財物を贈り仲介を頼んだが、間もなく大姫は病死。その翌年、通親は自身の外孫である土御門天皇を即位させる。さしもの頼朝も、公家の権謀術数に敗れた。翌年、頼朝は落馬の事故がもとで波乱の生涯を閉じる（1199）。

時代のギモン

頼朝の死は落馬が原因だった?

『吾妻鏡』によると、頼朝は1199年１月、相模川からの帰り道に落馬し、間もなく亡くなったという。享年53だった。同書は幕府の正史だが頼朝の死亡時期が欠落しており、落馬情報は12年後の記事に記されているにすぎない。そのため北条氏が頼朝を暗殺し、当該部分を削除したとする説もある。公家の日記は、頼朝が糖尿病で重体に陥った、病で出家したなどと記すが、落馬の記述はない。後世には義経や平氏の怨霊の祟りとする説もある。頼朝の急死に人々が違和感を抱いたことが、多くの異説が生まれた理由かもしれない。

登場人物

- 源頼朝 ☞P14
- 北条政子 ☞P18
- 大姫
- 後鳥羽天皇

用語解説

御家人　鎌倉殿（将軍）と「御恩と奉公」の関係を結んだ武士のこと。全国の武士の中には将軍と直接主従関係を結んでいない非御家人もいたため、「武士＝御家人」ではなかった。

入内計画と大姫の悲劇

幕府を開いた頼朝は娘・大姫の入内を計画するが、姫が亡くなったことで計画はとん挫する。

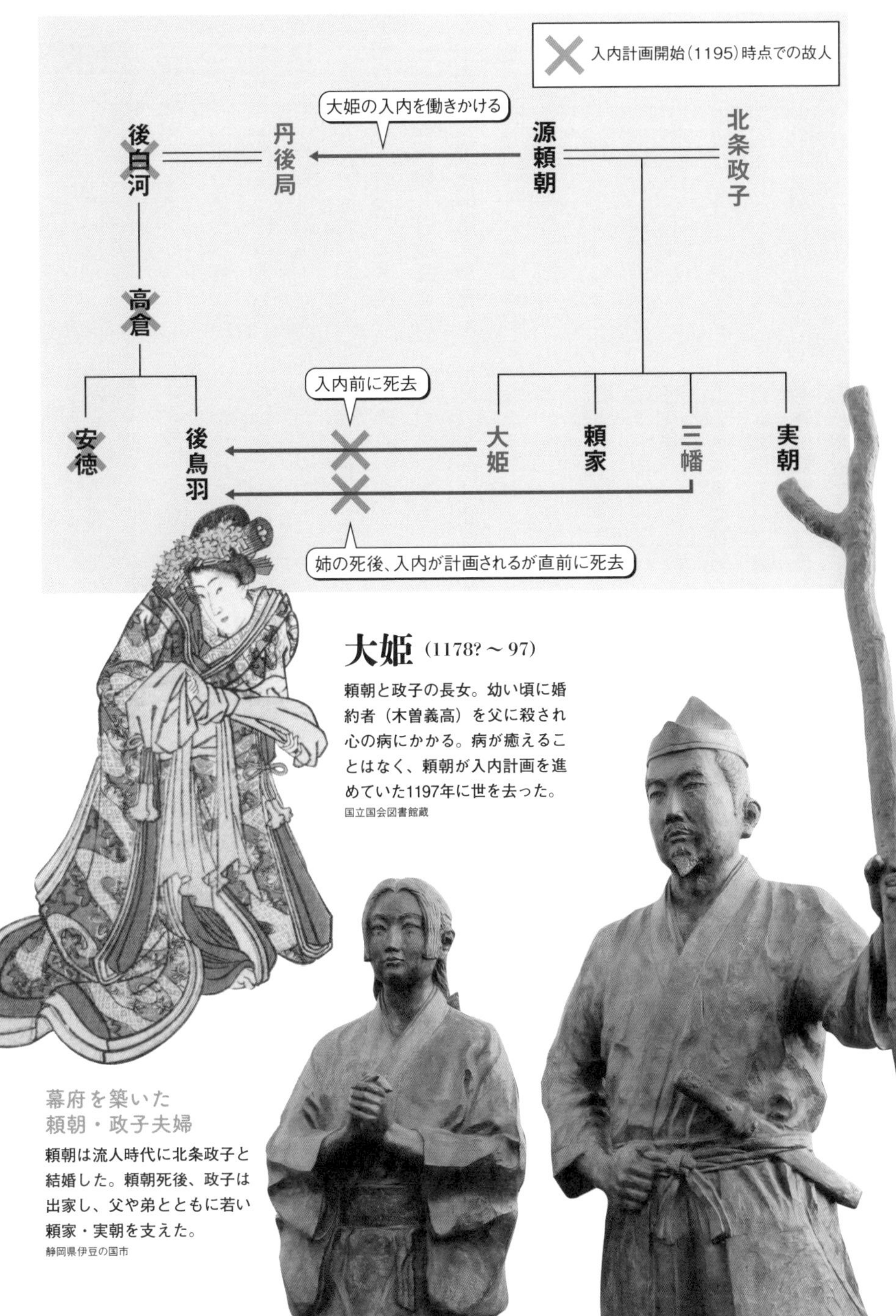

大姫 (1178? ~ 97)

頼朝と政子の長女。幼い頃に婚約者（木曽義高）を父に殺され心の病にかかる。病が癒えることはなく、頼朝が入内計画を進めていた1197年に世を去った。

国立国会図書館蔵

幕府を築いた頼朝・政子夫婦

頼朝は流人時代に北条政子と結婚した。頼朝死後、政子は出家し、父や弟とともに若い頼家・実朝を支えた。

静岡県伊豆の国市

1203年

源頼家が伊豆に幽閉される

源頼家の政治を不安視する御家人が13人の合議制で将軍を補佐する

登場人物
- 源頼家
- 梶原景時
- 比企能員
- 北条時政

13人の合議制の始まり

頼朝の死後、21歳の嫡男頼家（よりいえ）が跡を継いで2代将軍となる（1199）。頼家は意欲的に幕政を行ったが、間もなく幕府の訴訟を採決することを禁じられ、有力御家人による13人の合議制が導入される。**最終的な決定権は頼家にあり、若い将軍を御家人が支えるための制度とされるが、将軍の権力が抑制されたのも事実だった。**

続いて、梶原景時（かじわらかげとき）が鎌倉を追われた。景時が讒言によって結城朝光（ゆうきともみつ）の失脚を図ったため、66人の御家人が連名で弾劾文を作成。景時は京を目指したが、途中の駿河で一族ともども滅ぼされた（1200）。側近の景時の滅亡により、頼家の権力はさらに弱体化した。

比企氏の乱と頼家の暗殺

続いて粛清の対象となったのが比（ひ）企能員（きよしかず）だ。能員はおばの比企尼が頼朝の乳母だったため重用され、娘を頼家の側室にするなど北条氏にとって代わる勢力を蓄えつつあった。

1203年（建仁3）、頼家が重病にかかると、北条時政（ほうじょうときまさ）は頼家の権力を嫡子一（いち）幡（まん）と弟実朝（さねとも）に分割する案を提案。不満を抱いた能員が頼家と北条氏追討を図ったため、時政は大江広元と協力して能員を自邸に呼び出し誅殺。その後、一幡もろとも比企氏を滅ぼした。**さらに頼家を出家させて修善（しゅぜん）寺（じ）に幽閉し、自身が後見する実朝を将軍に擁立。北条氏は覇権確立にまた一歩近づいたのである。**

時代のギモン

北条政子は「政子」と呼ばれたことはなかった?

古代・中世の女性の実名が後世に伝わることは稀で、日本史上最も有名な女性の一人、北条政子も例外ではない。じつは同時代の史料で彼女を北条政子と呼ぶものはないのだ。中世の女性が「子」の字をつけるのは朝廷の位階を授かる時で、政子の名も1218年に従三位に叙された際、父時政にちなんでつけられたものだ。頼朝在世中は御台所、死後は尼御台・二位殿・平政子などと記されており、北条政子の名が流布したのは実に戦後のことであるという。当然ながら頼朝が妻に「政子！」と呼びかけたことはなかったわけである。

人物解説

梶原景時〔?～1200〕　石橋山で頼朝を助け臣下となる。優秀な官僚だが、逆櫓論争などで義経と対立したため、「英雄義経をおとしめた奸物」という評価を受ける羽目になる。

短命に終わった13人の合議制

頼朝の死後、有力御家人による合議制が発足するが、権力争いによって短期間で崩壊してしまう。

13人の合議制メンバー

大江広元／毛利博物館蔵、北条時政／願成就院蔵、北条義時／高野山龍光院蔵
高野山霊宝館提供、それ以外は国立国会図書館蔵

区分	画像	人物	説明
京からスカウトされた公家		大江広元（1148～1225）	政務を担当する政所のNo.1。守護や地頭の設置は、彼が頼朝に提案したとされる。
京からスカウトされた公家		中原親能（1143～1208）	政所の職員。朝廷との交渉役である京都守護を務めたこともある。
京からスカウトされた公家		三善康信（1140～1221）	裁判・訴訟を担当する問注所のNo.1。頼朝の乳母の甥で、京の情勢を伝えた。
京からスカウトされた公家		二階堂行政（?～?）	政所の幹部。奥州合戦や頼朝上洛では、実務方として活躍した。
挙兵に従った武士		北条時政（1138～1215）	頼朝の舅として幕府創設を支える。頼家の死後、初代執権に就任した。
挙兵に従った武士		北条義時（1163～1224）	時政の子。頼朝に厚く信頼され、その死後は、姉・政子と協力し、頼家を支える。
挙兵に従った武士		安達盛長（1135～1200）	側近として伊豆に流された頼朝に仕え、挙兵時は味方集めに奔走した。
挙兵に従った武士		和田義盛（1147～1213）	軍事・警察を担当する侍所のNo.1。頼朝の挙兵時から従い、平氏追討でも活躍した。
挙兵に従った武士		三浦義澄（1127～1200）	源義朝に仕えて平治の乱を戦い、頼朝が挙兵するといち早く駆けつけた古参の御家人。
石橋山以降に従った武士		梶原景時（?～1200）	侍所のNo.2。事務仕事に優れた官僚だが、周囲に厳しく、嫌われていた。
石橋山以降に従った武士		比企能員（?～1203）	頼家の舅として権力を振るうが、時政により頼家もろとも粛清される。
石橋山以降に従った武士		足立遠元（?～?）	安達盛長の甥。公文所（政所の前身）が設置されると、その職員に選ばれる。
石橋山以降に従った武士		八田知家（1142～1218）	常陸の武士。奥州合戦では東海道大将軍として活躍した。

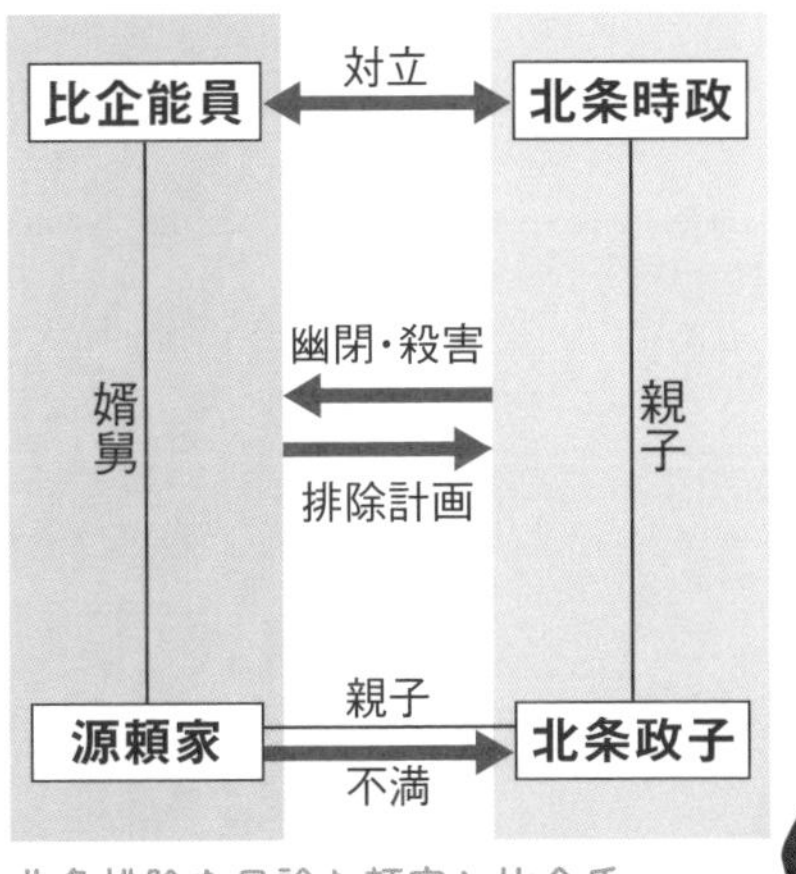

北条排除を目論む頼家と比企氏

自身で政治を行いたい頼家は、舅・比企能員と組んで北条氏と対立。頼家は幽閉され比企一族は滅ぼされた。

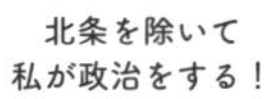

源頼家

(1182 ～ 1204)

頼朝と政子の長男。『吾妻鏡』では遊興におぼれ政治を顧みない暗君のように描かれるが、実際は武芸に優れ意欲にあふれた将軍だったという。

大本山建仁寺蔵

1205年

北条時政が追放される

北条義時が父時政を追放し幕府の実権を掌握する

時政が初代執権となる

源実朝の将軍就任に伴い、北条時政は幕府の政所別当（家政機関の長官）**に就任する。この地位は「執権」と呼ばれ、以後、幕府滅亡**（1333）**まで北条氏に独占された。**将軍と特定の御家人が結び付くのを防ぐため、実朝の妻には公家の娘が迎えられた。

1205（元久2）年には畠山重忠が追討される。重忠の子重保が京都守護平賀朝雅と口論となり、朝雅が時政の後妻である牧の方に讒言したのが原因という。時政は重忠が謀反を企んでいると断じて二俣川の戦いで重忠を滅ぼした。背景には武蔵国（東京都、埼玉県）の支配をめぐる時政らと畠山氏の対立があったとされる。

牧氏の乱と和田合戦

重忠追討の2カ月後、今度は時政が平賀朝雅を将軍に立てようと画策し幽閉される。平賀氏は清和源氏の名門出身で頼朝の頃から重用されたが、この計画は性急すぎた。義時は時政邸を襲撃して時政を伊豆に追放（牧氏の乱）、自身は執権に就任する。

実権を奪った義時は、1213（建暦3）年、北条氏と並ぶ勢力を誇る和田義盛を挑発し挙兵させた。鎌倉を舞台に激戦が行われたが一族の三浦義村の裏切りもあり、和田氏は滅亡。北条氏は名実ともに御家人の頂点に立つ。**義時は義盛の後を受けて侍所別当を兼務し幕府の政治・軍事を掌握。その権力は父時政を超えた。**

時代のギモン

源実朝は文弱なダメ将軍だったのか?

源実朝といえば、北条氏に実権を握られて政務への意欲を失い、京の文化にあこがれて和歌に執心した文弱な将軍というイメージで語られることが多い。しかし、実際は"鎌倉の王"として実権を振るっていたことが近年の研究で明らかになっている。就任当初から頼朝時代の先例を調べ、自ら御家人の所領相論を裁定したのはもちろん、和田合戦の後も政所機構の充実を図るなど、意欲的に幕政に取り組んだ。実朝がいったん決定した裁定は、義時や大江広元のような実力者であっても容易に覆すことはできなかったといわれる。

登場人物

- 源実朝
- 北条時政
- 北条義時 P20
- 和田義盛

人物解説

和田義盛〔1147～1213〕 相模の三浦義明の孫で、一族とともに頼朝の挙兵に従った。平氏追討などで活躍し、侍所別当（御家人統括機関No.1）となるが、和田合戦で滅ぼされる。

父すら排除した義時が幕府を支配

実朝の就任後、義時と政子は多くの御家人を粛清。その中には父・時政も含まれていた。

願成就院蔵

北条時政 (1138 ～ 1215)

北条政子・義時の父。源頼朝の舅として挙兵を支え、力をのばすが、牧氏の乱で失脚。その後は出家し、伊豆で隠居生活を送った。

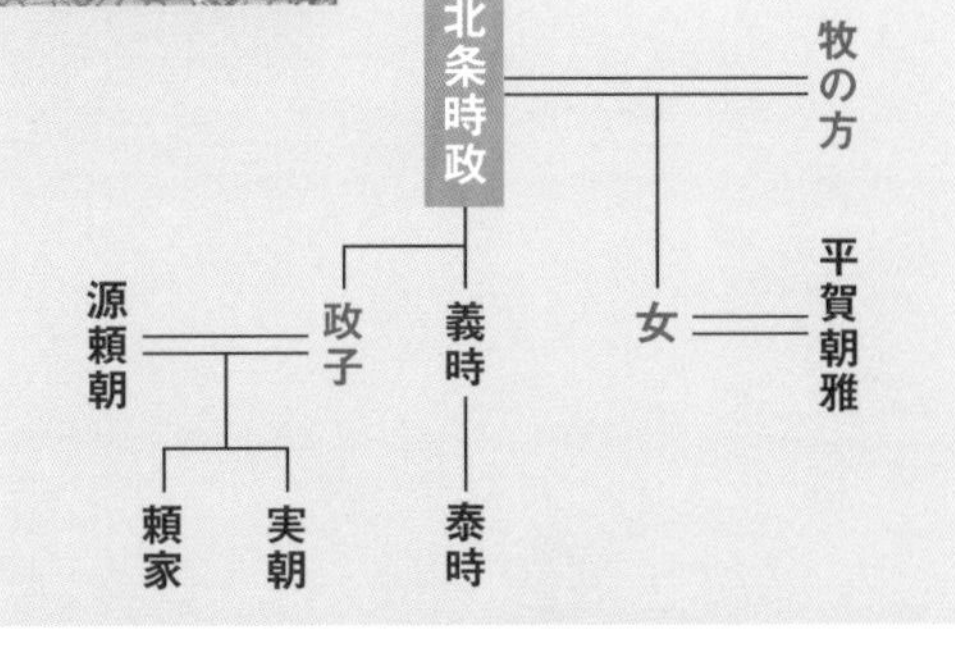

畠山重忠 (1164 ～ 1205)

武蔵国の豪族。「武士の鑑（かがみ）」と称えられる謹厳実直な人物だったが、北条時政の謀略で滅ぼされる。馬を担げる怪力の持ち主だったとも。

埼玉県深谷市

『和田合戦図屛風』／都城市立美術館蔵

和田一族の滅亡

1213年、義時に冷遇された和田一族が決起。義盛の子朝比奈義秀が将軍御所の門を破壊するなど、初めは和田勢が優勢だったが、他の御家人が義時に付いたため敗北する。

鎌倉幕府執権に上りつめた北条氏が御家人の粛清を繰り返した理由とは？

伊豆の弱小豪族だった北条氏

北条氏は伊豆国北条郷（伊豆の国市）を本拠とする豪族である。坂東平氏の平直方の末裔を称したが、時政以前の記録はなく、伊豆の弱小豪族だったとみられる。さらに時政は「北条四郎」を称しており、北条氏の嫡流ですらなかった可能性も高い。挙兵に失敗すれば伊豆を追われる危険性がある中、娘婿である頼朝に自身の運命をかけたのである。時勢を見る眼力と時宜を逸しない決断力は、挙兵時からすでに発揮されていた。

頼朝の死後、北条氏は謀略によりライバルの御家人たちを次々と蹴落としていった。その手始めとなったのが比企氏の乱だ。『吾妻鏡』によると、発端は比企能員が時政追討を計画したことによるが、経過に不審な点が多い。まず、計画が露見した理由だ。たまたま政子が障子越しに将軍頼家と能員の会話を盗み聞いたためというのは、いかにも都合がよすぎる。そうした陰謀の進行中、時政に呼び出された能員が、甲冑もつけずわずかな供だけを連れて現れたのも不自然だ。時政邸で能員を斬殺した仁田忠常も4日後、口封じのように誅殺されており、すべて時政が描いた筋書きだったとみるのが自然だろう。

そもそも『吾妻鏡』は北条政権が編纂した史書であり、北条氏にとって都合の悪い事件は脚色されている可能性が高い。

政権と家督を同時に奪った義時

『吾妻鏡』は畠山重忠の追討事件も、時政が後妻の牧の方にそそのかされ仕かけたと記す。しかし、鎌倉に向かう重忠の軍勢は謀反を行うには少なく、無実の可能性が高いとされる。重忠が勢力を張る武蔵国の権益を奪うのが時政のねらいだったようだ。

興味深いのは事件の直後、義時が重忠の無実を訴えたことだ。時政の強引な政権運営を非難することで、立場を悪化させることがねらいだったのだろう。その時政が起死回生を図ったのが平賀朝雅の将軍就任（牧氏の乱）である。義時はこの機を逃さず時政を幽閉し実権を掌握したが、朝雅の擁立計画自体が、義時の流したデマだった可能性

神奈川県鎌倉市

修善寺／静岡県伊豆市

神奈川県鎌倉市

畠山重忠史跡公園／埼玉県深谷市

北条氏に敗れた将軍・御家人たち

右上／幽閉された頼家は、翌年北条氏の刺客によって暗殺される。左上／北条氏に滅ぼされた比企一族は、鎌倉の妙本寺に葬られた。右下／重忠は「鎌倉に異変あり」という虚報で呼び出され、だまし討ちにされた。左下／義盛が最後の決戦を挑んだ由比ヶ浜付近には一族を供養する和田塚が残る。

も高い。

そもそも義時は長らく江間（えま）という苗字を名乗っており、北条氏の家督を継ぐ立場ではなかったともいわれる。牧氏の乱は義時にとって、幕政の主導権と同時に北条氏家督の地位を奪うクーデターだったのだ。

北条氏は頼朝と姻戚関係を結んでいたとはいえ、坂東平氏の名門である三浦氏や畠山氏ほどの軍事的な基盤はなかった。比企氏のように将軍と結び付き勢力をのばす御家人が現れれば、とって代わられる可能性もあったのである。

義時にいたっては北条氏の家督すら危うい状況であり、父を蹴落としてでも政権を奪う必要があったのだ。北条氏が仕かけた数々の謀略は、小豪族出身ゆえの生き残りをかけた戦いだったのである。

特別テーマ
Features
【鎌倉幕府と朝廷】

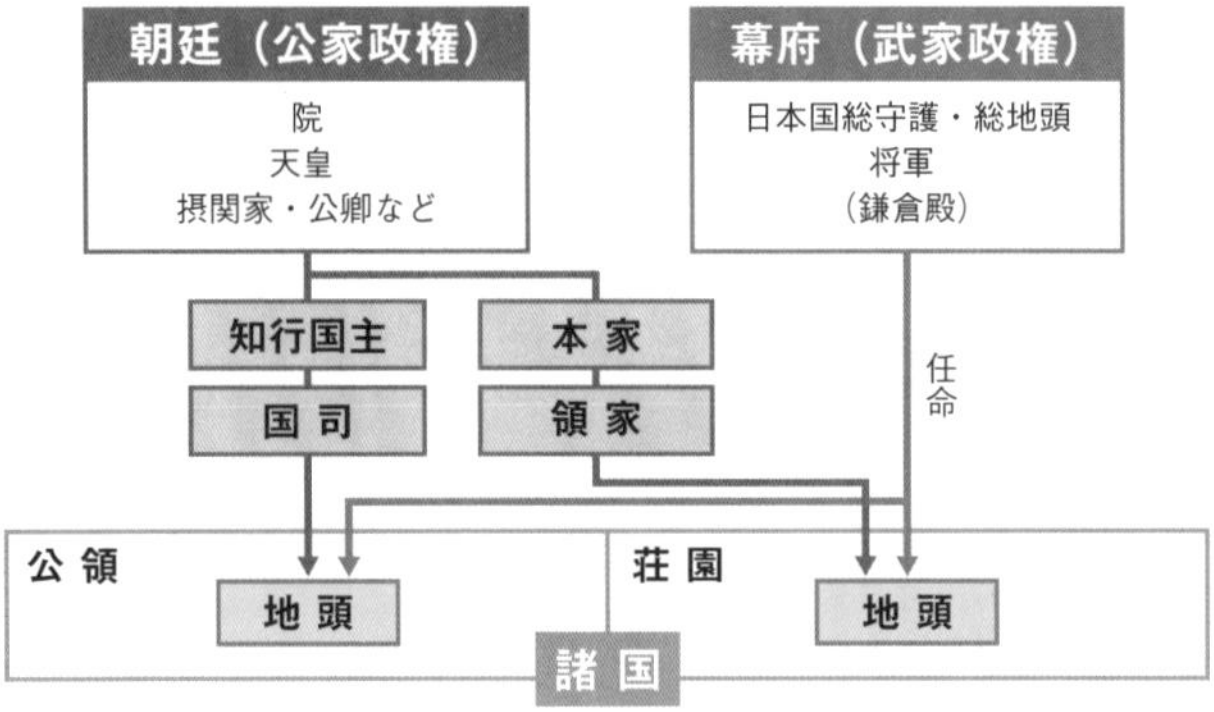

鎌倉時代の幕府と朝廷の関係はどのようなものだったのか？

朝廷（公家政権）
院
天皇
摂関家・公卿など

幕府（武家政権）
日本国総守護・総地頭
将軍
（鎌倉殿）

知行国主
国司
本家
領家
任命

公領
地頭
荘園
地頭
諸国

公武が並立する「権門体制論」

かつて日本の中世の始まりは、栄華にふけった京の貴族が政治をかえりみず世の中が乱れたため、東国から質実剛健の武士が現れ新しい政治体制を打ち立てた、と考えられていた。背景には武家政治を正当化する江戸時代の学者の言説と、階級間の闘争の必然性を説いたマルクス主義の思想があるとされる。いずれも公家と武家の対立を前提としており、武士が貴族の権力を乗り越え、中世の封建社会が成立したとする。

これに対して、戦後新たに提起されたのが、**公家と武家が相互補完の関係にあったとする「権門（けんもん）体制論」である。中世社会は天皇を頂点として公家・寺社・武家の諸権門（権勢を持った一族・集団）が並び立ち、それぞれ政治・祭祀・軍事を分担した。**

権門の権力はあくまで天皇の権威に裏付けられており、鎌倉幕府も首長である「鎌倉殿」が天皇から将軍に任命されることで支配の正当性が保たれたというのである。この考え方は現在も、中世の枠組みを理解する上で最も有力な説とされている。

これに対し、朝廷と幕府は相互に干渉し合わず独立した存在であるとする「東国国家論」が提起された。

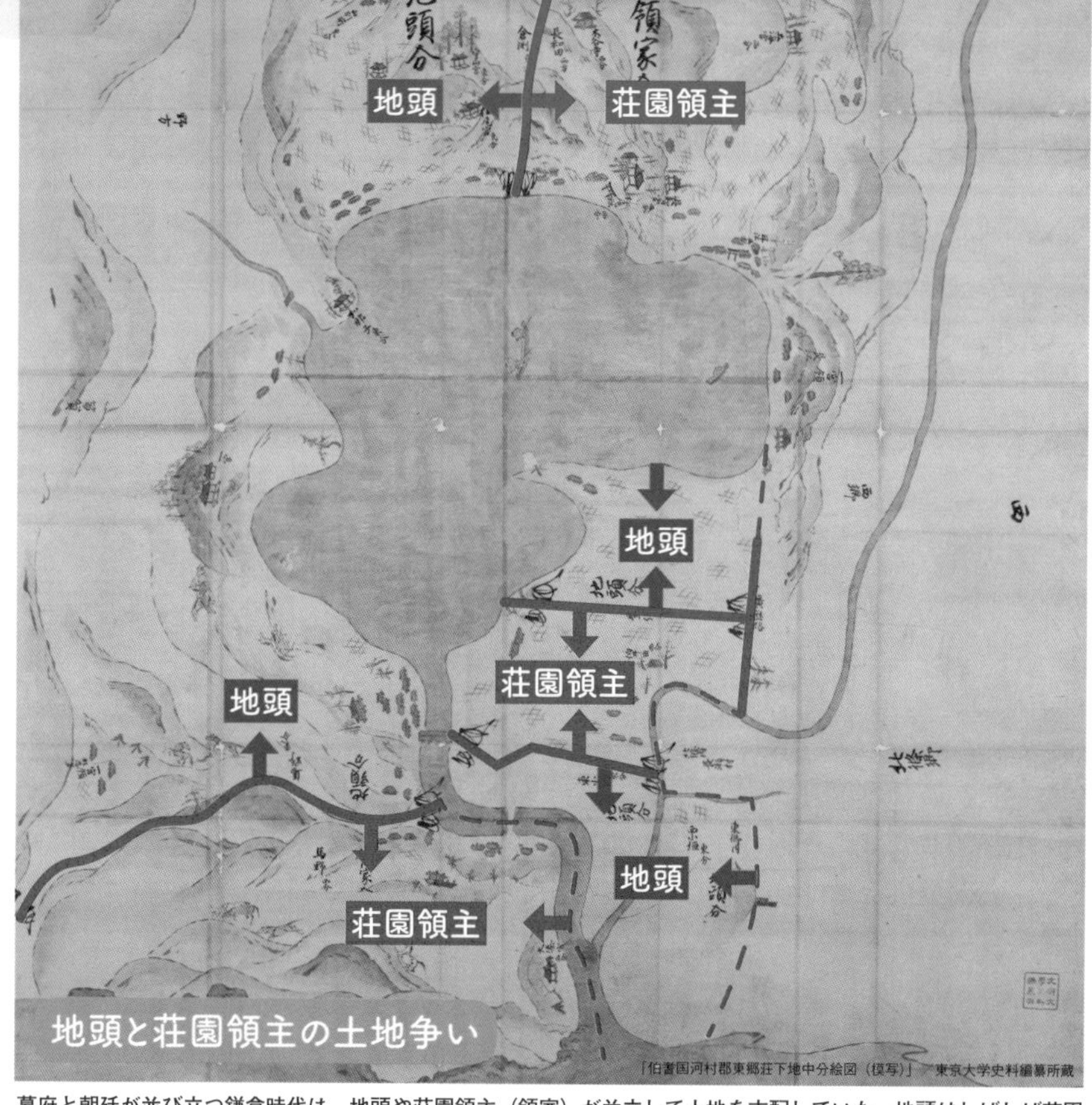

幕府と朝廷が並び立つ鎌倉時代は、地頭や荘園領主（領家）が並立して土地を支配していた。地頭はしばしば荘園の年貢の押領を行い、荘園領主との紛争を起こす。そこで荘園領主は荘園管理を任せる代わりに年貢納入を確約させる「地頭請」や、土地を地頭と荘園領主で分割する「下地中分」を行い、収入を安定させようとした。上は京都松尾神社領の「伯耆国東郷荘絵図」。朱線で地頭と荘園領主の支配地が示されている。

東西が並び立つ「二つの王権論」

しかし、「東国国家論」には、朝廷と幕府が不干渉であるという論は成り立たないという批判もある。そこで近年、注目されているのが東国国家論の発展形である「二つの王権論」だ。**西に天皇、東に将軍を頂点とする王権が並立したとする説で、鎌倉幕府は東国武士のために生まれた独立政権であるという点で権門体制論と対比される。**

興味深いのは、両説が当時の朝廷と武士の立場の違いを表している点だ。北条氏が鎌倉で権力争いに明け暮れていた頃、後鳥羽上皇は「権門体制論」的な発想にもとづいて幕府を取り込もうと考え、幕府は「二つの王権論」によって武家の独立を主張。この国家観の相違が、のちの承久の乱を招く遠因にもなったのだ。

作者不明／鎌倉時代成立

吾妻鏡

鎌倉幕府の成立と発展を記した歴史書

是れ最後の詞なり。故右大将軍朝敵を征罰し、関東を草創してより以降、官位と云い、俸禄と云い、其の恩すでに山岳よりも高く、溟渤よりも深し。報謝の志浅からんや。

（承久の乱直前の北条政子の演説）

［現代語訳］

これが最後の言葉である。故右大将（源頼朝）が朝敵を征伐し、関東を草創して以降、官位といい、俸禄といい、その恩は既に山よりも高く、海よりも深い。その恩に報いる思いが浅いはずはなかろう。

『詳説 日本史史料集』（山川出版社）、『現代語訳吾妻鏡〈8〉承久の乱』（吉川弘文館）を参照

『吾妻鏡』は鎌倉幕府の公式の歴史書である。将軍の年代記の形式で書かれており、以仁王の令旨が出された1180（治承4）年から6代将軍宗尊親王が鎌倉を追われた1266（文永3）年までの86年間の記録が和風漢文によって記されている。

武家政権の成立・発展の過程、幕府と朝廷との関係、武士のあり方などを知るための基本史料として重視されており、後世の戦国武将も愛読した。中でも徳川家康は熱心な読者で、政権運営の範にするとともに活字版による出版も行い普及にも努めた。

同書の成立は、使用された文書の内容から推定し1300年前後と考えられている。当時、幕府では御家人の所領争いが激化していた。幕府の成立について振り返ることで、御家人や幕府の存在意義を問い直すことが編纂の目的だったとされる。

編者は北条一門の金沢氏とその関係者と推測されており、問注所（幕府の訴訟機関）の責任者である三善氏の関与もうかがわれる。編纂に使われた素材は、京下りの文官である大江氏や二階堂氏などの家に伝わる日記・文書が中心で、藤原定家の『明月記』など公家の日記も使われた。『平家物語』『承久記』などの軍記物語が使用された形跡はない。

本書は原史料の引用と編纂者が執筆した地の文章からなる。地の文章は北条氏の立場から曲筆されたと思われる部分もあるが、正史ならではの臨場感あふれる記事が魅力だ。黄瀬川における頼朝と義経の初対面、鶴岡八幡宮で義経を慕う歌を舞った静御前の姿、比企氏の乱における北条政子の暗躍、承久の乱の宇治川の戦いにおける北条泰時の奮戦など、武家政権成立のダイナミズムを感じることができる。

第3章 承久の乱と御成敗式目

時代の流れ

将軍実朝のもとで安定していた鎌倉幕府と朝廷の関係は、実朝暗殺をきっかけにして暗転。後鳥羽上皇が幕府に対して挙兵し、承久の乱が起こる。戦いは幕府が勝利し、上皇は謀反人として流罪。幕府の影響力は全国に拡大し、北条氏の権勢はさらに高まっていく。

権力者	源実朝	承久の乱	北条義時
時代	鎌倉時代		

1218
北条政子が上洛し、実朝の後継として後鳥羽上皇の皇子を鎌倉へ迎えられるよう約束を取りつける

1219
将軍実朝が暗殺される

皇子ではなく三寅（のちの九条頼経）が鎌倉に下向し、北条政子が後見として政務をとる。

1221
北条義時追討の院宣

後鳥羽上皇が北条義時追討の院宣を下すが、幕府軍に敗北。かえって幕府の権力が強化される。

1221
六波羅探題の設置

幕府軍を率いて上洛した北条泰時・時房は乱後も六波羅に留まり、朝廷の監視や西国の御家人の統率にあたった。

1221
3上皇の流罪

後鳥羽・土御門・順徳の3上皇が流罪となる。

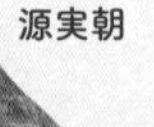

源実朝

北条政子

北条泰時

鎌倉時代

1223 **新補地頭の収益を定める**

朝廷方から獲得した所領は、先例や権限が不明確なことが多かったため、新たに任命した地頭の権限や収益は幕府が定めた。

1224 **北条義時が死去、泰時が執権となる**

1225 **北条泰時が連署、評定衆を設置する**

1226 **九条頼経が将軍に就任する**

1230 **翌年にかけて飢饉が全国に拡大**

1232 **御成敗式目の制定**

頼朝以来の先例や武家社会の慣習、道徳を基準に定められた武家の法典。

1242 **北条泰時が死去**

幕府の行方は私の双肩にかかっている

北条義時

源実朝が暗殺される

実朝が暗殺されたことにより源氏の正統な血筋が途絶える

高い官位を望んだ実朝

北条義時が和田一族を滅ぼしたのちも、鎌倉幕府には不穏な空気が漂っていた。3代将軍・実朝は子に恵まれず、将軍継嗣問題が大きな課題となっていた。1218年（建保6）には北条政子が上洛して、後鳥羽上皇の皇子を将軍に迎える相談を行っている。

もう一つの問題は実朝がしきりに官位昇進を望んだことだ。実朝は和歌の才能に優れ、藤原定家など公家の指導を受け、京から源仲章を招いて学問の師とした。**後鳥羽上皇との関係も良好で、幕府を取り込むねらいもあり上皇は実朝を昇進させた。**朝幕関係は安定したが、それを快く思わない御家人も少なくなかった。

実朝、鶴岡八幡宮で暗殺さる

事件は実朝の右大臣就任を祝う儀式の場で起きた。1219年（建保7）1月、実朝は御家人や公家を従えて鶴岡八幡宮を参拝した。一行が門を入ったところ、御剣役の北条義時が急病になり、源仲章と交代して帰館。**夜になって儀式が終わり、実朝が石段を下りていくと、突如僧侶が現れて実朝と仲章を殺害した。**

犯人は頼家の遺児・公暁で、斬りつけた際、「父の敵を討った」と叫んだという。公暁は実朝の首を携えて逃走。三浦義村の屋敷に駆け込もうとしたところ、義時の命を受けた義村に討ち取られた。こうして源氏の正統は3代で滅び去ったのである。

時代のギモン

実朝の暗殺には黒幕がいた？

実朝暗殺には黒幕の存在がささやかれている。古くから疑われているのが儀式直前に帰館した北条義時だ。実朝と後鳥羽上皇の親密な関係が、東国の独立を望む御家人たちを不安にさせ、彼らの総意を受けて義時が仕組んだという。また、公暁の乳母の夫・三浦義村を黒幕とする説もある。御剣役の義時と実朝を同時に殺し、公暁を将軍にして実権を握ろうとしたが、義時暗殺に失敗したため急遽、公暁を殺害し保身を図ったとする。一方、陰謀論を否定し『吾妻鏡』の記述どおり公暁を単独犯とする説も根強い。

—登場人物—
- 北条義時 ☞P20
- 源実朝
- 源仲章
- 三浦義村
- 公暁

人物解説

公暁〔1200～19〕　比企能員の乱で父・頼家と兄・一幡が殺害されたのち、鶴岡八幡宮別当の尊暁のもとに預けられる。その後上洛し、再び鎌倉に戻り鶴岡八幡宮の別当となる。

源氏の直系が断絶する

鎌倉幕府を開いた源頼朝の血は、将軍実朝が暗殺されたことにより、わずか３代で途絶えてしまう。

「美談武者八景 鶴岡の暮雪」 実朝暗殺場面を描いた月岡芳年の作品。暗殺当日は60cmほどの雪が積もっていたという。

鶴岡八幡宮蔵

公暁と北条氏、三浦氏の関係

公暁の乳母は、北条義時のいとこにあたる三浦義村の妻。義時の父時政は比企能員の乱で、公暁の父頼家と兄一幡を殺害した。なお北条政子は頼家死後に、公暁を実朝の猶子（疑似の親子関係）になるように取りはからっている。

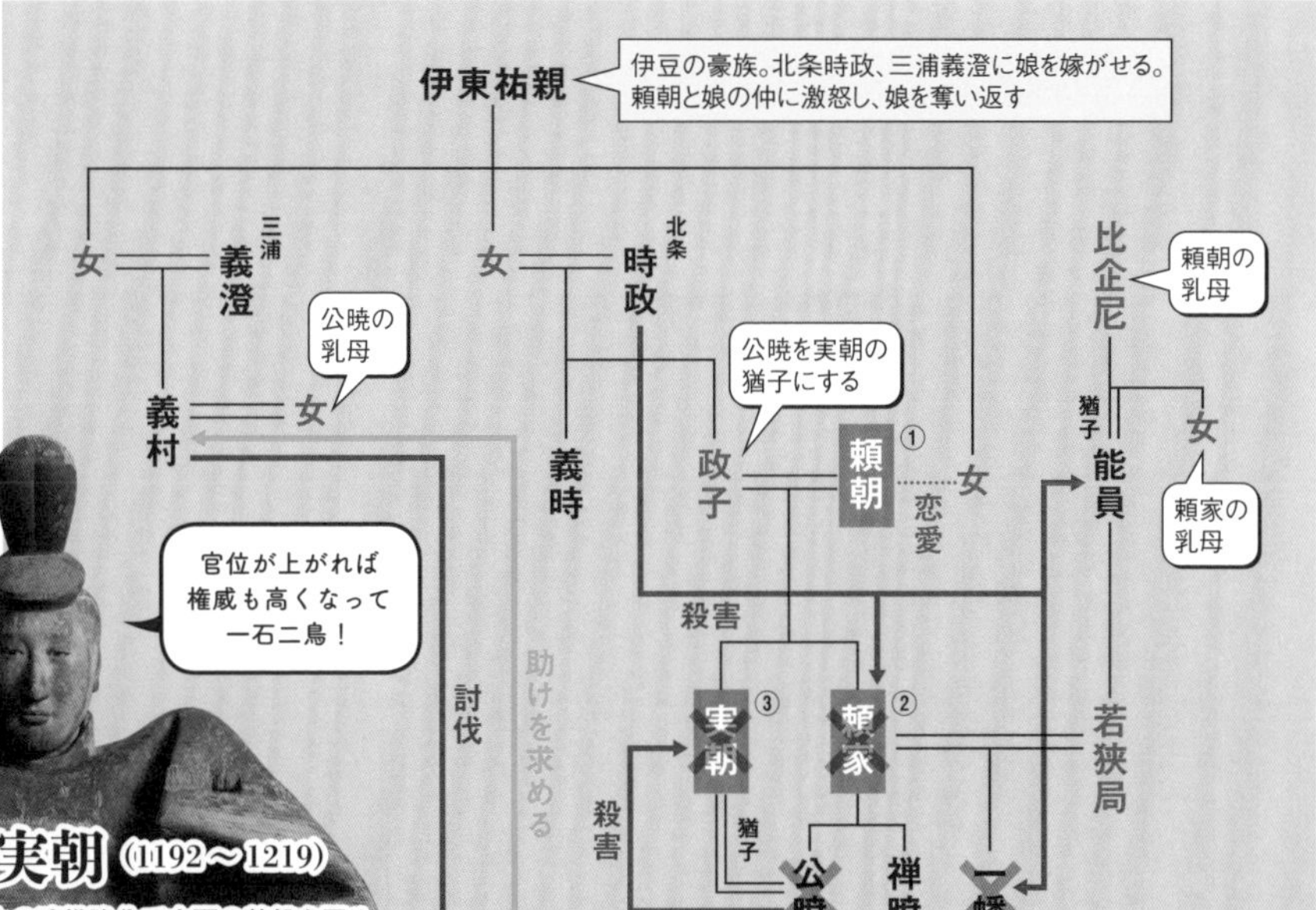

伊東祐親
伊豆の豪族。北条時政、三浦義澄に娘を嫁がせる。頼朝と娘の仲に激怒し、娘を奪い返す

女　三浦 義澄
女　北条 時政
比企尼
頼朝の乳母

公暁の乳母
義村　女

公暁を実朝の猶子にする

義時　政子　頼朝①　女　恋愛

猶子 能員　女
頼家の乳母

官位が上がれば権威も高くなって一石二鳥！

殺害　討伐　助けを求める

実朝③　頼家②　若狭局

殺害　猶子

公暁　禅暁　一幡

公暁と通じた罪で殺害される

①〜③は将軍の代数を示す

源実朝（1192〜1219）

朝廷との連携強化で支配の基盤を固めようとした実朝。その死により100人余りが出家したといい、人望があつかった様子がうかがえる。木像は1222年頃に制作された可能性が高いという。

甲斐善光寺蔵

鎌倉幕府を支配下に置きたい後鳥羽上皇による幕府対策

—登場人物—
- 後鳥羽上皇
- 源実朝
- 九条頼経
- 北条義時☞P20

武家にも大きな影響力を持つ

関東で御家人が内紛を繰り広げていた頃、京で実権を握っていたのは後鳥羽上皇だった。和歌や音楽から馬術・水泳まで通じた文武両道の才人で、特に和歌は『新古今和歌集』の編纂を主導し、宮廷歌壇に前例のないほどの隆盛をもたらした。

治天の君として朝廷の権力回復にも努め、白河法皇以来、天皇家内部で分割相続されてきた荘園群を自身のもとに集積して強大な経済力を確保。**さらに上皇直属の北面の武士に加えて西面の武士を新設して軍事力を強化し、在京御家人に直接命令を下すなど、武家にも大きな影響力を及ぼした。**

意のままにならない幕府

後鳥羽が源実朝と親密な関係を築いたのも、幕府を朝廷に取り込むためだった。そのため、実朝が暗殺されると両者の関係は急速に冷えていく。後鳥羽は皇子を将軍にする約束を反故にし、九条道家の子三寅（4代将軍九条頼経）を鎌倉に送る。さらに、愛妾の亀菊が権利を持つ荘園の地頭職の廃止を要求したが、幕府に拒絶されて怒りを募らせた。火災で焼失した内裏の再建費用の調達に幕府が協力しなかったことも上皇の不満をあおり、幕府が意のままにならないことを悟った上皇は、**畿内・西国の武士を招集。義時追討の院宣を発し、承久の乱が幕を開けた。**

時代のギモン

なぜ後鳥羽上皇に幕府の御家人が仕えていたのか？

白河法皇が設置した北面の武士は、院御所北面に詰めて上皇の警固や盗賊・強訴の取り締まりにあたった直属の親衛隊である。後鳥羽上皇はこれに加えて御所の西側で勤務する西面の武士を新設した。創設は1206年頃で、屋島の戦いにも参加した後藤基清、牧氏の乱で平賀朝雅を追討した五条有範など在京御家人も数多く含まれているのが特徴だ。朝廷と距離を置き、御家人が勝手に官位を受けるのを禁じた頼朝と違い、後鳥羽上皇を主君とあおぐ実朝が、御家人に対し積極的に上皇への奉仕を求めた結果といわれている。

用語解説

治天の君　政治の実権を握り、院政を行う上皇（法皇）のこと。治天とは天下を治めるという意味。治天の君が出す命令を文書にしたものを院宣という。

後鳥羽上皇と実朝のつながり

後鳥羽上皇に愛された坊門局と将軍・実朝の妻・信子は姉妹にあたり、また信子は後鳥羽上皇のいとこにあたる。

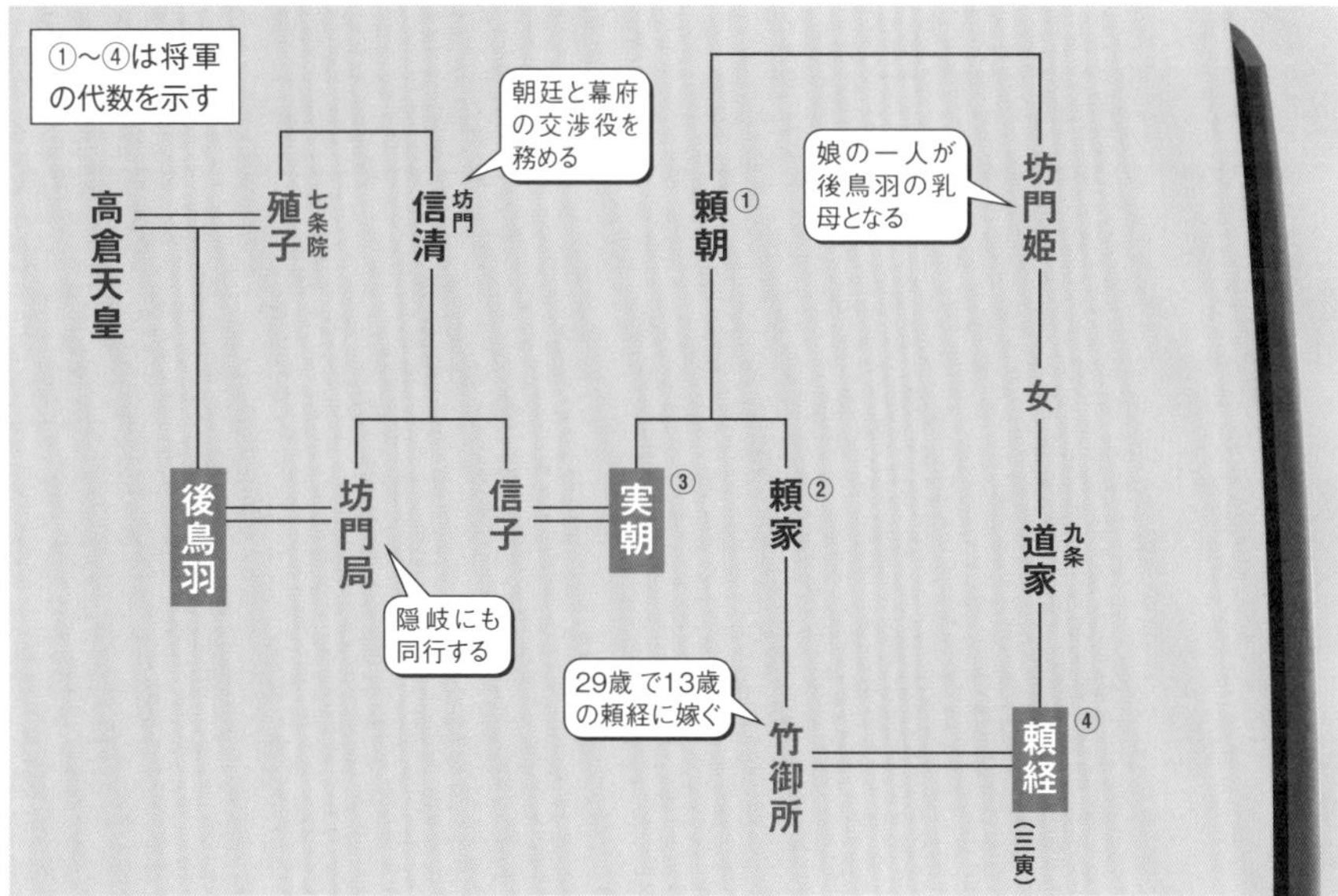

宮内庁三の丸尚蔵館蔵

太刀 菊御作

後鳥羽天皇が自ら鍛え、茎（なかご）に菊花紋をあしらった刀。承久の乱に際して兵を鼓舞するためにつくったという。

京都国立博物館蔵

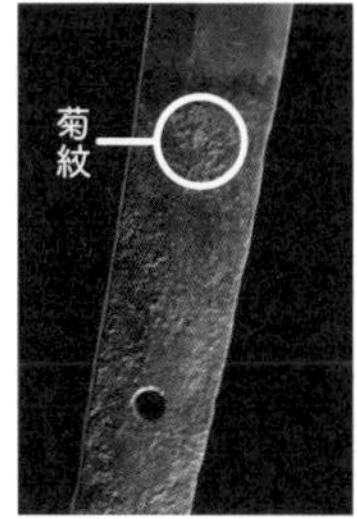

後鳥羽上皇
(1180 ~ 1239)

実朝の名は後鳥羽が与えたもの。多才な後鳥羽上皇は蹴鞠にも熱中し、2000回余も落とさずに続けたという記録が残る。

幕府が朝廷に勝利する

なぜ鎌倉の御家人たちは朝廷でなく幕府に味方したのか？

登場人物
- 後鳥羽上皇
- 北条政子☞P18
- 藤原秀康
- 大江広元
- 北条泰時

御家人を一つにした政子の演説

後鳥羽上皇挙兵の情報は、すぐに鎌倉にもたらされた。御家人たちは動揺したが、これを収めたのが北条義時の姉政子の言葉であった。**頼朝が御家人たちに与えた恩義と院宣の理不尽さを訴えると、御家人たちは心を一つにして朝廷方と戦うことを決意したという。**軍議が開かれ、大江広元（おおえのひろもと）の提案により即時出撃が決定。19万の軍勢が東海道・東山道（とうさんどう）・北陸道の3道から進軍を開始した。

朝廷方は側近の藤原秀康（ひでやす）を追討使（ついとうし）として、美濃・尾張国境に防衛線を固めた。しかし、わずか2日の戦闘で拠点の墨俣（すのまた）を破られ潰走。幕府軍は勢多（せた）（瀬田）と宇治（うじ）から京に迫った。

幕府が朝廷に圧勝する

承久の乱における最大の激戦となったのが宇治川の戦いだった。豪雨により増水した宇治川を前に、朝廷方の放つ雨のような矢を受け、総大将の北条泰時（やすとき）も死を覚悟したという。しかし、決死の渡河により幕府軍が防衛線を突破すると朝廷方は潰走。藤原秀康、三浦胤義（たねよし）らは上皇の御所に向かい敗北を告げたが、武士が立てこもると幕府軍に囲まれるという理由で退去を命じられてしまう。

一方、泰時と北条時房（ときふさ）は六波羅（ろくはら）に入り敵の捜索を開始。朝廷方の公家・武士の多くが処刑・流罪に処された。こうして**承久の乱は幕府軍の圧勝によりわずか1カ月で幕を閉じた。**

時代のギモン

北条政子の「演説」はあったのか？

承久の乱では、北条政子の演説が御家人たちを団結させたことが幕府に勝利をもたらした。頼朝が幕府を開いて以来、御家人たちが官位や俸禄を受けたこと、その恩は海より深いこと、追討の院宣が不当であることを説き、将軍3代の偉業を守るよう訴えた。頼朝の恩と、幕府を守ることが御家人自身の所領や地位を守ることであると気づかせた点に、政子の演説の最大の意義があった。なおドラマなどでは政子が御家人たちに直接語りかけるシーンが描かれるが、実際は御簾（みす）の中で政子が語った言葉を安達景盛（あだちかげもり）が取り次いだ。

人物解説

北条時房〔1175～1240〕　北条時政の三男。頼家に側近として仕えて信頼を得るが、時政の送り込んだスパイの可能性がある。承久の乱後は、初代の六波羅探題・連署を務めた。

3方向から京に迫った幕府軍

幕府方が軍を３つに分けたのは、それぞれの地域の武士が幕府追討軍に組み込まれることを防ぎつつ京に進軍するためと考えられる。

⬅承久の乱の最終決戦となった勢多・宇治方面の戦いは、6月13、14日に行われた。北条時房軍は勢多、北条泰時軍は宇治方面から進軍。決死の戦いを挑む朝廷方を破り、15日には京都を攻略。幕府は勝利した。

北条政子 (1157～1225)

実朝死後は、京から鎌倉に下向した三寅の後見として政務をとり、義時死後は北条氏による執権体制が維持できるように取りはからった。

安養院蔵

後鳥羽上皇の目的は幕府打倒ではなく北条義時個人の排除だったのか？

討幕論

- 義時を討つことは幕府政治体制の否定につながる。
- 御家人たちは義時を武士の棟梁と認めていた。
- 政子が頼朝の「恩」を強調して御家人の結束を促す。

非討幕論

- 義時の追討と幕府を討つことは一緒ではない。
- 後鳥羽の狙いは幕府をコントロール下に置くこと。
- 政子の演説は義時追討を御家人全体への攻撃にすり替えている。

目的は北条義時だけ倒すこと？

一般に、承久の乱は後鳥羽上皇が鎌倉幕府を打倒するために起こしたと理解されている。しかし近年、後鳥羽の狙いは北条義時の追討にあったとする説が有力視されている。根拠の一つは、後鳥羽自身が発した院宣にある。概略は次のとおりだ。実朝の死後、将軍候補である三寅（のちの4代将軍九条頼経）が幼いのをいいことに、義時が野心を抱いて権力を振るい、正しい政治が行われなくなった。義時の権力を停止し、すべて天皇の考えで決するとし、全国の武士に義時の追討を命じている。

院宣の内容を見る限り、後鳥羽の命令はあくまで義時の追討である。本当に幕府をなくしたいのなら、将来、将軍となる三寅を追討の対象とすべきだろう。そもそも、京方の武力の多くは御家人であり、北条氏に不満はあっても、幕府そのものをなくそうとは思っていなかったのではないか、というのが非倒幕説の論拠である。

坂井孝一（さかいこういち）氏は『承久の乱』（中公新書）で、院宣について「問題が幕府の存廃ではなく義時排除の一点に絞られている」とし、恩賞を明示するなど御家人に寄り添う内容であることから、後鳥羽の狙いを「義時を排除して幕府をコントロール下に置くことであり、倒幕でも武士の否定でもなかった」と結論付けている。

「承久記絵巻」に描かれた北条義時（左上）。後鳥羽の挙兵をどのような思いで受け取ったのだろうか。
高野山龍光院蔵、高野山霊宝館提供

義時追討は武家政権の否定

一方、後鳥羽の狙いはあくまで討幕であったとする説も根強い。当時の幕政は、頼朝の死後出家して尼将軍と呼ばれた北条政子の影響力も強く、必ずしも義時の専断で行われていたわけではない。御家人たちにとって、義時の追討は幕府の政治体制の否定であるというのだ。

「統治の主体」をめぐる議論もある。本郷和人氏『承久の乱』（文春新書）によれば、当時、統治システムとしての「幕府」という概念はなく、統治の主体はあくまで最高指導者とそれを支持する「人」であると考えられていた。実際、平氏討伐をうたった以仁王の令旨も、追討の対象を「清盛法師並びに従類の叛逆の輩」としている。当時御家人の多くは、幕府内の権力闘争に勝利した義時を、事実上、武士の棟梁として認識していた。一方、外部の人々は鎌倉幕府の実態を「北条義時とその仲間たち」とみており、「義時を討つことは鎌倉幕府を否定することと同じ」と考えたというのだ。

また、非討幕論では、北条政子の演説は義時一人に対する追討を御家人全体への攻撃にすり替えていると主張する。対して討幕論は、政子が頼朝の「恩」を強調し御家人の結束を促した点を重視する。後鳥羽の目的が討幕か否かは、院宣や政子の演説の内容のみならず、鎌倉幕府に対する人々の認識にもかかわるだけに、今後も議論はつきないだろう。

我こそは　新島守よ
隠岐の海の　荒き波風
心して吹け

隠岐に流された後鳥羽上皇が詠んだ歌。

3上皇の配流

承久の乱の勝利により全国に影響力を広げた鎌倉幕府

武家の手で上皇が流刑になる

承久の乱の戦後処理は幕府の圧倒的優位の下で行われた。事件に関与した上皇の近臣や武士の多くが処刑・流罪に処され、後鳥羽は出家のうえ隠岐（島根県）に、土御門・順徳上皇もそれぞれ土佐（高知県）と佐渡（新潟県）に流され、仲恭天皇は廃された。しかし、院政は継続され即位経験のない後高倉院（後鳥羽上皇の兄）が治天の君とされ、子の後堀河天皇が即位した。**幕府の力は皇位を左右するまでになったのだ。**

京には、新たに六波羅探題が置かれた。朝廷の監視や洛中の警固、西国の御家人の訴訟裁決などを行う機関で、北方と南方があった。

幕府の地頭制が確立する

乱で功をあげた御家人には、朝廷方の貴族や武士から没収された3000余カ所の所領が分け与えられた。このうち収入が少ない地頭については、天皇の宣旨により田畑の広さに応じて一定の収入が保証された（新補地頭）。これに対して乱以前からの地頭は本補地頭と呼ばれ、収入は従来のまま認められている。こうして地頭の取得分が宣旨で定められたことで、地頭制は国家の土地制度として位置付けられたのだ。

また、**没収された所領は西国に多かった。乱を機に幕府支配は西日本に及び、東国の地方政権から全国政権へ飛躍を遂げたといわれる。**

時代のギモン

3上皇はどのように配流地で人生を終えたのか?

律令制において流刑は死罪に次いで重い刑とされた。近流・中流・遠流の3等級があり3上皇はすべて遠流だった。後鳥羽は隠岐でも和歌を詠み『新古今和歌集』の改訂を行うなどして余生を過ごし、19年後に60歳で亡くなった。順徳は在島21年目の1242年、子の忠成王が皇太子候補となり帰京への期待を強めたが、幕府の介入で実現せず同年に46歳で崩御。土御門は乱に関与せず、幕府の追及も受けなかったが自ら望んで土佐、次いで阿波へ流された。子の邦仁が後嵯峨天皇となるが即位を見ることなく37歳で崩御した。

―登場人物―
- 後鳥羽上皇
- 土御門上皇
- 順徳上皇
- 仲恭天皇
- 後堀河天皇

人物解説

仲恭天皇〔1218～34〕 承久の乱で朝廷方が敗れたため、正式な即位式もできないまま、在位70日余りで廃された。明治時代に仲恭天皇の諡号が贈られた。

鎌倉幕府の支配範囲が拡大する

乱により没収された朝廷に味方した貴族・武士の所領は西国に多かったため、幕府の支配力が西国にも拡大した。

黒木御所跡

順徳上皇が佐渡で暮らした御所の跡。皮付きの丸太を黒木というが、そこから黒木御所の名が付いたとされる。

新潟県佐渡市／佐渡市世界遺産推進課提供

後鳥羽天皇宸翰御手印置文　水無瀬神宮蔵

後鳥羽上皇が、隠岐で尽くした家臣に感謝を伝え、死後の弔いを頼んだ遺言状。手形は上皇本人のものである。

佐渡

順徳上皇

隠岐

後鳥羽上皇

阿波

土佐

土御門上皇

- 乱前の北条一門の守護国
- 乱後に追加された北条一門の守護国
- 乱後に守護の交代があった国

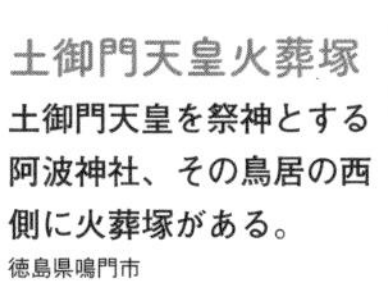

土御門天皇火葬塚

土御門天皇を祭神とする阿波神社、その鳥居の西側に火葬塚がある。

徳島県鳴門市

1225年

執権政治の確立

北条氏を中心とする会議で政治を行うことを決めた北条泰時

登場人物
- 北条泰時
- 太田康連
- 矢野倫重

評定衆と連署の設置

承久の乱の3年後、北条義時が62歳で亡くなり、翌年、大江広元と北条政子も後を追うように死去した。3代執権となった北条泰時は、有力御家人による評定衆を組織。執権と評定衆の合議により訴訟の裁決や重要事項を決定する体制を構築した。また、執権を補佐する連署を置いて北条一門を任じ、執権・連署の二頭体制を敷き、執権が幕政を主導する制度が整い執権政治が確立する〈1225〉。

背景には幕府を支えてきた重鎮たちの相次ぐ死があった。**新たな官僚制を構築し、政治家個人のカリスマ性に頼らない安定した統治システムをつくろうとしたのである。**

御成敗式目の制定

1232年（貞永1）には幕府の基本法である御成敗式目が定められ、法制面からも幕政を支える体制が整えられた。**武士を律する最初の法律で、評定衆の太田康連、矢野倫重らが編纂を主導。51カ条からなり、制定された年号から貞永式目とも呼ばれる。**

頼朝時代の先例や武士社会の慣習・道徳である「道理」に基づいており、守護・地頭の任務、御家人や荘園領主の紛争を公平に裁く基準を明示している。対象は武家社会に限定され、朝廷支配下では引き続き律令の系譜を引く公家法が適用されたが、幕府の勢力拡大に伴い、荘園領主である公家も用いるようになった。

時代のギモン

なぜ北条氏は将軍にならなかったのか？

数々の権力闘争を勝ち抜いて幕府の最高実力者となった北条氏は、なぜ将軍にならなかったのだろうか。歴史学者の本郷和人氏によれば、北条氏が朝廷に望めば実力に見合った官職を得られたという。では何が障害だったのか。それは御家人との連携である。北条氏はもともと伊豆の小豪族にすぎない。伝統と慣習が重視された当時、御家人の主君として「君臨する根拠」がなく、場合によっては離反を招く恐れもあった。つまり朝廷との関係では「将軍になれた」が、御家人との関係を配慮した結果「将軍になれなかった」と結論付けている。

連署　得宗家とともに政権の中枢を狙う重要なポスト。幕府が発給する文書に連名で署名加判することから「連署」と呼ばれた。

合議制による執権政治が始まる

将軍や北条氏による独裁体制は、泰時の時代になると、執権北条氏を中心にした合議制による政治体制となる。

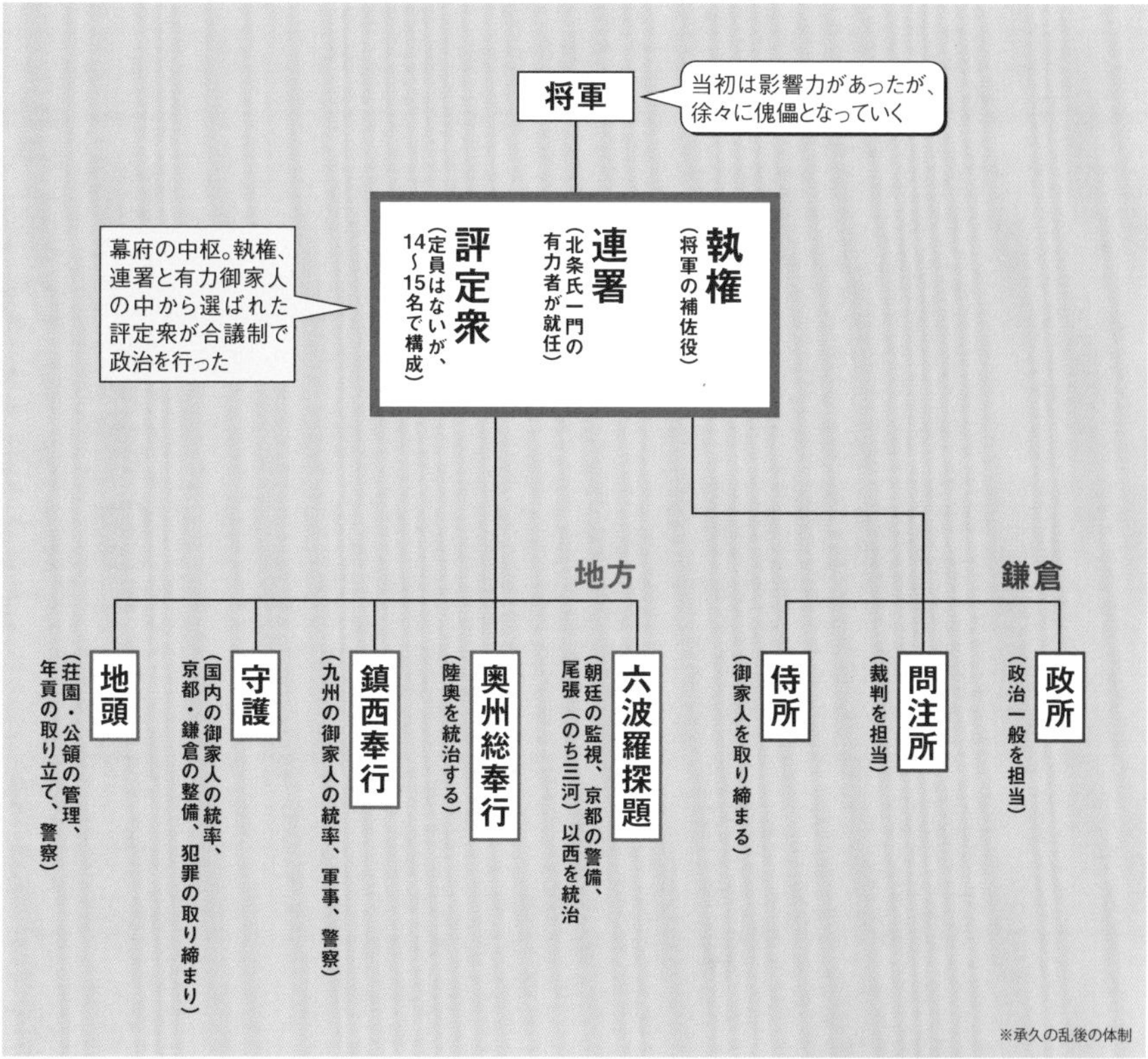

- 将軍（当初は影響力があったが、徐々に傀儡となっていく）
  - 執権（将軍の補佐役）
  - 連署（北条氏一門の有力者が就任）
  - 評定衆（定員はないが、14～15名で構成）
    幕府の中枢。執権、連署と有力御家人の中から選ばれた評定衆が合議制で政治を行った
    - 地方
      - 六波羅探題（朝廷の監視、京都の警備、尾張（のち三河）以西を統治）
      - 奥州総奉行（陸奥を統治する）
      - 鎮西奉行（九州の御家人の統率、軍事、警察）
      - 守護（国内の御家人の統率、京都・鎌倉の整備、犯罪の取り締まり）
      - 地頭（荘園・公領の管理、年貢の取り立て、警察）
    - 鎌倉
      - 政所（政治一般を担当）
      - 問注所（裁判を担当）
      - 侍所（御家人を取り締まる）

※承久の乱後の体制

和賀江島

神奈川県鎌倉市

現存では日本最古の人工の港。北条泰時の支援により、船の荷降ろしを円滑に行える石積みの港を建造、鎌倉の海の玄関口として栄えた。

北条泰時（1183～1242）

承久の乱では宇治川の戦いなどで活躍。3代執権になるとサブリーダーといえる連署を設置。また行政・司法・立法のすべてを司る評定衆を置いて、合議制で政治を行った。

「和田合戦義秀惣門押破」／国立国会図書館蔵

武家のためにつくられた初めての法律「御成敗式目」を読み解く

「御成敗式目」（鎌倉幕府）
鎌倉幕府が制定した武家の基本法律。制定後も必要に応じて追加、修正が行われた。
国立国会図書館蔵

「建武式目」（室町幕府）
足利尊氏が発布した17カ条の幕府の基本方針。室町時代も御成敗式目が基本の法とされた。
国立国会図書館蔵

分国法（戦国大名）
戦国大名らは自国を治めるため独自に分国法をつくった。今川氏「今川仮名目録」、大内氏「大内家壁書」、武田氏「甲州法度」など。
「甲州法度之次第」／東京大学法学部法制史資料室蔵

「武家諸法度」（江戸幕府）
江戸幕府が定めた大名を統制するための法。旗本・御家人には諸士法度が出された。
国立国会図書館蔵

社会不安に対応した法整備

初期の鎌倉幕府では紛争の採決は鎌倉殿によって個別に行われた。そのため鎌倉殿に決断力とカリスマ性がない場合、恣意(しい)的な判決は幕府への不信を生む恐れがある。特に承久の乱以後、**西国に御家人の所領が増えたため荘園領主との訴訟が激増。さらに当時は大飢饉(ききん)に見舞われており、社会不安を取り除くためにも客観的で公平な法律が必要だった。**

式目は51カ条からなり、寺社の扱い、幕府と朝廷・荘園領主との関係、裁判の原則、刑事法や家族法、訴訟法などが並ぶ。

「御成敗式目」の内容

武家社会の道理と頼朝以来の先例を基準にしてつくられた法律。写しが全国に配布されたため、荘園・公領を管理する地頭は内容を理解していた。

現代語訳（意訳／部分）

5条　年貢を納めない地頭は、本所の指示があればすぐに納めること。従わなければ解任する。

8条　御家人が20年間支配した土地は、元の領主に返す必要はない。

12条　悪口は争いの元なので禁止する。悪質な場合は流罪、軽い悪口でも牢屋に入れる。裁判中に悪口を言えばその者の負けにする。

13条　相手に暴力を振るった場合は領地を没収する。領地がない場合は流刑とする。御家人以外は牢屋に入れる。

21条　離別した妻や妾に相続させた土地でも、彼女らに落ち度があった場合は取り返してよい。しかし何の落ち度もない場合は、取り戻すことはできない。

26条　領地を子どもに相続させたとしても、他の子どもに相続させ直すことは可能。

31条　裁判がえこひいきだと訴えた者は、領地の3分の1を没収する。領地のない者は追放とする。判決が間違っていた場合は、裁判官を辞めさせる。

34条　人妻と浮気した者は所領の半分を没収する。所領がない場合は遠流。相手の人妻も同じ。

37条　朝廷の領地を奪ってはいけない、守らない者は所領の一部を没収する。

41条　10年以上使役していない奴碑や雑人は自由にすること。奴碑の子は、男子は父に、女子は母に属することにする。

42条　農民が逃亡したからといって、その妻子から家財を奪ってはいけない。年貢の未納分のみ払わせること。ただし、残った家族がどこに住むかは彼らの自由。

48条　代々支配した土地を売ることは構わないが、恩賞として与えられた土地は売ってはいけない。

『日本史史料集』（山川出版社）、『知るほど楽しい鎌倉時代』（理工図書）を参考

御家人に寄り添う内容

式目の特徴は、**先例や社会通念である「道理」に基づいている点だ。当時の常識や正義に照らして誰もが納得できる条文の作成が目指された。**例えば、20年所領を管理している武士の権利を保障した8条は頼朝時代の先例による。裁判で相手の悪口を言ったら敗訴になるとした12条は、武士の名誉を守り遺恨による私闘を防ぐのがねらいだ。文字の読めない御家人でも理解しやすい平易な文章で記されている点も特色で、まさに武士のための法律であった。

御成敗式目はその後も長く武家社会の規範とされ、室町幕府の基本法典として生き続けたのみならず、戦国大名が独自に制定した分国法（戦国家法）や江戸時代の武家諸法度にも影響を与えたといわれる。

鎌倉時代の武士はどのように暮らし幕府とどんな関係を結んでいたのか？

将軍の御家人の関係

武士の主従関係は一方的なものではなく、互いに利益を与えられる仕組みになっていた。

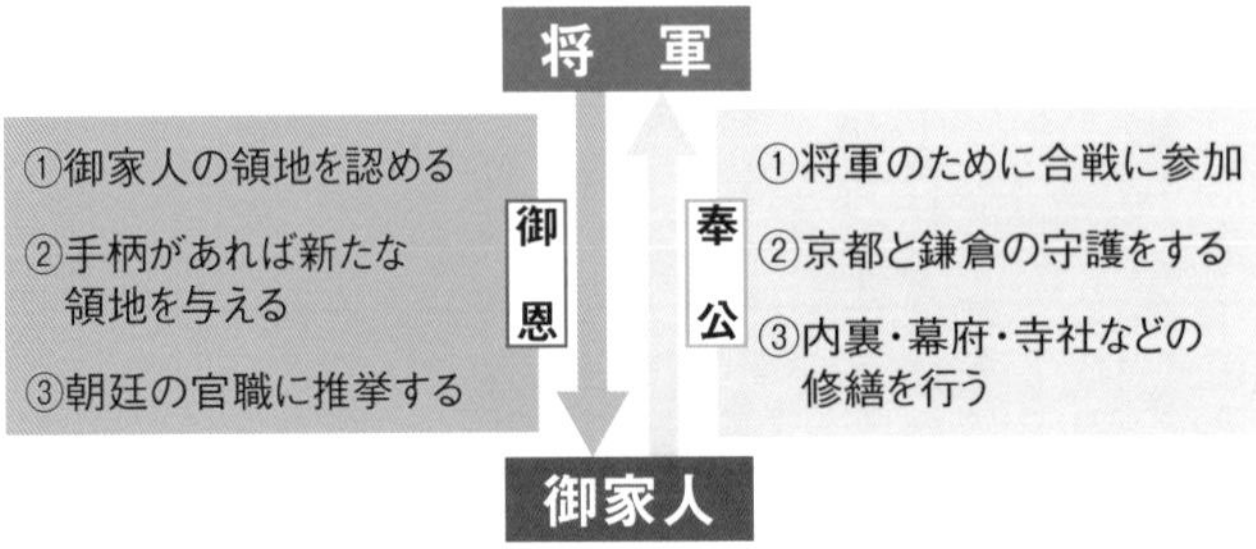

将軍

御恩（将軍→御家人）
①御家人の領地を認める
②手柄があれば新たな領地を与える
③朝廷の官職に推挙する

奉公（御家人→将軍）
①将軍のために合戦に参加
②京都と鎌倉の守護をする
③内裏・幕府・寺社などの修繕を行う

御家人

幕府経済の基盤は関東御領

幕府の根幹は将軍と御家人との主従関係である。**将軍は御家人の守護・地頭の任命や官位の推挙などの御恩を与え、御家人は合戦への参加、天皇や院の御所の警備（京都大番役）、将軍御所の修理などの奉公を行った。**

地頭は公領・荘園の管理や年貢徴収などを行い、国ごとに置かれた守護は「謀反人・殺害人の逮捕、京都大番役の任命」の三つの権限を持った。

幕府の経済基盤は将軍の直轄領である関東御領で、将軍の荘園と一国支配を認められた関東知行国（武蔵・相模・伊豆・駿河など）からなる。

御家人が年貢や軍役を一族に分担させる仕組みを惣領制という。惣領は一族の家長で、兄弟やその一族である庶子に年貢・番役を割り当て、戦時には指揮官として一族を率いた。相続は子や女子に所領を分け与える分割相続が基本。女性に相続権がある点もこの時代の特徴で、女性が御家人や地頭になる例もあった。

承久の乱後、地頭の力が強まり所領拡大や年貢未納が頻発した。そのため領主は、荘園の管理を地頭に任せて一定の年貢納入を確約させる地頭請所、地頭と土地を分け合う下地中分などを行い共存を図った。

戦うための御家人の館

戦闘に必要な馬を飼育する場所、訓練を行う矢場、堀や板塀で屋敷を囲み、矢倉門を設けるなど外敵に備えた。

国立歴史民俗博物館蔵

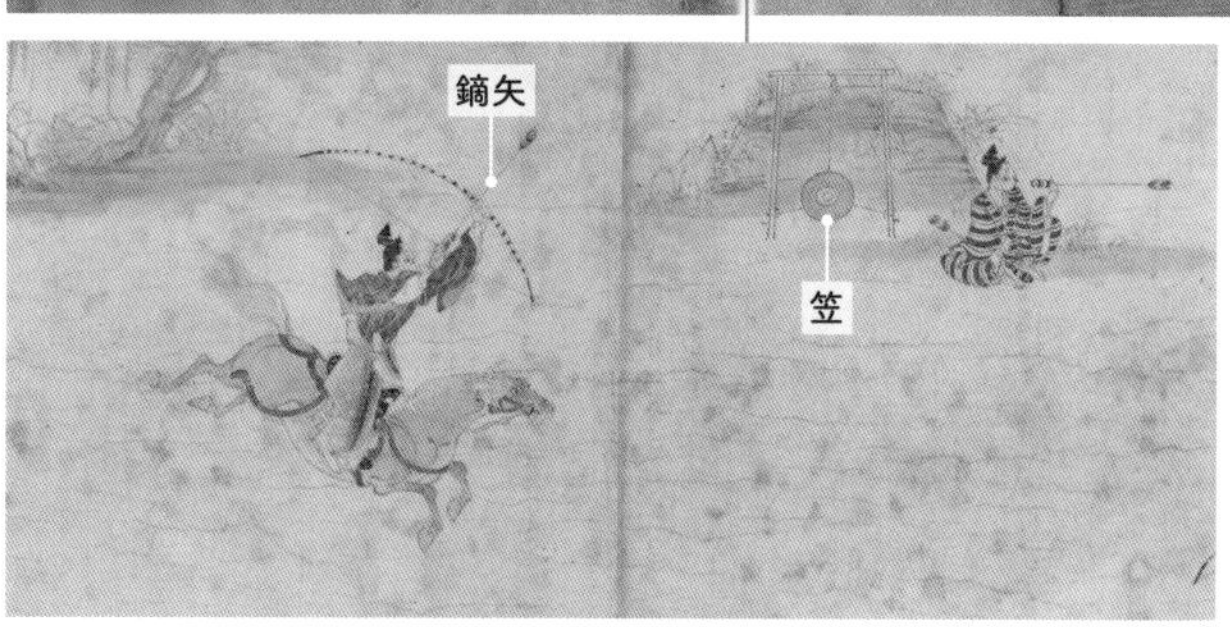

笠懸をする武士

笠を狙って矢を射る笠懸、馬を走らせながら的を射る流鏑馬、犬を射る犬追物などの訓練を行い、武芸を磨いた。

『男衾三郎絵詞』東京国立博物館蔵

一般的な武士の暮らし

鎌倉前期までの武士は、先祖が開発した土地に住み、所領の拡大・保全に努めた。彼らは河岸段丘など要害の地に館を構え、周囲に堀や土塁、板塀などをめぐらし、入り口に敵の侵入をはばむ矢倉門を設けて防御を固めた。館の周辺には門田・佃などと呼ばれる、年貢や公事のかからない直営地を設け、下人や領内の農民に耕作を行わせた。**農民支配の権限は御家人にあり、幕府の権力が直接農民に及ぶことはなかったという。**

武士たちはこうした館を拠点として、馬を走らせながら矢で的を射る笠懸や流鏑馬などの軍事訓練を行い武芸を磨いた。当時の武士たちの様子や暮らしぶりは、鎌倉時代成立の『一遍上人絵伝』や『男衾三郎絵詞』に生き生きと描かれている。

慈円／鎌倉時代(1220年)成立

愚管抄

「道理」の理念に基づいて歴史を論じた

『愚管抄』は摂関家出身で天台座主（延暦寺の最高責任者）を４度務めた高僧・慈円による歴史書である。完成は承久の乱の前年の1220年。幕府・朝廷間の緊張が高まる中、公武関係の安定と摂関家のあるべき姿について論じることが執筆の目的といわれる。

構成は３部構成で、第１部（巻１・２）は歴代天皇の系譜を列記した「皇帝年代記」、第２部（巻３～６）は神武から順徳天皇までの歴史叙述、第３部（巻７）は当面の政治課題についての論評である。質量ともに中心となるのは当時の現代史ともいうべき第２部だ。特に保元の乱から承久の乱前夜までの武家政権成立史を知るうえで重要な記述が多い。

保元の乱を「武者の世の始まり」と位置付けたこと、平治の乱で二条天皇を奪われた藤原信頼を、源義朝が「日本一の不覚人（マヌケ）」とののしったこと、平治の乱後の宮廷で平清盛が「アナタコナタ」して八方美人にふるまったこと、源頼家が浴室で暗殺された場面など、すべて同書から知られることである。

最大の特徴は歴史の流れを「道理」に基づいて捉えようとしたことだ。道理とは人間の意志や理解を超えて歴史を動かす不思議な力を表した言葉である。例えば、壇ノ浦の戦いで三種の神器の宝剣が失われたことの道理を、天皇を守護する「武」の象徴である宝剣に代わって、現実に国を守る武士が登場したと解釈し、武家政権を正当化している。幕府を敵視する後鳥羽上皇を諫めるために書かれたといわれるのもそのためだ。

本書は独自の歴史観に基づいた初めての歴史書で、北畠親房の『神皇正統記』や新井白石の『読史余論』など後世の歴史理論書にも影響を与えた。

コノヤウニテ世ノ道理ノウツリユク事ヲタテムニハ、一切ノ法ハタヾ道理ト云二文字ガモツナリ。其外ニハナニモナキ也。ヒガコトノ道理ナルヲ、シリワカツコトノキハマレル大事ニテアルナリ。

［現代語訳］

このように世に道理が移りゆくことを明らかにしようとするならば、すべての法則はただ道理という二文字によって保たれているのである。その他にはなにもない。誤ったことも道理であることを知って分別することが極めて大事なことである。

『愚管抄』（岩波書店）、『日本史史料集』（山川出版社）を参照

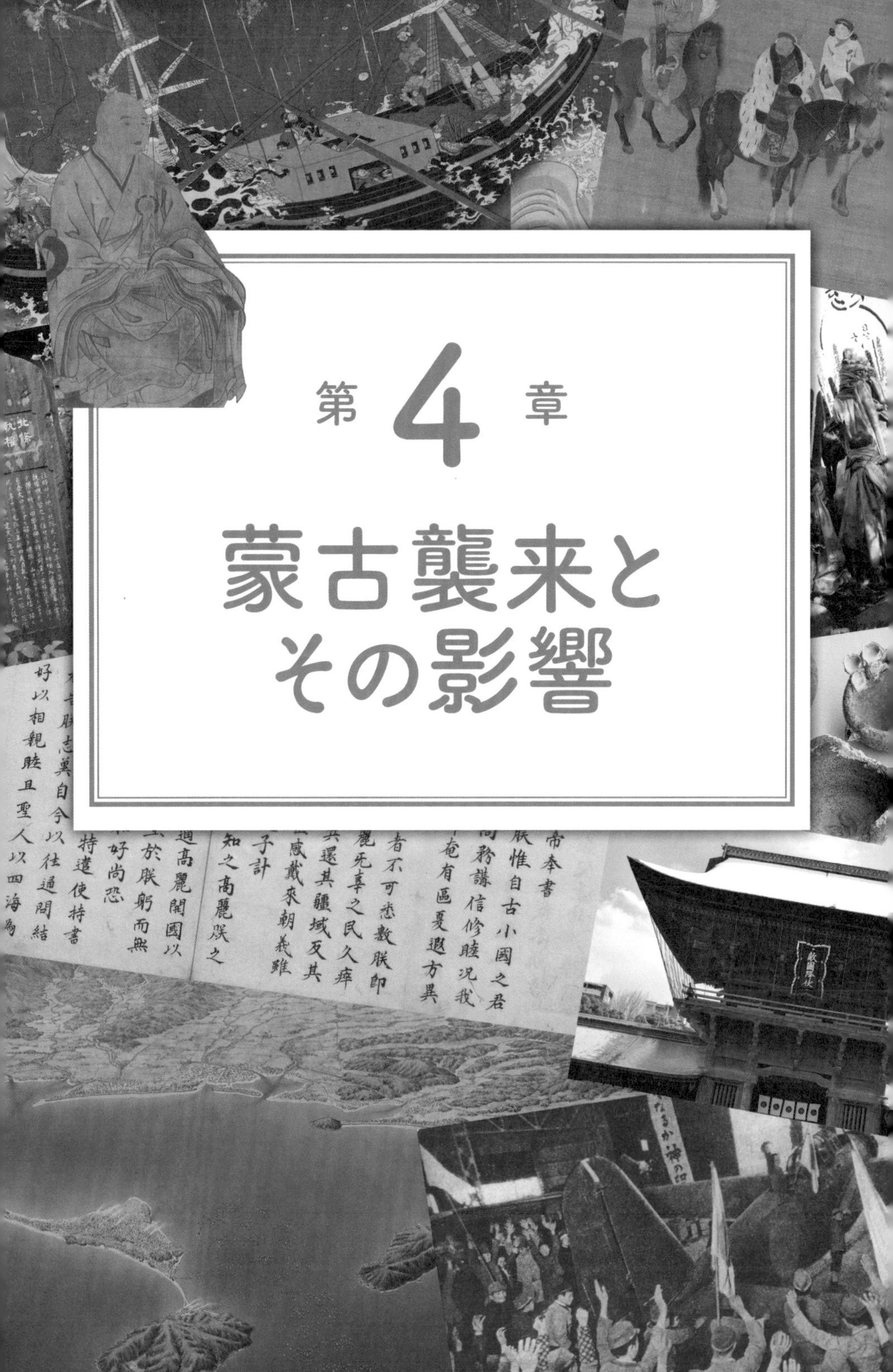

第4章 蒙古襲来とその影響

時代の流れ

2度にわたる元軍の襲来は、御家人以外の武士を動員する権限や、西国への勢力強化を幕府にもたらした。こうして得宗の権力が高まる中で、得宗の家臣である御内人が有力御家人を排除。北条氏一門と御内人が政治を主導する得宗専制政治が始まる。

権力者	北条経時	北条時頼	長時	政村
時代	鎌倉時代			

1246 宮騒動
北条氏一門の名越光時が謀反を起こすが失敗。前将軍の九条頼経が連座して鎌倉から追放される。

1247 宝治合戦
有力御家人の三浦氏が北条氏に滅ぼされる。

1249 北条時頼が引付衆を設置する

1252 将軍の九条頼嗣が追放され、宗尊親王が将軍に就任する

1268 フビライ＝ハンから国書が届く
北条時宗が執権に就任する

鎌倉時代

北条時宗

北条貞時

蒙古襲来

1274 文永の役

元・高麗の軍が対馬・壱岐に侵攻し、博多に上陸。幕府軍は劣勢に立たされたが、元軍は撤退する。

1275 元の襲来に備えて異国警固番役を強化する

1281 弘安の役

元軍が再び九州北部に侵攻するが、幕府の抵抗と暴風雨により撤退する。

1285 霜月騒動

内管領の平頼綱が有力御家人の安達氏を滅ぼす。これにより得宗に権力が集中する。

1293 平禅門の乱

北条貞時が平頼綱を滅ぼし、得宗が一手に権力を握る。

得宗専制政治が確立する

1297 北条貞時が、永仁の徳政令を発布する

法華経のみが元軍に勝てる祈禱だ

日蓮

北条貞時

1246年

将軍・頼経が追放される

北条得宗家が権力を握り独裁体制を敷くきっかけとなる

登場人物
- 北条経時
- 九条頼経
- 北条時頼
- 三浦泰村
- 宗尊親王

執権北条氏の抵抗勢力

1242年（仁治3）、3代執権・北条泰時が病没した。孫にあたる経時が執権を継ぐが、この頃から政情が不安定になる。権力を集中させた北条得宗家に対し、有力御家人や北条氏の庶家が不満を持ったためだ。

執権の経時に不満を持つ勢力は、前将軍として権威を保っていた九条頼経の周りに集まり、「北条得宗家対将軍派」という構図が出来上がる。

1246年（寛元4）、病弱だった北条経時が死去し、弟の時頼が5代執権となる。この時、北条氏の有力庶家である名越光時が時頼に対抗したが、先手を取った時頼に敗れ、没落。頼経も京都に追放された（宮騒動）。

民を慈しむことを重視する

さらに時頼は、相模（神奈川県）の有力御家人・三浦泰村を挑発し、合戦の末に自害に追い込む（1247）（宝治合戦）。**北条得宗家と対立した将軍派は一掃され、得宗専制体制への道が開かれた。**

また、朝廷の有力者・九条道家（頼経の父）の幕府への影響力を警戒し、摂家将軍を廃し、後嵯峨天皇の皇子・宗尊親王を将軍に迎える。

他に時頼の業績としては、訴訟の迅速化のために引付衆を設置した（1249）こと、庶民からの収奪を禁じた「撫民令」（1253）の発令などがある。特に撫民政策は、荒々しい戦士階級だった武士が、統治者としての自覚に目覚めた契機として注目できる。

時代のギモン

時頼の名君ぶりを伝える「鉢木」とは？

北条時頼が晩年に諸国を遍歴したという伝承をもとにした能の曲目。ある寒い晩、旅の僧侶が貧しい御家人の家に泊まる。御家人は、大切にしていた鉢の木を燃やして暖をとり、僧をもてなす。また、貧しくとも幕府に忠誠を誓っていることを語る。後日、幕府の召集に応じて鎌倉にはせ参じた御家人は、僧侶の正体が時頼であると知り、鉢の木の礼として所領を与えられた。この話は史実ではないが、鎌倉武士の美徳が質素倹約や清貧にあったこと、時頼がそれに応える名君とみなされていたことなどが読み取れる。

人物解説

名越光時〔生没年不詳〕 北条経時死後に、時頼が執権に就任したことを不満に思い反抗。「私は義時の孫だが、時頼は義時の曾孫ではないか」と言い放ったという。

得宗家vs.将軍派

九条頼経は将軍を退いた後も、大殿として影響力を保ち続けた。その結果、将軍と執権の対立が表面化し、将軍派が執権北条氏により排除される。

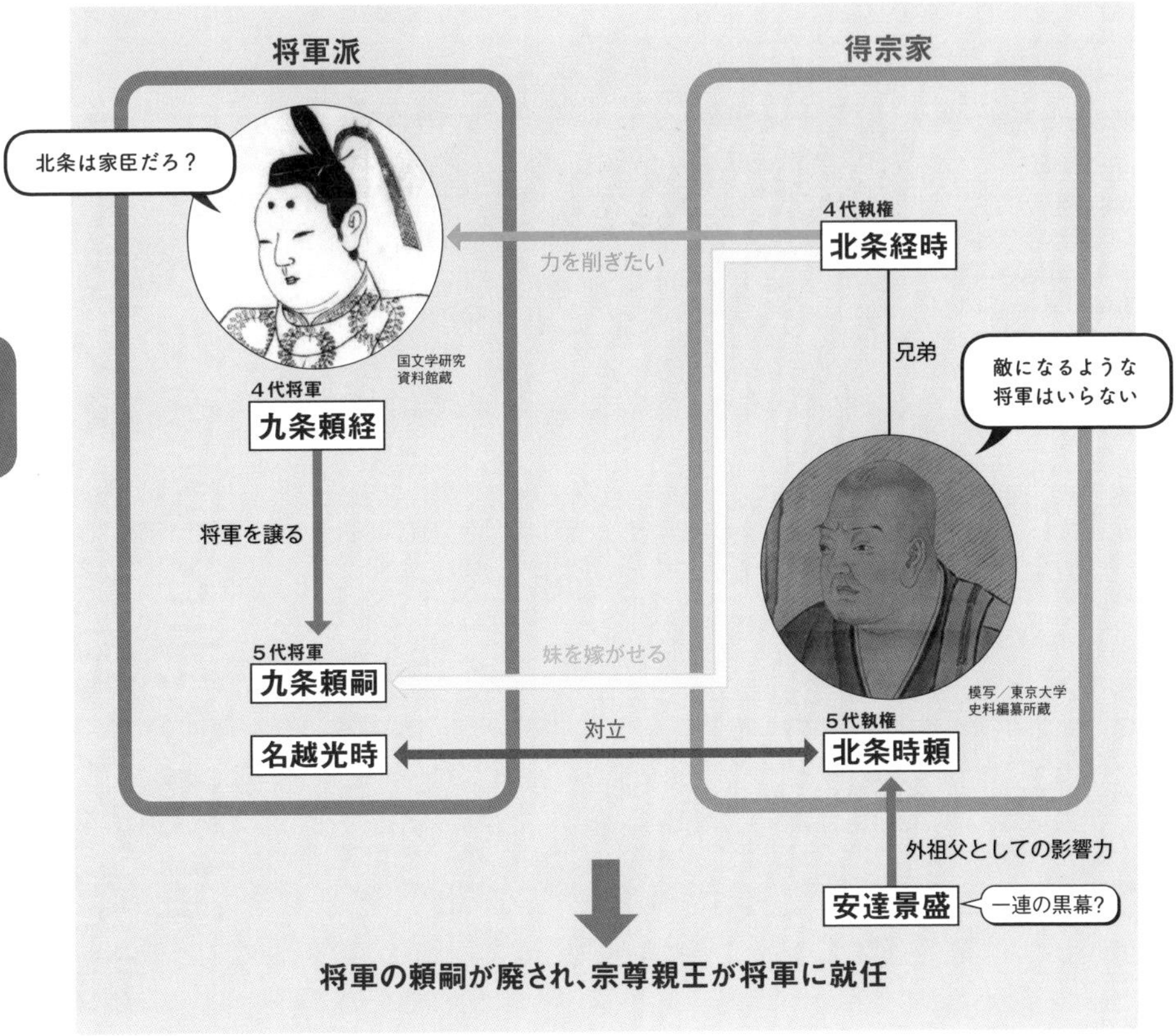

将軍派
得宗家
北条は家臣だろ？
国文学研究資料館蔵
4代将軍
九条頼経
将軍を譲る
5代将軍
九条頼嗣
名越光時
4代執権
北条経時
力を削ぎたい
兄弟
敵になるような将軍はいらない
模写／東京大学史料編纂所蔵
妹を嫁がせる
対立
5代執権
北条時頼
外祖父としての影響力
安達景盛
一連の黒幕?
将軍の頼嗣が廃され、宗尊親王が将軍に就任

宝治合戦で三浦氏が滅亡

三浦氏にかわり幕府中枢で権力を握りたい安達氏が、三浦氏に挑発を繰り返して戦闘に持ち込み、滅亡させる。

三浦一族
得宗家
三浦泰村
北条時頼
和平申し入れ
三浦光村
安達景盛
先制攻撃
得宗家による専制政治のきっかけに

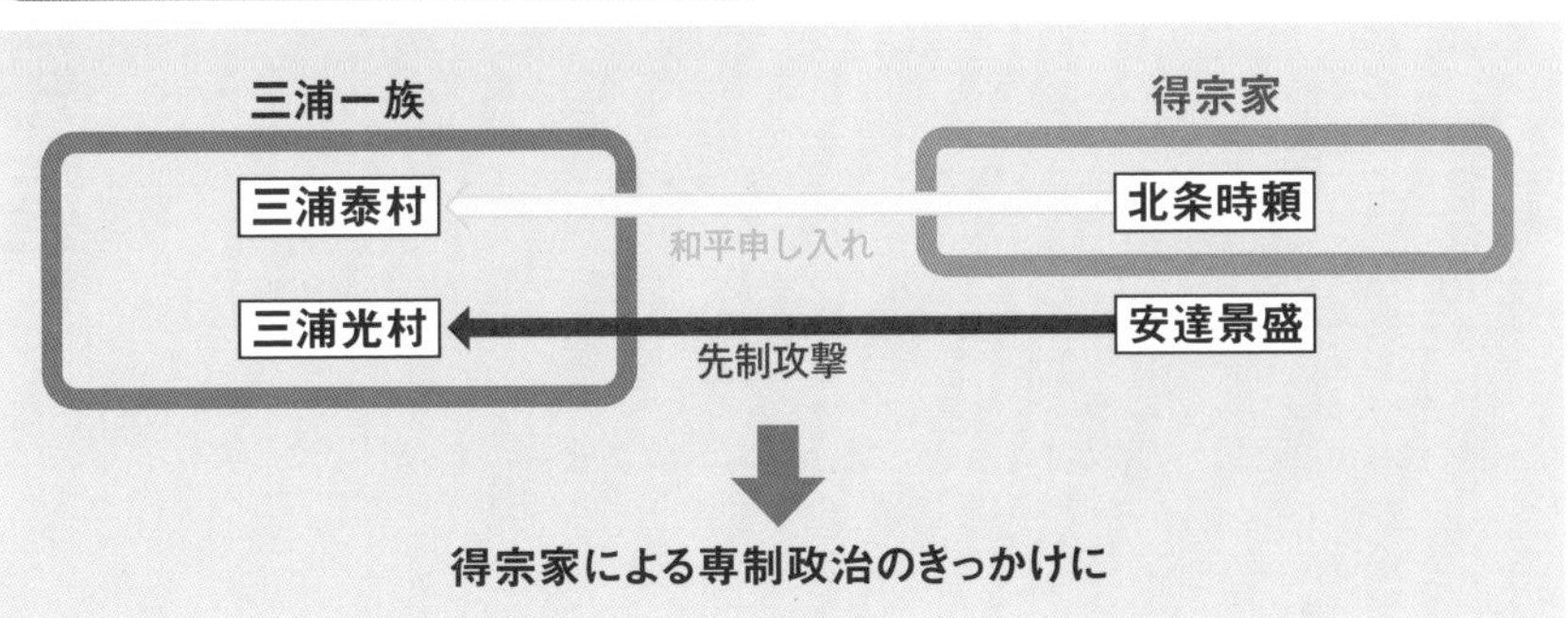

ユーラシアを支配した空前の大帝国 モンゴル帝国と元の成立

三別抄が本拠とした珍島

講和政策に反対して新しい国王を立てた三別抄は、全羅道南海岸の珍島にこもってモンゴル帝国や、モンゴルに降伏した高麗に抵抗し続けた。

中国文明に影響されたモンゴル人

10世紀以降の東アジア世界で大きく歴史を動かしたのは、中国北方の遊牧騎馬民族であった。

漢族の王朝・宋は軍事的に弱く、北方民族の建てた遼や金の圧迫に苦しんだ。12世紀前半には華北を金に奪われ、以後は南宋と呼ばれる。一方で文化的には優れ、禅僧の蘭渓道隆や無学祖元が来日するなど、日本が南宋から受けた恩恵は数多い。

北に目を転じると、12世紀までのモンゴル高原では多数の遊牧民の諸部族が割拠していた。そのうちモンゴル部族を率いたテムジンは、他の部族を次々と破って高原を統一する。テムジンは即位して（1206）チンギス＝ハンと名乗り、モンゴル帝国が成立した。

機動力に優れていたモンゴル軍は、西アジアや東欧に至るユーラシア大陸の広範囲を征服する。2代皇帝オゴタイは、南宋と共同で金を攻め滅ぼし、中国大陸に進出。さらに朝鮮半島の高麗にも侵攻した。しかし、高麗はモンゴル軍が海戦に弱いことを利用し、江華島に立てこもって抵抗する。**高麗国王が元に服属してからも、三別抄と呼ばれる軍隊が沿岸部で抗戦、抵抗は40年以上に及び、日本への侵攻を遅らせたといわれる。**

モンゴル帝国の領土とフビライの侵攻

広大なモンゴル帝国は、フビライの頃にはいくつかの国（ウルス）に分かれ、緩やかにまとまっていた。モンゴル高原と中国大陸を支配したフビライは、周辺諸国に侵攻を繰り返した。

※オゴタイ＝ハン国の存在は疑問視されている

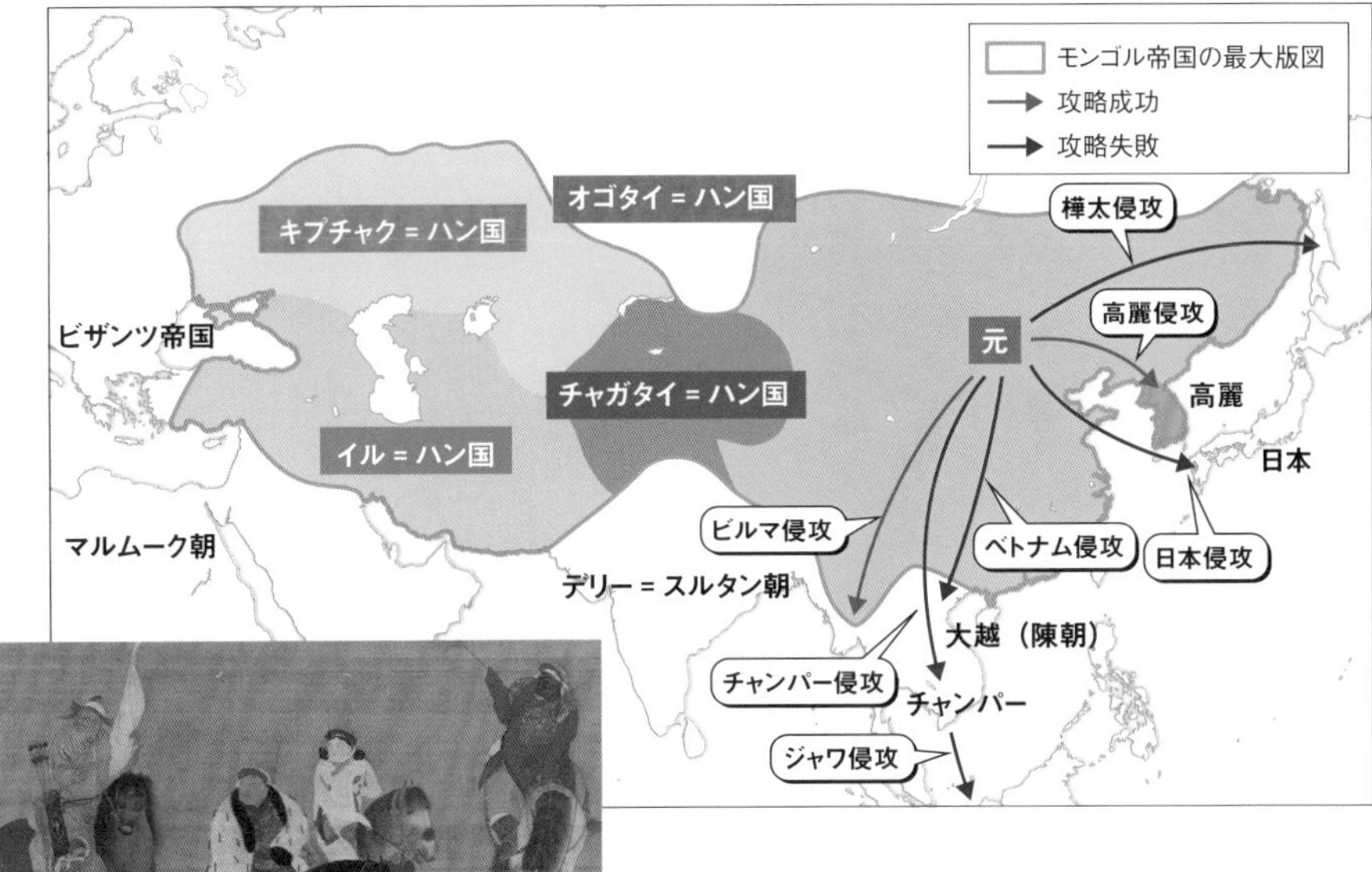

ゴビ砂漠で狩りをするフビライ

赤い衣に白の毛皮のコートを着ている人物がフビライ、その横の女性が皇后チャブイ。周囲の従者は複数の民族から構成されていることが見て取れ、元が多民族国家だったことがわかる。劉貫道により1280年に描かれたもの。

故宮博物院蔵

元を撃退した日本以外の国々

1260年に即位した5代皇帝フビライは、漢族の知識人を登用するなど、支配制度の中国化を進める。また、都をカラコルムから大都（現在の北京）に移し、国号を中国風に「元」（大元ウルス）と改めた（1271）。

フビライは、江南に勢力を保った南宋の征服も進めた。**当初フビライが日本を服属させようとしたのは、交易を絶って南宋を封じ込める戦略の一環だった。**南宋は1279年に滅び、中国全土が初めて異民族の手に落ちることになった。

また、元は大越（陳朝）やジャワに侵攻しているが、現地の頑強な抵抗によっていずれも撃退された。フビライは3度目の日本遠征も企てていたが、彼の死（1294年）によって計画は断念された。

1268年

モンゴルから国書が届く

元から送られてきた国書をめぐり対応に困る幕府と朝廷

返答されなかったフビライの国書

元軍が博多に襲来する6年前の1268年（文永5）、モンゴルの命を受けた高麗の使者が、日本にフビライ＝ハンの国書をもたらした。

蒙古襲来前の使者は3回（5回とも）訪れるが、いずれも大宰府から鎌倉幕府、次に京都の朝廷に伝えられている。**威圧的な内容の国書に、幕府や朝廷は対応に苦慮したが、返書が送られることはなかった。**

なお、この頃の高麗はモンゴルに服属していたが、三別抄による抵抗は続いていた。日本は、支援を求める三別抄の依頼も受け取っている。幕府は対モンゴル戦争が避けられないことを確信し、準備を始めた。

未曾有の国難への対処とは

最初の国書が到来した2カ月後、北条時宗が18歳で執権に就任した。**得宗（執権北条氏の嫡流）である時宗を頂点とした体制を築き、非常事態に備えたのである。**

まず、西国の守護に異国の襲来に警戒するよう命じ、九州に所領を持つ御家人たちを下向させた（1271）（異国警固番役）。また、翌年には御家人に交代で筑前（福岡県）・肥前（佐賀・長崎県）を守備させた。

一方、1272年（文永9）には二月騒動という幕府の内紛が起きている。時宗の異母兄など、得宗の脅威になりうる一門の有力者が粛清され、時宗の独裁体制が確立した。

時代のギモン

蒙古襲来を予言した？　立正安国論とは

安房国出身の僧侶・日蓮は、法華経こそが真実の教えであると考え、他の宗派を激しく攻撃した。その思想は、1260年、前執権の北条時頼に送られた『立正安国論』に表れている。

「各地で地震や疫病などの災害が相次いでいる。これは、人々が正しい信仰を失い、邪法である浄土宗を信じるようになったためだ。このままでは内乱と外国からの侵略がもたらされるだろう」というのが日蓮の主張である。幕府は日蓮を流罪に処すが、彼の予言は蒙古襲来というかたちで的中し、日蓮や信者たちは信仰への確信を深めていくのだった。

登場人物

- フビライ＝ハン
- 北条時宗☞P22

用語解説

二月騒動　北条時宗が、評定衆の最高位にあり幕府No.3 の名越時章と、評定衆の一員で時章の弟教時、六波羅南方探題の重職にあった時宗の兄時輔を殺害し、独裁体制を固めた事件。

モンゴルの襲来に備える幕府

モンゴルから国書が届いてから、連日のように会議が行われたが、朝廷は国書を無視することにする。そして幕府は侵攻に備え、戦闘体制を固めていく。

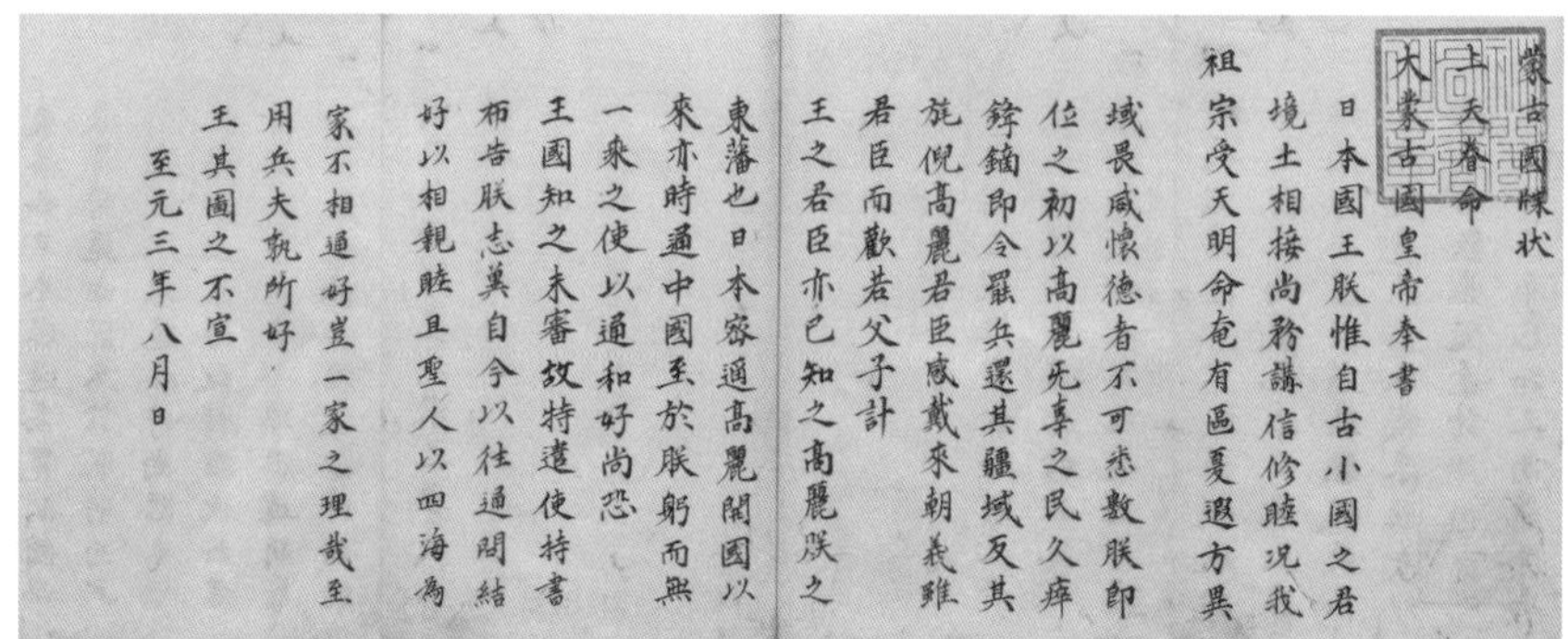

蒙古國牒狀
上天眷命
大蒙古國皇帝奉書
日本國王朕惟自古小國之君
境土相接尚務講信修睦況我
祖宗受天明命奄有區夏遐方異
域畏威懐徳者不可悉數朕即
位之初以高麗無辜之民久瘁
鋒鏑即令罷兵還其疆域反其
旄倪高麗君臣感戴來朝義雖
君臣而歡若父子計
王之君臣亦已知之高麗朕之
東藩也日本密邇高麗開國以
來亦時通中國至於朕躬而無
一乘之使以通和好尚恐
王國知之未審故特遣使持書
布告朕志冀自今以往通問結
好以相親睦且聖人以四海爲
家不相通好豈一家之理哉至
用兵夫孰所好
王其圖之不宣
至元三年八月日

モンゴルの国書（写し）　国立公文書館蔵

「上天の眷命せる（天の命令を受けた）大蒙古国皇帝、書を日本国王に奉ず」から始まる高圧的な国書。内容は日本との友好を求めるものだが、文末に「兵を用ふるに至りては、夫（そ）れ孰（だれ）か好む所ならん（軍事力を行使することは誰が好んでするだろうか）」という内容からも、日本側はモンゴルが攻めてくると受け取り、返事をしないことに決まった。

模写／東京大学史料編纂所蔵

北条時宗 (1251～84)

執権就任の４年後に名越時章・教時兄弟、自身の兄・時輔を殺害するが、名越時章の殺害は間違いだったとして討ち手を処罰し、教時の討ち手は恩賞も処罰もなかった。そのうえ間違いだったはずの時章の守護国、筑後・肥後・大隅を没収、対モンゴルの防衛に重要な九州の国が、得宗の支配下に入った。

博多に立つ日蓮像

高さ10.6mもある日蓮像。奈良の大仏、鎌倉の大仏に次ぐ国内３位の巨大な青銅像。

福岡県福岡市博多区

元軍の九州上陸を阻止し撃退に成功した文永の役

見慣れない戦法に苦戦する御家人

1274年(文永11)10月、元と高麗の連合軍3万数千人が九州北部に襲来した。前年、三別抄の乱を鎮めて高麗を完全に平定したばかりである。

連合軍は対馬(つしま)・壱岐(いき)(ともに長崎県)に続けて肥前の沿岸部を蹂躙し、10月20日に博多湾岸に上陸した。**九州の御家人たちが迎え撃ったが、集団戦法を用いる元軍に苦戦した。当時の武士たちは一騎打ち戦法が主体で、部隊も同族単位のため軍全体の統率はとれていなかった。**

元軍の弓矢は威力が強く、しかも毒矢だった。さらに、火薬を用いた「てつはう」などの武器も、御家人たちを翻弄した。

わずか1日で撤退した元軍

苦戦した御家人たちは大宰府に退くが、元軍もいったん船に引き揚げた。だが、翌朝になると元・高麗の船団は姿を消していた。

暴風雨を退却の理由とする説明が有名だが、この時の襲来は威力偵察にすぎず、すぐに撤退する予定だった可能性もある。あるいは、予定通りの撤退の途中で暴風雨にあったのかもしれない。元軍と高麗軍の寄せ集めである連合軍の内部でも、意思統一はなされていなかったようだ。高麗に帰り着いた時には、兵数が半減していたという。

いずれにせよ、結果的に鎌倉幕府は元軍を撃退できたのである。

時代のギモン

日本襲来前に起こった「北の元寇」とは?

ユーラシア大陸の大部分を征服したモンゴル帝国の影響は、元寇だけではない。モンゴルが樺太(サハリン)のアイヌと交戦していたという記録も残っている。

アイヌの交易活動は13世紀頃から活発化し、千島列島や樺太にも進出していた。元に服属したニヴフ(ギリヤーク)という部族が、「アイヌが毎年侵入してくる」と訴えたことから、元による樺太アイヌ征討が開始される。元はアイヌの抵抗に手を焼き、戦闘は主要なものだけで9回を数えた。1308年、元はようやくアイヌを服属させることに成功したのである。

登場人物
竹崎季長

大宰府 九州を治める役所であり外交の窓口でもあった大宰府は、鎌倉幕府の成立によりその役目を終える。その後は、北九州の守護を務める少弐氏の拠点となった。

宮内庁三の丸尚蔵館蔵

元軍と戦う竹崎季長

集団戦法で戦う元軍に対し、名乗りを上げながら一騎で戦う幕府軍は苦戦。「てつはう」と呼ばれる火薬兵器も初めて見るものだった。

松浦市教育委員会提供

発見された「てつはう」

神崎港沖で見つかったてつはう。写真のものは土製で直径約15cm、重さ約2.1kgほど。鉄片を中に入れて爆発で飛び散る仕掛けだったと考えられる。

1回目のモンゴル襲来

10月5日に対馬、14日に壱岐、18日に肥前沿岸を襲った元軍は、19日には博多湾に到達して20日早朝から上陸を開始する。しかし翌日撤退していった。

文永の役(1274)

高麗
合浦
対馬
壱岐
博多
大宰府
平戸

モンゴルの鎧と兜

龍や唐草の刺繍が施されている布製の鎧。裏側には鉄板が縫い付けられている。

元寇史料館蔵

元の使者を斬殺

1回目の侵攻で得た経験を糧に中国・九州地方の防衛を強化する

動員体制を本格化した幕府

文永の役を受け、鎌倉幕府は次なる襲来を予期し、対策に努めた。

文永の役の翌年、九州の御家人に交代で九州北部の警備をさせる異国警固番役が強化される。**本州の西端を同様に警備する長門警固番役も導入された。**

また、博多湾岸には、やはり九州の武士たちを動員して石築地（防塁）を築かせた。総延長は約20kmに及び、現在も遺構が残る。

1275（建治1）年には元の使節、杜世忠が来日するが、幕府は使節一行を斬首した。4年後に送られた使節も斬られ、幕府の徹底抗戦の意志が示されたのである。

幻に終わった外征計画

外敵の脅威は国内の結束を強め、得宗・北条時宗の専制を強化することになった。例えば**九州など西国主要国の守護職が、北条一門や得宗の側近などで固められ、幕府の西国支配が強化された。**

再度の襲来を待つより先制攻撃をすべきという理由で、なんと大陸に侵攻する計画まで持ち上がった。もちろん立ち消えになったが、時宗への権力集中を示すできごとといえる。

その頃大陸では、40年にわたる元と南宋の戦いが終結しようとしていた。1279年に南宋は完全に滅亡し、元は再度の日本攻撃を準備し始めた。

時代のギモン

対馬における激戦と惨状とは?

文永の役の時、最初に元軍が上陸したのは対馬であった。当時の対馬を統治していたのは、守護少弐氏の代官（守護代）である宗助国である。元軍が対馬の西海岸にある佐須浦に上陸すると、助国は抗戦したものの、奮戦むなしく討ち取られた。

元軍は多くの男たちを殺すか捕虜にした。女たちは手のひらに穴を開けられ、船に結びつけられたという。対馬に続いて襲われた壱岐も同様だった。この情報は日蓮が伝え聞いた噂を手記にしたものだが、大規模な略奪や虐殺が行われたことは事実のようだ。

登場人物

- 杜世忠
- 北条時宗 ☞P22
- 宗助国

人物解説

杜世忠〔1242～75〕 文永の役の翌年に、降伏勧告の使者として長門室津に到着する。その後、鎌倉に送られて龍ノ口で処刑された。

再襲来に備えて防衛を強化

幕府は再び元が攻めてくることを想定。戦場となりそうな場所に上陸を阻む防塁を築かせ、造築を担当した国が交代で守ることにした。同じく長門にも防塁を築き、順番で警固する体制も整えた。

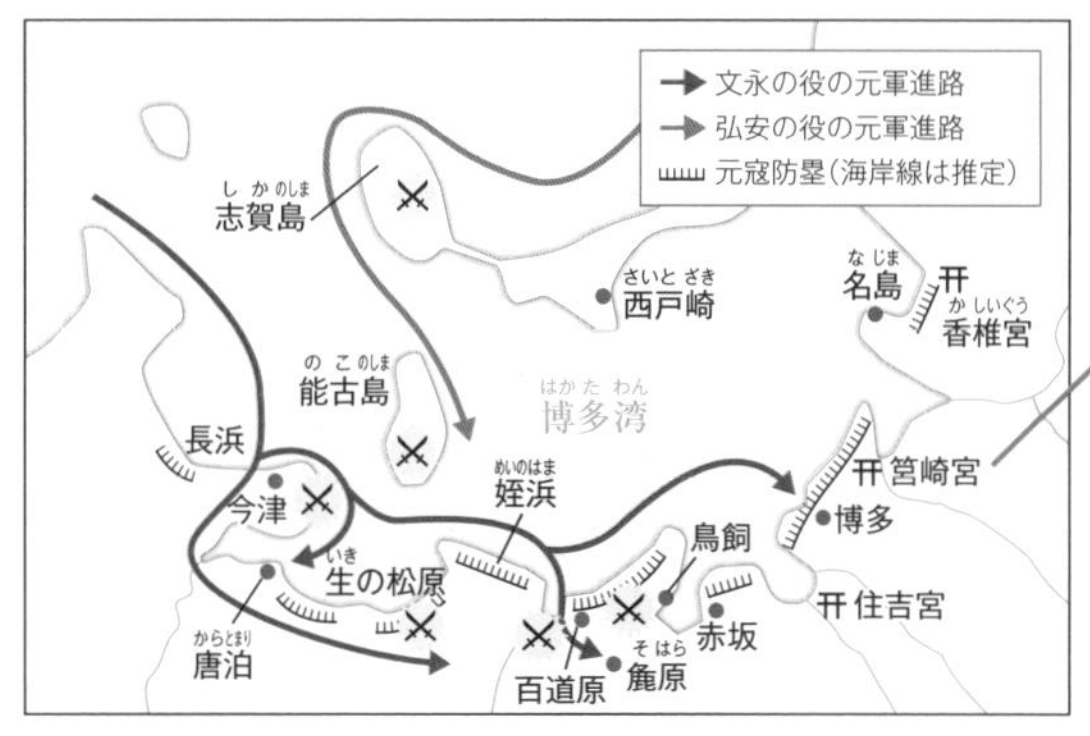

福岡県福岡市

筥崎宮の扁額

文永の役の際に焼失した社殿の造営の際、亀山上皇が「敵国降伏」の宸筆を納めた。戦国時代に小早川隆景が楼門を建立した際、その模写を拡大して掲げた。

神奈川県藤沢市

杜世忠の墓

龍ノ口刑場で処刑された、元の使者・杜世忠ら5人の墓。片瀬の常立寺にある。

文永の役後（1275）の守護交代

大陸侵攻計画や防衛計画を示すように、西国・九州の守護の多くが、幕府中枢の人物や、その代理の人物に変更された。

石築地（元寇防塁）

西新地区に復元された石築地。約20㎞に及んだ防塁の中間に位置する。

福岡県福岡市

1281年

弘安の役

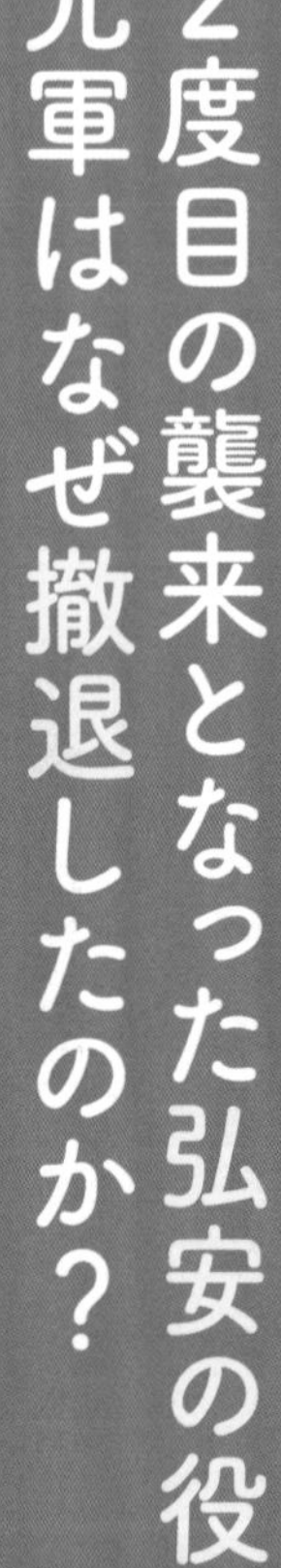

2度目の襲来となった弘安の役 元軍はなぜ撤退したのか？

登場人物

河野道有

赤坂
鳥飼
麁原山
百道原（西新）
姪浜
生の松原
今宿
能古島
今津
長浜海岸

河野通有
河野八郎
竹崎季長

負傷した河野通有（中央）を見舞う竹崎季長（右）。画像左に控える小具足姿の武者が通有嫡男の八郎。赤い鎧直垂姿の河野通有は烏帽子を脱いでいるが、これは戦の決着がつかない間は烏帽子を被らないことにしているからだという。

宮内庁三の丸尚蔵館蔵

入念な守りで元を迎え撃った幕府

再度の日本遠征を決意したフビライは、モンゴル人・高麗人からなる東路軍約4万と、征服したばかりの南宋人を中心とする江南軍約10万、計約14万という大軍を編成した。

1281（弘安4）年5月、朝鮮南端の合浦（がっぽ）を出発した東路軍は対馬と壱岐に攻め込み、6月に博多湾に現れた。しかし、**海岸には長大な石築地が築かれ、波打ち際に逆茂木（さかもぎ）が打たれるなど、防備は万全であった。**東路軍は上陸を諦め、沖合の志賀島に900艘（そう）の船団を停泊させる。

弘安の役での戦闘は約2カ月に及ぶが、日本はついに博多湾岸への上陸を許すことはなかった。

用語解説

逆茂木　敵軍の侵入を防ぐため、枝がついた木を地面や柵に固定して並べたバリケードのこと。枝の先は削って尖らせておく。

弘安の役を北から見る

2度目の侵攻となった弘安の役では、幕府は沿岸警備を固めて元軍に対抗。暴風雨もあり撃退することに成功した。

イラスト＝黒澤達矢

数に勝っていた元軍の誤算とは

武士たちは小舟に乗って元軍の大船に攻撃し、激戦が繰り広げられた。この時、伊予（愛媛県）の水軍を率いた河野通有が活躍している。通有は石築地の前に陣を敷き、その勇敢さを感心され、元の船に夜襲をかけて敵将を捕らえる働きも見せた。

日本側の攻撃に手を焼いた東路軍は、いったん壱岐まで退き、遅れていた江南軍の到着を待った。**東路軍と江南軍の連携の不備に加え、伝染病の蔓延や指揮官の対立など、元軍は苦しい内情を抱えていた。**

7月初めに東路軍と江南軍が合流し、伊万里湾の鷹島に上陸する。ところが7月30日夜、台風とみられる暴風雨が襲い、元の船団は壊滅。日本側の追撃もあり、元軍は10万人以上の損害を出して撤退した。

蒙古襲来を撃退した「神風」と日本史の中の〝神風〟信仰

万歳で見送られる太平洋戦争末期の神風特攻機。

文永の役の暴風雨の根拠は？

2度にわたる元の襲来は、「神風」と呼ばれる暴風雨によって撃退された――という話は有名だ。しかし、神風が実際にあったのか、元を撃退する決め手だったのかについては、長く議論がなされてきた。

文永の役については、『八幡愚童訓（はちまんぐどうくん）』という史料（鎌倉末期成立）に「暴風雨が吹き荒れたため、元軍は一夜にして撤退した」と書かれている。しかし、同書は八幡神の霊験を宣伝するための書物であるため、記述を鵜呑みにすることはできない。

文永の役で元軍が博多に上陸した日付は、1274（文永11）年の旧暦10月20日である。これは新暦に直すと11月26日であり、台風が来たとは考えにくい。また、近年の服部英雄（はっとりひでお）氏の新説では、文永の役は1日で終わったのではなく、10月24日頃まで大宰府周辺で戦闘があったとされる。文永の役の元軍の撤退理由は、いまだに議論の余地があるのだ。

弘安の役に関しては、元軍が暴風雨によって壊滅したことは間違いないだろう。時期が新暦の8月中旬であり、台風のシーズンにあたるからだ。元軍が台風の直撃を受けたのは、日本側の守りの固さによって上陸できず、1カ月ほどを海上で空費してしまったためである。

神風というより、必然的な敗北だったといえる。

豊原国周作「夷伐神風ノ図」。元寇を描いた浮世絵で、神風（暴風雨）により海が大荒れになる様子が描かれている。

刀剣ワールド財団蔵

戦争の惨禍を引き起こした歴史観

神風の役割が強調されるようになったのは、「日本は神によって守られている」とする神国思想の影響が大きい。近代以降になると、戦争のたびに強調されるようになった。

大正時代以降になると、国定教科書に「神国」「神風」の用語が登場するようになる。「日本は神風の力で元軍を退けた」という歴史観は、日本の優位性を信じる皇国史観に結びついた。太平洋戦争の末期、敵艦に体当たり攻撃を行った特別攻撃隊に「神風」という名が与えられたことにも表れている。

ちなみに、戦前の教科書で「神風」が強調されていたのは弘安の役の記述である。意外なことに「文永の役と弘安の役で、二度暴風雨があった」という記述は、戦後に発行された最後の国定教科書で初登場した。

一方で、研究者たちは戦前の反省を踏まえ、「神風」以外の元軍の敗因を追求してきた。まず、モンゴル人が海戦に不慣れだったこと、元・高麗（弘安の役では南宋人も）の混成部隊であったため、士気が低かったことなどが考えられる。しかし、実際には高麗や南宋の海軍の技術は高く、元は世界各地で多民族混成軍を率いていたという反論もある。

迎え撃った御家人たちの士気が高く、とりわけ弘安の役では、元・高麗といった海外の軍と戦った経験を生かして、指揮系統を見直し、新たな防衛網を構築するなど、様々な対策を施した幕府側の防備体制が万全だったことも無視できない。日本が元軍を撃退できた理由は、複合的に考える必要があるのだ。

特別テーマ
Features
【「蒙古襲来絵詞」】

絵巻で見る竹崎季長の活躍

没落していた竹崎季長は蒙古襲来をチャンスとして捉え、恩賞を得るために元軍に立ち向かった。

1 文永の役の際、竹崎季長を先頭に息の浜を駆ける主従。

2 文永の役後、はるばる鎌倉まで行き、安達泰盛に自分の戦功を訴えて恩賞を求める。

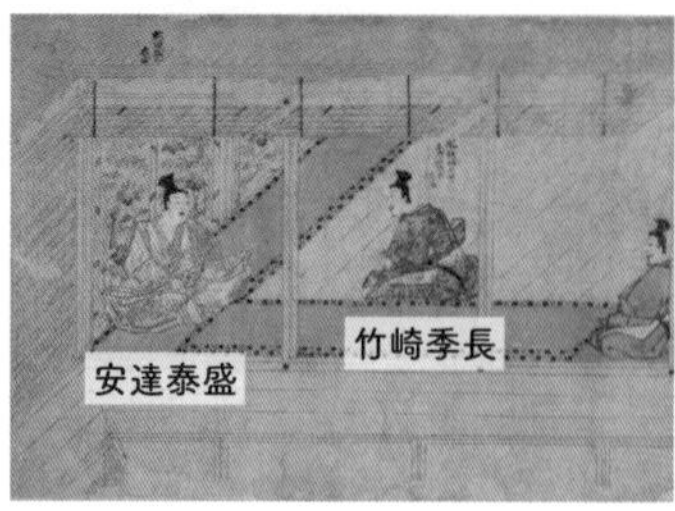

3 所領を与えられ、さらに黒鹿毛の馬をもらって喜ぶ季長。

防衛戦を今に伝える貴重な史料「蒙古襲来絵詞」が描かれた理由とは？

一発逆転を狙った御家人

集団で戦う元の兵士や、炸裂する「てつはう」に立ち向かう騎馬武者などで有名な「蒙古襲来絵詞」。**絵巻の主人公は、肥後の御家人である竹崎季長だ。彼は一門の有力者に所領を奪われ、訴訟にも敗れたため無足の身となっていた。**本領（ほんりょう）の回復を目指す季長は、わずか4騎の従者とともに、少弐氏の指揮下で文永の役を戦うことになった。

季長は元軍に突入し、一番駆けの戦功を挙げた。しかし、当時の勲功の一等は「討死」であり、季長は恩賞を受けることができなかった。

4 弘安の役で、生の松原の元寇防塁前を行く季長一行。石塁の上では、生の松原の守備を担当する菊池武房も描かれる。

5 元の船に乗り込み敵を討つ。舳先で敵を組み討ちしているのが季長。兜は息の浜に置き忘れたという。

6 肥後守護代の安達盛宗の前に敵の首級二つを差し出して、戦功を語る。

すべて宮内庁三の丸尚蔵館蔵

絵詞の陰に見える「恩人」の存在

文永の役の翌年、季長は自ら鎌倉に向かい、御恩奉行である安達泰盛に直訴。肥後海東郷の地頭職を与えられたのである。季長は、弘安の役でも参陣し、武勲を挙げている。

「蒙古襲来絵詞」には1293年（永仁1）の日付が残るが、完成にはその年から数年を要したと思われる。自らの戦功を記録し、甲佐大明神に奉納することが目的だった。

また、恩人の安達泰盛との関連も見逃せない。泰盛は1285年（弘安8）、平頼綱との抗争に敗れ、滅亡した（霜月騒動）。その頼綱が誅殺されたのが、絵詞に日付の残る1293年のことである。泰盛の仇である頼綱の死を受けて、季長は泰盛を鎮魂するために「蒙古襲来絵詞」を描かせたのかもしれない。

1285年

霜月騒動

得宗専制が強化される一方で不満をためる御家人たち

元寇をきっかけに進んだ改革

元の襲来は、それまでの鎌倉幕府の支配のあり方を大きく変えることになった。本来は幕府の臣下ではない非御家人も、幕府の下に組織する動きが現れたのである。

北条時宗は元寇に際し、「本所一円地住人」つまり幕府の支配下にない武士（非御家人）にも動員令を発した。時宗は1284年（弘安7）に34歳で病死するが、**有力御家人の安達泰盛が遺志を引き継ぎ「弘安徳政」という抜本的な改革に着手した。**

弘安徳政は、元寇で活躍した非御家人にも恩賞を与える政策である。急進的な改革は、既得権を脅かされる守旧派の反発を招いた。

改革は挫折し、幕府の衰退へ

御内人（得宗家の家臣）の平頼綱を中心に結束した守旧派は、1285年に霜月騒動を起こし、安達泰盛を滅ぼすに至った。頼綱は、時宗の嫡子・貞時の側近として権勢を振るうが、貞時が成長すると疎まれ、誅殺された（平禅門の乱）（1293）。

こうした流血を経て、**貞時の時代に得宗専制体制が確立したとされる。一方、元寇の際の恩賞が不十分だったことから、御家人の不満が高まり始める。**分割相続の繰り返しで所領が小さくなったため、窮乏化も深刻化した。1297年（永仁5）、貞時は永仁の徳政令を発して御家人を救済しようとしたが、効果は薄かった。

時代のギモン

徳政とは何を意味する言葉なのか？

「徳政」の元の意味は、字義どおりに「徳の高い政治」であるが、中世の徳政令は「売買地・質入れ地をもとの所有者に戻すこと」や「債務の破棄」を命じた法令である。

鎌倉幕府の発した徳政令は、主として窮乏した御家人を救済する目的で出された。永仁の徳政令は、御家人の土地の売買・質入れの禁止や、すでに売買・質入れされた御家人の土地の返還などを定めている。この徳政令の結果、金融業者が打撃を受けて経済が混乱。御家人に対する金融の手段がなくなり、かえって御家人の窮乏が進んだ。

―登場人物―

- 北条時宗 ☞P22
- 安達泰盛
- 平頼綱
- 北条貞時

用語解説

本所一円地　公家・寺社が支配する荘園の所領で、国司や守護・地頭の立ち入りを拒否することができる権利が認められたもの。本所とは荘園領主を指す。

得宗家による専制政治が行われる

徐々に権力を集中させてきた北条得宗家は、貞時の代になってついに得宗専制政治と呼ばれる絶大な力を手にする。

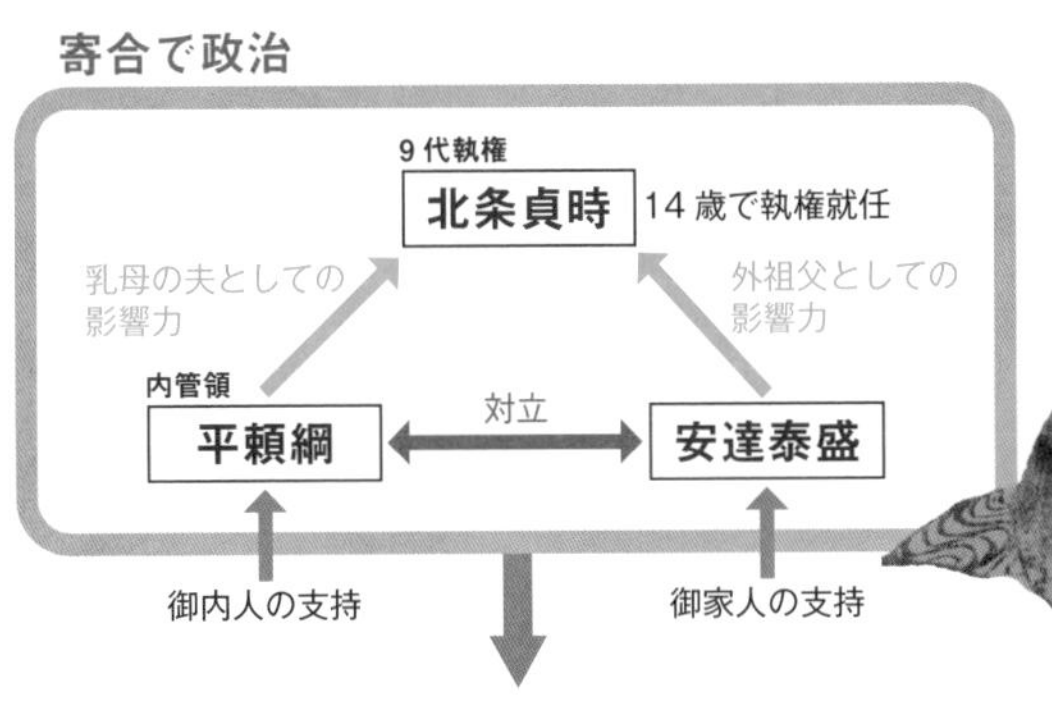

弘安徳政をめぐり平頼綱らと安達泰盛らが対立し、安達氏が敗北（霜月騒動）

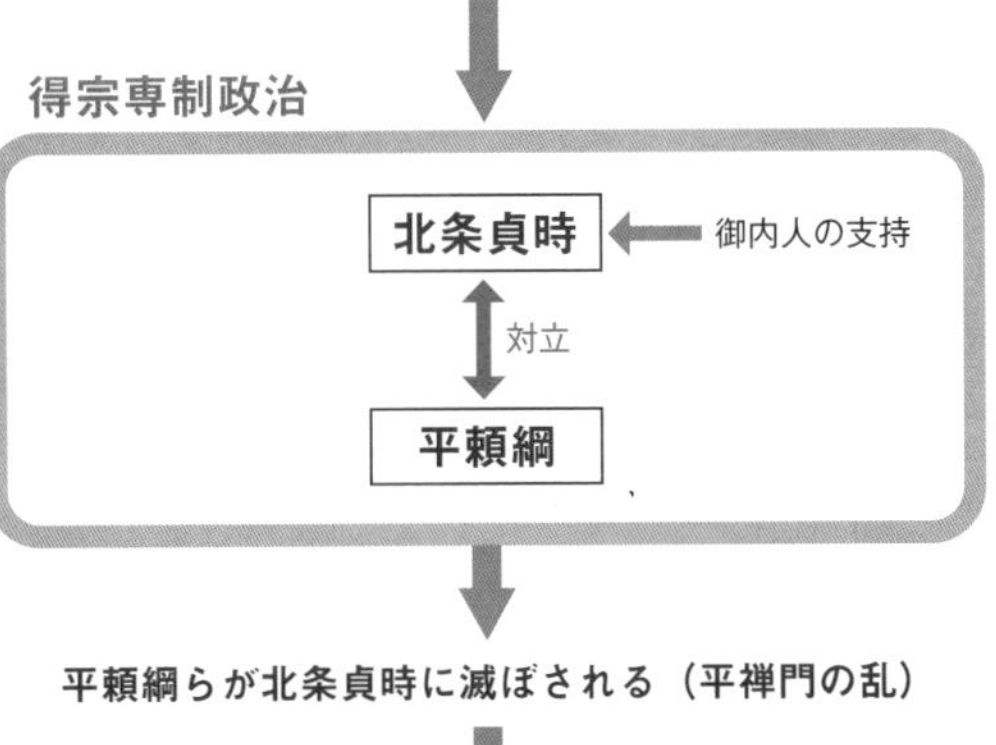

平頼綱らが北条貞時に滅ぼされる（平禅門の乱）

永仁の徳政令を発布

鎌倉幕府衰退のきっかけ

国文学研究資料館蔵

北条貞時（1271～1311）

北条時宗の嫡男で9代執権。鎌倉に彗星が出現したことを不吉と捉え、出家して執権職をいとこに譲った。

北条執権邸跡の碑　神奈川県鎌倉市

足利尊氏により建てられた宝戒寺に立つ碑。北条氏が滅亡したのち、その霊を弔うため、屋敷跡に宝戒寺が建立された。

永仁の徳政令

徳政令の条文は残されていないが、北条貞時が六波羅探題に宛てた書状にその内容が読み取れる。

京都府立京都学・歴彩館 東寺百合文書 WEB より

4章 蒙古襲来とその影響

特別テーマ

Features

【鎌倉時代の仏教】

革新的な鎌倉時代の新仏教と改革が進むそれまでの旧仏教

変革を迫られた旧仏教

新仏教が幅広く受け入れられたことにより、旧仏教の中にも変革者が現れる。

系統	宗派	僧	教義や活動内容	中心寺院
奈良仏教系	法相宗	貞慶（1155～1213）	法然の浄土宗を批判。旧仏教の改革を提唱した南都仏教復興の立役者	笠置寺（京都）
	華厳宗	明恵（1173～1232）	戒律を重んじ『摧邪輪（ざいじゃりん）』を著して法然を批判	高山寺（京都）
	律宗	俊芿（1166～1227）	戒律復興に努力し、様々な宗派を学ぶことができる泉涌寺を開山して栄えた	泉涌寺（京都）
		叡尊（1201～90）	「興法利生（こうぼうりしょう）」を唱え、戒律復興と非人の救貧施療を行う	西大寺（奈良）
		忍性（1217～1303）	ハンセン病患者を救済するために「北山十八間戸」を創設する	極楽寺（神奈川）

人々の心をつかんだ平易な教え

鎌倉時代になると、仏教界に大きな変革がもたらされた。平安時代末期から戦乱や天災が続き、加持祈禱や経典研究が中心だった旧来の仏教に疑念が持たれたためだ。

ひたすら念仏を唱えれば極楽に行けると説いた法然、煩悩の深い悪人こそが救いの対象だとした親鸞などの教えは、幅広い階層に広まった。

南宋に渡って禅を学んだ栄西と道元は、それぞれ臨済宗と曹洞宗を開き、武士層に広がっていく。**特に臨済宗は幕府に保護され、臨済宗の高僧は政治的発言力を持った。**

民間に布教した新仏教

加持祈禱や学問中心の仏教から、武士や庶民を対象とした新しい仏教が誕生する。

系統	宗派	開祖	教義や活動内容	中心寺院
浄土宗系	浄土宗	法然（1133～1212）	とにかくひたすら念仏（「南無阿弥陀仏」）を唱えれば極楽に行ける	知恩院（京都）
	浄土真宗	親鸞（1173～1262）	一度でも仏を信じ念仏を唱えれば、悪人でさえも極楽に行ける	本願寺（京都）
	時宗	一遍（1239～89）	太鼓や鉦（かね）を叩き、体をゆすりながら念仏を唱える「踊り念仏」が特徴	清浄光寺（神奈川）
天台宗系	日蓮宗	日蓮（1222～82）	法華経という経典を信じ題目（「南無妙法蓮華経」）を唱えれば救われる	久遠寺（山梨）
禅宗系	臨済宗	栄西（1141～1215）	坐禅を組みながら公案（禅問答）していくことで悟りを目指す	建仁寺（京都）
	曹洞宗	道元（1200～53）	とにかくひたすら坐禅を組み続ける只管打坐（しかんたざ）で悟りに達する	永平寺（福井）

旧仏教の力はまだ強かった

もっとも、鎌倉時代に登場した教えがすぐに主流になったわけではない。**比叡山延暦寺や興福寺など、既存の寺社は相変わらず強い権威を持っていた。**旧仏教は、密教と顕教（密教以外のもの）からなるため「顕密仏教」ともいう。

旧仏教側から見ると、新仏教の僧侶たちは「異端」といえる存在であり、体制からの迫害を受けた者が多い。それでも、旧仏教の堕落を直視し、内部から改革を図った僧侶もいた。律宗の叡尊とその弟子・忍性は、貧者や病人、非人（非差別民）などへの救済に業績を残している。

浄土真宗や日蓮宗などの新しい宗派が、多くの人の帰依を獲得するのは、戦国時代頃まで待たなければならなかった。

【慶派の仏像】

仏教彫刻のルネサンスを体現した奈良仏師の運慶・快慶らの写実的な作風

東大寺蔵、美術院提供

東大寺南大門の金剛力士像

大仏様と呼ばれる様式でつくられた南大門に、運慶・快慶・湛慶・定覚などが制作した金剛力士像が立っている。向かって左側が「阿形（あぎょう）」、右側が「吽形（うんぎょう）」の像。

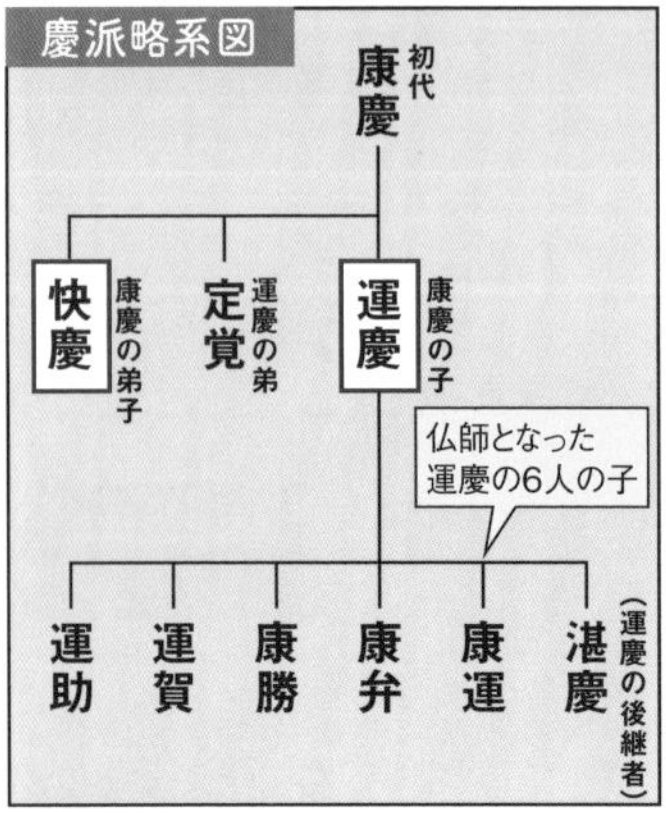

慶派略系図

初代 康慶
快慶（康慶の弟子）
定覚（運慶の弟）
運慶（康慶の子）
仏師となった運慶の6人の子
湛慶（運慶の後継者）
康運
康弁
康勝
運賀
運助

慶派略系図

平安後期の奈良仏師の一派に属し、名前に「慶」を付けることが多かったので慶派と呼ぶ。鎌倉時代に康慶、運慶、快慶、湛慶などの名匠を生みだした。その流派は江戸時代まで続いた。

鎌倉文化に影響を与えた要素

鎌倉時代の文化は、よく「質実剛健」と表現される。主な文化の担い手は京都の貴族たちであり、平安時代の文化から断絶したわけではない。しかし、**地方の武士や庶民の気風が文化に反映され、新たな展開を見せたのも事実である。また、大陸との交流も見逃せない。**南宋の滅亡で日本に逃れた人々が大陸の文化をもたらした。

文学では、後鳥羽（ごとば）上皇が『新古今和歌集』を編纂。戦いを題材にした軍記物語が登場し、琵琶法師（びわほうし）が語る『平家物語』が成立した。

浄楽寺蔵

阿弥陀如来坐像

穏やかな顔をした阿弥陀如来坐像は、和田義盛夫妻の発願でつくられたもの。銘文から運慶作と判明している貴重な作品で、運慶が東国で御家人のために造仏した証拠となっている。

騎獅文殊菩薩像

智恵を司る文殊菩薩の像。獅子も合わせると高さ約7ｍもあるこの像は快慶の作。右手には悪魔を降伏させる「降魔の利剣（ごうまのりけん）」、左手に慈愛を示す蓮の花を持つ。顔に施された金泥（膠に金を混ぜたもの）は、快慶の作品の特徴の一つである。

安倍文殊院蔵

運慶・快慶が模範とした時代とは

治承・寿永の乱で被災した東大寺は、鎌倉時代に重源によって再興された。この時、大陸からもたらされた建築様式「大仏様」が用いられ、南大門などが建てられた。

東大寺南大門にある金剛力士像は、運慶・快慶らの手による。この頃の仏師の彫刻は、奈良時代の仏像の様式に回帰しつつ、当時の力強い気風を取り込んだものである。

西洋のルネサンスは、古代ギリシア・ローマの文化が近世に復興されたものだ。**運慶・快慶の彫刻も、一種の「ルネサンス」だったのである。**

この時代に文化的足跡を残した武士としては、『金槐和歌集』を編んだ源実朝がいる。また、北条氏一門の金沢実時は学問を好み、古今の書物を集めた金沢文庫をつくった。

古都を歩く

鎌倉2

中国から導入した五山制度など北条氏が保護した名刹の数々

国立歴史民俗博物館蔵

❶円覚寺

南宋から来日した無学祖元のために北条時宗が開基。

❸長谷寺　花の寺として有名な長谷寺のあじさい路。

❷建長寺

南宋から来日した蘭渓道隆のために北条時頼が開いた。鐘は鎌倉三名鐘の一つで国宝。

❹東慶寺　縁切寺として知られる東慶寺。

商業と宗教の都市鎌倉

中世都市鎌倉というと、まず軍事都市の性格が思い浮かぶ。しかし、商業や宗教の視点から都市づくりを読み解くこともできる。

鎌倉（神奈川県鎌倉市）を囲む山には「鎌倉七口（ななくち）」と呼ばれる七つの切通（きりとおし）があるが、これは商業・流通の推進策である。将軍や北条氏とその家族・従者たちの住まう鎌倉は一大消費地で、各地から商人が訪れた。

鎌倉南東の海には和賀江島という人工島がつくられ、多くの唐船が来るなど貿易港として繁栄した。

また、北条氏が帰依した臨済宗の寺院も築かれ、特に格式の高い寺院は鎌倉五山と呼ばれる。鎌倉の西方にある空間は西方浄土に見立てられており、極楽寺（ごくらくじ）や長谷寺（はせでら）、鎌倉大仏の鎮座する高徳院（こうとくいん）などがある。

❺高徳院

高徳院にある鎌倉大仏。もともとは金箔が貼られていたという。

作者不明／鎌倉時代成立

八幡愚童訓

モンゴル襲来を伝える稀少な史料

大将軍ハ高キ所ニ居リ上リテ、引ベキニハ逃鼓ヲ打、懸ベキニハ責鼓ヲ叩クニ随テ振舞ヒ、逃ル時ハ鉄放ヲ飛シテ暗ク成シ、鳴音閧高レバ、心ヲ迷シ肝ヲ疱シ、目眩耳鳴テ、亡然トシテ東西ヲ不弁。

〔現代語訳〕
大将軍は高所に陣取り、引く時は逃げ太鼓を叩き攻める時は攻め太鼓を叩くので、軍勢はそれにしたがって動く。逃げる時は鉄砲を飛ばしてあたりを暗くし、鳴る音が大きいので、（日本兵は）心を惑わし肝を潰し、目は眩み、耳は鳴って呆然として方向を失ってしまう。

『寺社縁起』（岩波書店）、『日本史史料集』（山川出版社）を参照

史料の乏しい文永の役について、その様子を伝える数少ない史料が『八幡愚童訓』である。八幡神の霊験を記した書物で、タイトルは「無知な子供にもわかる教訓」という意味だ。著者は不明だが、石清水八幡宮の神官だと考えられている。

同名の書物は甲種本と乙種本の２種類伝わっているが、文永の役について言及があるのは前者の方だ。文永の役の戦闘の模様については、次のように描かれている。

蒙古軍は太鼓や銅鑼を打ち鳴らしたため、日本軍の馬が驚いて暴れた。蒙古軍の矢は短く、毒が塗ってあった。日本の武士は相互に名乗って一騎打ちをするのが慣例だが、蒙古軍は集団で取り巻いて討ち取った。このように、「一騎打ちにこだわる日本の武士」が「集団戦法を駆使する蒙古軍」に苦戦した、というイメージが長く信じられてきた。

しかし、前述のようにこの書物は八幡の霊験を宣伝するものなので、超自然的な記述が多く、「八幡神のおかげで日本は外敵から守られた」という筋立てにしたいため、日本の武士の戦闘力は過少に、蒙古軍の手強さは過大に評価されていると考えた方がいい。

また、同書は鎌倉時代末期の成立と考えられている。元寇から数十年を経ており、同時代の史料と考えることは難しいのである。

歴史学者の服部英雄氏は、『八幡愚童訓』以外の同時代史料を活用し、従来一日で終結したと信じられてきた文永の役は、実際には数日程度かかっていたことなどが判明した。このように『八幡愚童訓』を拠り所にして広まった元寇像は、大きな変化を遂げているのである。

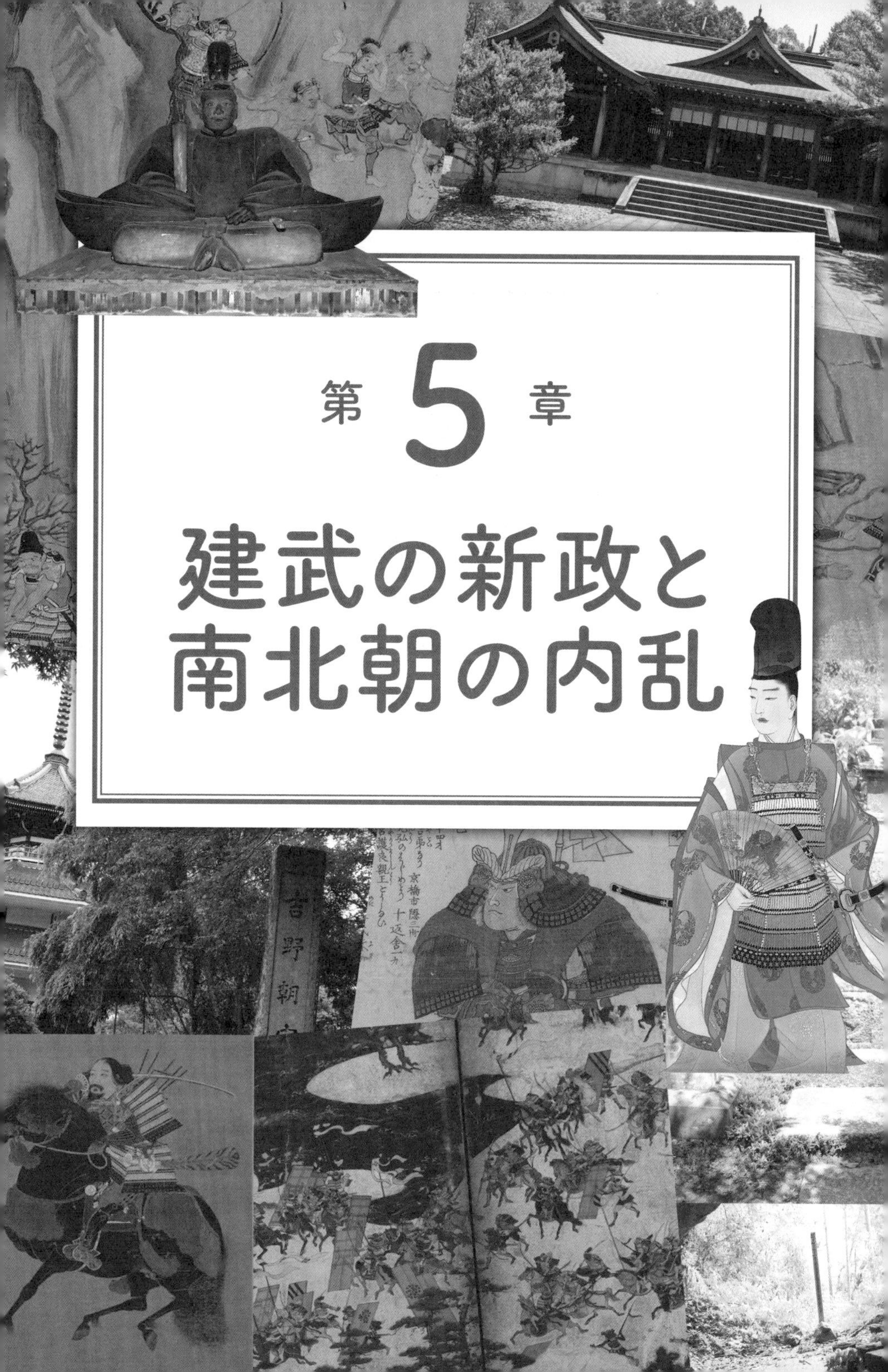

第5章 建武の新政と南北朝の内乱

第5章：建武の新政と南北朝の内乱

時代の流れ

鎌倉時代末期、後醍醐天皇が倒幕を企て、これに成功すると建武の新政を開始。しかし悪政のため不満が高まり、足利尊氏が反乱を起こした。これに勝利した尊氏は室町幕府を開いたが、一方で後醍醐は吉野で南朝を開き、朝廷が二つに分裂した南北朝時代が始まった。

権力者	北条貞時	北条高時	
時代	鎌倉時代		鎌倉幕府滅亡

1317 天皇家の両統迭立が始まる（文保の和談）

天皇家の後継問題が深刻化し、持明院統と大覚寺統が順番に皇位を継ぐことになった。

1318 後醍醐天皇即位

1324 正中の変

後醍醐天皇の倒幕計画が漏れ、側近たちが処罰された。

1331 元弘の変

2度目の後醍醐天皇の倒幕計画が発覚。天皇は幕府軍に捕らえられ隠岐に流される。

1331 楠木正成が挙兵

1333 足利尊氏が六波羅探題を攻める

1333 新田義貞が鎌倉を攻め滅ぼす

足利義詮　足利尊氏　室町幕府成立　後醍醐天皇

室町時代

南北朝時代

建武の新政

1333
後醍醐天皇の親政開始

1335
中先代の乱
北条高時の遺児・北条時行が鎌倉を攻めたが、足利尊氏が鎮圧。

1336
湊川の戦い
尊氏は後醍醐天皇に反旗を翻し、湊川で後醍醐方の楠木正成・新田義貞軍を破った。

1336
足利尊氏が光明天皇を立てて室町幕府を開く
尊氏は政治の基本方針を示した「建武式目」を定めた。

1336
後醍醐天皇が吉野で南朝を開く
後醍醐天皇は三種の神器を持って吉野へ逃げ、自らの皇位を主張。南北朝時代が始まる。

1350
観応の擾乱
尊氏と弟直義の兄弟争いに発展した内乱。尊氏が勝利する。

1358
足利尊氏死去

室町幕府を開いてオレたちの世をつくるぜ

足利尊氏

新田義貞

1318年

後醍醐天皇が96代天皇に即位

平安時代の親政を夢見て後醍醐天皇が倒幕をたくらむ

皇統が二つに分かれた経緯とは

鎌倉時代の終わり、皇位継承問題から皇統が二つに分かれた。これがのちの南北朝の分裂の遠因となる。後嵯峨天皇の後、二人の皇子である後深草天皇と亀山天皇が即位した。そして前者の子孫である持明院統と、後者の子孫である大覚寺統が、皇位をめぐって争ったのである。**争いは鎌倉幕府に持ち込まれ、二つの皇統が交互に即位することになった**〈1317〉（**両統迭立**）。

一方、鎌倉では1316年（正和5）に最後の得宗である北条高時が執権に就任した。高時自身は病弱で、実権は内管領の長崎高資が握っていたため、御家人の不満が高まっていた。

2度のクーデター計画は失敗

1318年（文保2）に即位した後醍醐天皇（大覚寺統）は、父の後宇多上皇の隠遁に伴って親政を始め、天皇の権力強化に努めた。平安時代に醍醐・村上天皇が親政を行った「延喜・天暦の治」を理想とし、「後醍醐」のおくり名も生前に決めている。

皇位継承は天皇の意思によるべきだと考える後醍醐は、両統迭立を支持する鎌倉幕府を敵視するようになる。しかし、倒幕の計画が漏れたため失敗し、側近らが処罰された（正中の変〈1324〉）。続く計画も発覚し、後醍醐天皇は捕らえられ、隠岐に流された（元弘の変〈1331〜33〉）。代わって皇位に就いたのは持明院統の光厳天皇である。

時代のギモン

北条高時は本当に暗愚だったのか?

鎌倉幕府の最後の得宗である北条高時。軍記物語『太平記』に描かれる「政務を顧みず田楽や闘犬にふけった」暗君として有名だ。歴史物語『増鏡』にも、執権退任後の描写として「田楽・闘犬などを愛した」とある。

もっとも、『太平記』の記述は、幕府を滅ぼした側を正当化するための誇張があると考えられる。高時の父である貞時は、晩年に酒浸りになり、長崎高資ら側近が実権を握った。高時が家督を継いだ時には、すでに得宗の地位は名目的であった。幕府衰亡の責任を、彼一人に負わせるのは酷だろう。

登場人物

- 北条高時
- 長崎高資
- 後醍醐天皇 ☞P24

人物解説

長崎高資〔?〜1333〕 鎌倉幕府で権力を握り、内管領に就任。私欲のままに権威を振るい、政治を腐敗させた。やがて全国で倒幕の機運が高まり、1333年に自害に追い込まれた。

皇位をめぐって分裂した天皇家

皇位継承をめぐって天皇家は持明院統と大覚寺統に分裂。争いを抑えるため、両統が交互に皇位に就くことがルール化された。

後醍醐天皇
(1288〜1339)

96代天皇。能力重視の人材抜擢や、流通円滑化のための関所廃止など、斬新な政治を行う。自らの退位が近づくと、倒幕を計画した。

清浄光寺（遊行寺）蔵

吉野神宮 奈良県吉野町

後醍醐天皇を祀る神宮。明治天皇の勅令により創建された。

1333年

鎌倉幕府の滅亡

鎌倉幕府があっけなく崩壊してしまった理由とは？

新興の武士が倒幕の導火線に

後醍醐天皇の倒幕計画は失敗したものの、鎌倉幕府が滅びるきっかけとなった。末期の鎌倉幕府は、永仁の徳政令など御家人の利益を守る政策に終始し、非御家人の信頼を失っていたのである。

吉野に潜伏した後醍醐天皇の皇子護良親王の呼びかけで、各地の武士が反幕府の兵を挙げる。 河内（大阪府）の悪党・楠木正成は赤坂城で挙兵し〈1331〉、幕府の大軍を翻弄した。播磨（兵庫県）でも悪党の赤松円心（則村）が挙兵する〈1333〉など、反幕府の動きは西国全体に広がる。後醍醐天皇自身も隠岐を脱出し、伯耆（鳥取県）の武将・名和長年に迎えられた。

足利高氏の裏切りで幕府は崩壊へ

こうした状況を受けて、鎌倉幕府は足利高氏を赤松円心討伐に派遣した。ところが、その高氏が畿内で幕府に反旗を翻すのである。

名門の足利氏が裏切ったことで、**不満を持っていた御家人たちが雪崩をうって反幕府軍に加わった。高氏は京都の六波羅探題を滅ぼし、上野（群馬県）で挙兵した新田義貞は鎌倉を攻略。** 北条高時らは自刃し、鎌倉幕府は崩壊した〈1333〉。

鎌倉攻略を指揮したのは新田義貞だが、多くの武士は高氏の幼い嫡子・千寿王（義詮）に従っていた。鎌倉幕府滅亡の立役者は、あくまで足利高氏だったのである。

時代のギモン

鎌倉幕府でも足利氏はエラかった？

鎌倉幕府の滅亡を決定付けた足利高氏の離反。足利氏はどれほど重要な地位を占めていたのだろうか。足利氏の祖は、平安末期の武将・源義康で、清和源氏の一門である。その子の義兼以来、足利氏の当主は北条得宗家の娘を正室に迎えるのが通例となった。北条氏の娘を母に持たないのは尊氏の祖父・家時だけで、彼は政争の中で微妙な立場に立たされ自害している。与えられる官位から見ても、足利氏は御家人衆の中で北条氏に匹敵する地位を持っていた。そのため、信頼を失った北条氏に代わる役目を期待されたのである。

登場人物

- 後醍醐天皇 ☞P24
- 護良親王
- 楠木正成
- 足利高氏（尊氏） ☞P
- 新田義貞

人物解説

赤松円心（則村）〔1277～1350〕　もとは播磨国の有力武士。後醍醐天皇に呼応し挙兵した。倒幕後、足利尊氏が新政権に反旗を翻すと尊氏方に付き、室町幕府の重鎮となった。

後醍醐の決起から鎌倉幕府滅亡へ

後醍醐天皇らの倒幕の動きに呼応して、各地の武士が反幕府の兵を挙げる。幕府軍の足利高氏が倒幕側に付くと、一気に幕府の力は衰え滅亡に追い込まれる。

腹切りやぐら

東勝寺跡／神奈川県鎌倉市

倒幕軍に追い詰められた北条高時は東勝寺に逃げ込み、自害したと伝わる。東勝寺跡のやぐらは「腹切りやぐら」とも呼ばれる。

新田義貞（？～1338）

鎌倉幕府の御家人だったが、後醍醐天皇に味方し、幕府を滅ぼした。鎌倉攻めの際、義貞が海に黄金の太刀を投げ入れて龍神に祈願すると、潮が引き、稲村ヶ崎を突破できたという伝説が残っている。

東京都立中央図書館特別文庫室蔵

特別テーマ

Features【悪党】

千早城の戦い　『太平記絵巻』埼玉県立歴史と民俗の博物館蔵

悪党の代名詞・楠木正成が、倒幕のために戦った「千早城の戦い」。正成軍は甲冑などを着けず、石や丸太を投げ落とすという型破りな戦法で幕府軍を困らせた。

鎌倉幕府の滅亡に大きな影響を及ぼした「悪党」とはどんな存在だったのか？

時代の変動とともに登場した

鎌倉時代の末期、「悪党」と呼ばれる人々が登場した。盗賊のような悪人という意味ではなく、**朝廷や幕府による既存の秩序に対抗したことから「悪党」の呼び名**がある。

悪党が登場した背景はいくつかある。一つは荘園支配制度の変容だ。荘園の持ち主は公家・寺社など（荘園領主）だが、現地での雑務は荘官が行い、在地の有力者となる。

領主が荘園の統制を強めようとすると、荘官は既得権を守るため、納入拒否などの抵抗を始める。このように、荘園領主たちに実力で反抗した者が「悪党」とされた。

悪党の登場は、経済の変化という視点からも説明できる。鎌倉時代には宋銭が大陸から流入し、貨幣経済や全国的な物の流通が発達した。

すると、**農村の剰余生産物を売ったり、流通や金融に携わったりして富を蓄える新興武士層も登場**する。例えば、後醍醐天皇を隠岐から脱出させた名和長年は、海運業で蓄財した新興勢力だったといわれている。

彼らは荘園や公領といった枠に収まらず、活動範囲も広かった。彼らは幕府や朝廷の命令には容易に従わず、「悪党」と呼ばれた。

楠木正成の強さの秘密とは

また、歴史学者の網野善彦（あみのよしひこ）氏は、「ケガレ」という視点から悪党という用語を説明している。

網野氏によれば、古来日本人は畏（おそ）れ多いものを「ケガレ」と呼んで忌避した。ケガレには死や病の他、商業や金融、家畜なども含まれる。14世紀頃から、畏怖は蔑視に変化し、皮革業者などへの差別を生み出していく。商業や流通・金融業者は、まさにケガレ（悪）を持つ「悪党」とされたというのだ。

いずれにせよ、悪党とは大きな時代の変化によって生まれた、多様な側面を持つ存在だったのである。

さて、**この時代の悪党としては、やはり楠木正成が最も有名だろう。最後まで後醍醐天皇への忠義を貫いたことから、明治時代以降には「大楠公（だいなんこう）」として称えられた。**大戦期には天皇制ファシズムを支える役目を背負わされた側面もある。

比類ない忠臣だった正成の評価は、戦後に「河内国の悪党」へと一転した。しかし、史料が乏しいため彼の実像については諸説ある。

例えば、楠木氏は鉱産資源の採掘で富をなしたという説がある。楠木氏の本拠地「赤坂」は、朱色の原料である辰砂（しんしゃ）（水銀）の産地であることが地名の由来とも伝わる。また交通の要衝地を支配して商業に深く関わっており、いち早く情報を得て機動的な戦い方ができたともいう。

正成の出自が何だったにせよ、**新しい価値観を持つ「悪党」ゆえに、旧来の武士にはない発想で戦うことができたのは確か**だろう。

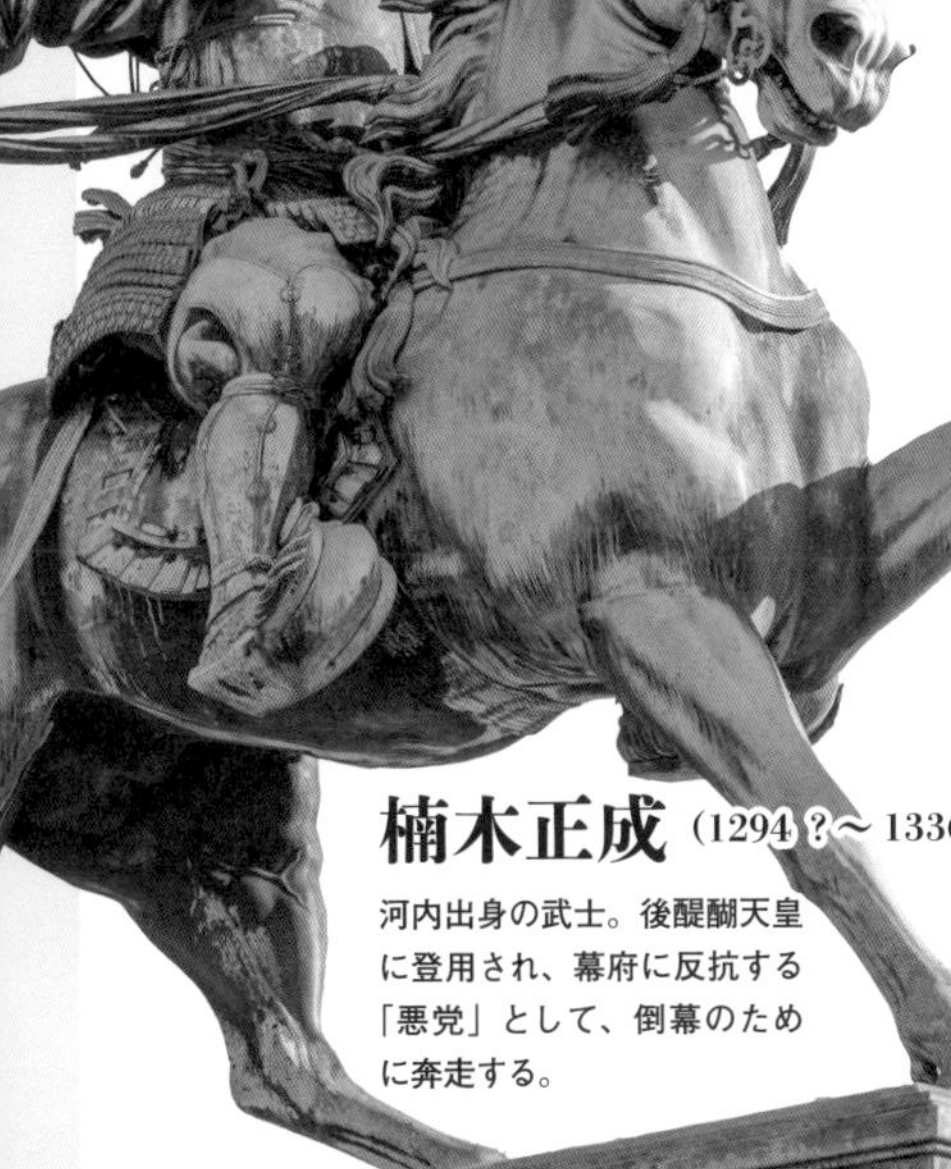

楠木正成（1294？～1336）

河内出身の武士。後醍醐天皇に登用され、幕府に反抗する「悪党」として、倒幕のために奔走する。

皇居外苑／東京都千代田区

1336年

建武の新政の崩壊

後醍醐天皇の建武の新政がわずか2年で崩壊した理由とは？

復古主義が武士の不満を招く

1331（元弘1／元徳3）年、元弘の変の失敗で後醍醐天皇（大覚寺統）が配流されると、鎌倉幕府は光厳（こうごん）天皇（持明院統）を擁立した。その後、後醍醐が隠岐を脱出して復位し、光厳天皇の即位は無効となった。

鎌倉幕府を滅ぼした年（1333）、後醍醐天皇は摂関を置かない天皇親政を開始する（建武（けんむ）の新政）。平安前期の「延喜・天暦の治」を理想とする保守的・復古的な政策だった。

しかし、**天皇に決裁権を集中しすぎたため、かえって政務の停滞を招く。とりわけ恩賞や本領安堵など、所領にまつわる混乱は武士たちの不満を引き起こした。**

建武政権に反旗を翻す尊氏

倒幕に功績を挙げた足利高氏は、後醍醐天皇の諱（いみな）（尊治）から一字を拝領し「尊氏」に改めた。不満を持った武士たちの期待は、この尊氏に集まることになった。

1335（建武2）年、北条高時の遺児・時行が挙兵し、鎌倉を守っていた足利直義（尊氏の弟）を敗走させる中先代の乱が起きた。尊氏は京都を発して東国に向かい、乱を鎮圧した。

鎌倉に入った尊氏は、自らの裁量で恩賞を給付するなど、独自の動きを始める。天皇から独立した東国武家政権樹立の動きは、直義の構想だったようだ。後醍醐天皇は尊氏を朝敵とみなし、追討を命じる。

時代のギモン

建武の新政を批判した「二条河原（にじょうがわら）の落書（らくしょ）」

1334年、京都の二条河原に落書が掲げられた。落書とは、人目につくところに掲示される、世相などを風刺した匿名の文書のことだ。「この頃都に流行るもの　夜討ち・強盗・偽綸旨（にせりんじ）…」で始まるこの落書は、建武の新政による社会の混乱を風刺したものとして名高い。落書からは、政務が混乱し、京都の治安も悪化したことが読み取れる。武士をはじめとする成り上がり者に対する揶揄も辛らつだ。既存の秩序が変わり、新興勢力が流入し始めた都の様子がわかる史料といえる。新政権を皮肉たっぷりに批判したこの落書は、人々の共感を生んだに違いない。

登場人物

- 後醍醐天皇 ☞P24
- 足利尊氏 ☞P26
- 北条時行
- 足利直義

人物解説

北条時行〔?～1353〕　北条高時の次男で、幕府滅亡後は信濃へ逃げ延びた。1335年に中先代の乱を起こすが、足利尊氏に敗れ敗走。その後も鎌倉奪還のために戦った。

わずか2年で崩壊した建武の新政

鎌倉幕府の滅亡後、後醍醐天皇は天皇中心の建武の新政を始める。しかし貴族による支配や恩賞の不公平が原因で、武士の不満が高まり崩壊を迎える。

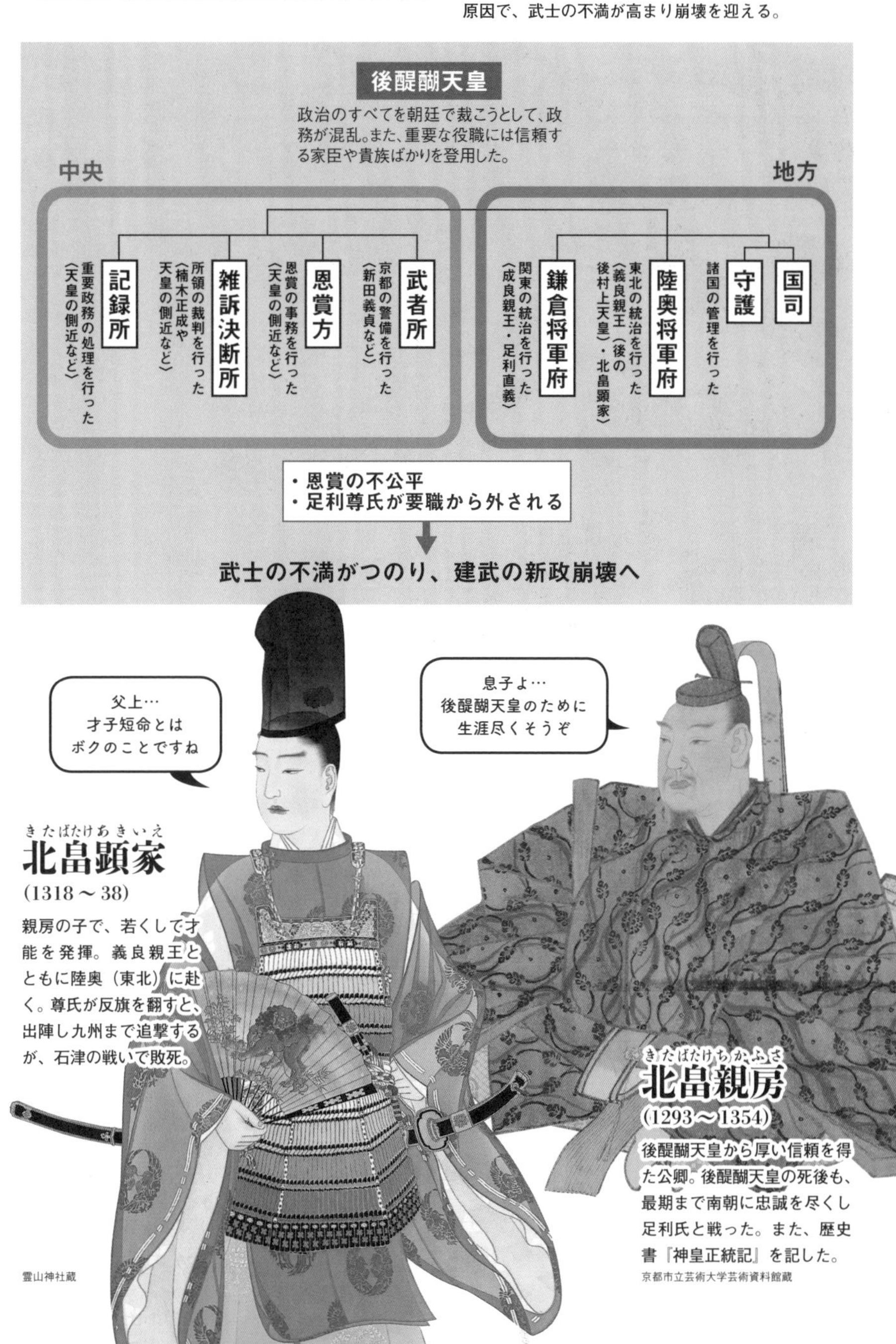

北畠顕家（きたばたけあきいえ）
(1318～38)

親房の子で、若くして才能を発揮。義良親王とともに陸奥（東北）に赴く。尊氏が反旗を翻すと、出陣し九州まで追撃するが、石津の戦いで敗死。

霊山神社蔵

北畠親房（きたばたけちかふさ）
(1293～1354)

後醍醐天皇から厚い信頼を得た公卿。後醍醐天皇の死後も、最期まで南朝に忠誠を尽くし足利氏と戦った。また、歴史書『神皇正統記』を記した。

京都市立芸術大学芸術資料館蔵

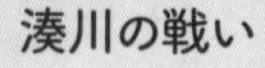

湊川の戦い

九州に逃げた尊氏は味方を集め再び後醍醐天皇方と激突する

1336年、足利尊氏軍と後醍醐天皇方の新田義貞・楠木正成軍が湊川（現在の兵庫県神戸市）で激突。尊氏軍が勝利し、正成は自害、義貞は敗走した。

楠木正成
戦いに敗れ、鎧を脱いで自刃する間際の楠木正成

窮地の尊氏を助けたものとは

朝敵となった足利尊氏だったが、当初は後醍醐天皇と戦うことを躊躇していた。しかし、新田義貞の追討軍が鎌倉に迫ると重い腰を上げる。尊氏は箱根・竹ノ下の戦いで義貞を破り、京都へと進軍した。

尊氏は1336年（延元1／建武3）に入京し、後醍醐天皇は比叡山（ひえいざん）に逃れる。しかし、**奥州にいた北畠顕家が駆けつけ、義貞や楠木正成と合流すると形勢は逆転した。京都周辺での数度の戦いに敗れた尊氏は、九州に敗走した。**

九州に向かう途上、尊氏は後醍醐に廃されていた光厳上皇から院宣を受けている。これは、尊氏が朝敵の汚名を免れるためであった。

登場人物

- 後醍醐天皇 ☞P24
- 足利尊氏 ☞P26
- 北畠顕家
- 新田義貞
- 楠木正成

用語解説

吉野　現在の奈良県南部一帯。山々に囲まれた天然の要害のため、後醍醐天皇をはじめ、天武天皇や源義経など、中央から逃れた者が再起を図るのに度々利用された。

尊氏が正成・義貞軍を破った湊川の戦い

「湊川合戦図屏風」個人蔵／和歌山県立博物館提供

名将・楠木正成の最期

九州に入った尊氏は、天皇方の菊池武敏を多々良浜の戦いで撃破。島津氏・大友氏といった九州の有力豪族を味方に付けた。

足場を固めた尊氏は東上し、京都を目指す。天皇方の楠木正成は、尊氏をいったん京都に引き入れて反撃する策を献じたが、公家たちに退けられたという『太平記』の逸話は有名だ。**息子に「帝のために、命を尽くし必ず朝敵を倒せ」と告げた正成は、新田義貞とともに摂津湊川で尊氏・直義を迎撃。しかし勢いに乗った尊氏らに圧倒され、正成は力尽きて自刃。義貞は敗走した。**

尊氏の入京を前に、後醍醐天皇は「三種の神器」を持ち出して再び比叡山に逃れた。ここに、建武の新政は2年余で崩壊したのである。

1336年

南北朝の動乱

足利尊氏が室町幕府を開き後醍醐は吉野で朝廷を開く

京都と吉野に天皇が並立

京都に入った足利尊氏は、光厳上皇の弟光明天皇（持明院統）を即位させる。後醍醐が皇位の証である三種の神器を比叡山に持ち出したため、神器なしでの即位となった。

後醍醐方も比叡山で抵抗するが、尊氏の説得によって和睦し、神器を引き渡した。**1336年（延元1／建武3）11月、尊氏は「室町幕府の基本法」とも呼ばれる『建武式目』を制定し、施政方針を定めた。**これをもって室町幕府の成立とする研究者も多い。

ところが、同年12月に**後醍醐が神器を持って吉野（奈良県）へ出奔。正統な皇位は自身にあると宣言**し、約60年に及ぶ南北朝の分裂が始まった。

劣勢の南朝を救った出来事とは

後醍醐天皇は、皇子や有力武将を各地に派遣して北朝に対抗させる。しかし、1338年（延元3／暦応1）には北畠顕家と新田義貞が戦死し、南朝の戦況は苦しくなっていった。

翌年には**後醍醐天皇が崩御。北畠顕家の父・親房も、関東の拠点を失って吉野に戻った。北朝（幕府）の優位は決定的**と思われた。

ところが、やがて幕府内で内紛が始まり、南朝の命脈を保つことになる。1348年（正平3／貞和4）、足利尊氏の重臣高師直・師泰兄弟が、楠木正成の遺児・正行を四条畷の戦いで敗死させた。**権勢が高まった高一族は、その後観応の擾乱を引き起こす**ことになる。

時代のギモン

なぜ、尊氏は室町幕府を京都で開いた?

足利尊氏が幕府を開く時、本拠を京都に置くか鎌倉に置くかの対立があった。幕府の方針を示した『建武式目』では、鎌倉に本拠を置く利点を述べつつも、京都移転もやむなし、という結論になっており、両者のせめぎ合いが読み取れる。

尊氏の弟・直義は、前代に引き続き、武士にとってなじみの深い鎌倉に置く構想だった。一方、尊氏は文化的・経済的にも進んだ京都を本拠地にすることを望んだ。朝廷と鎌倉幕府という「二つの王権」を発展させ、京都を中心とした「一つの王権」を目指したといえるだろう。

登場人物

- 足利尊氏 ☞P26
- 光明天皇
- 後醍醐天皇 ☞P24
- 北畠親房
- 高師直

南北朝の動乱　後醍醐は幕府との和睦の際に渡した三種の神器は偽物と主張。本物を持って吉野へ逃げ南朝を開くと、各地に皇子や家臣を派遣し、北朝（幕府）と交戦した。

足利尊氏と後醍醐天皇の戦い

挙兵した尊氏は、1度は九州へ敗走するが、再び出陣して勝利をおさめ室町幕府を開く。しかし後醍醐が吉野へ逃れて皇位を主張したため、朝廷は南北朝に分裂した。

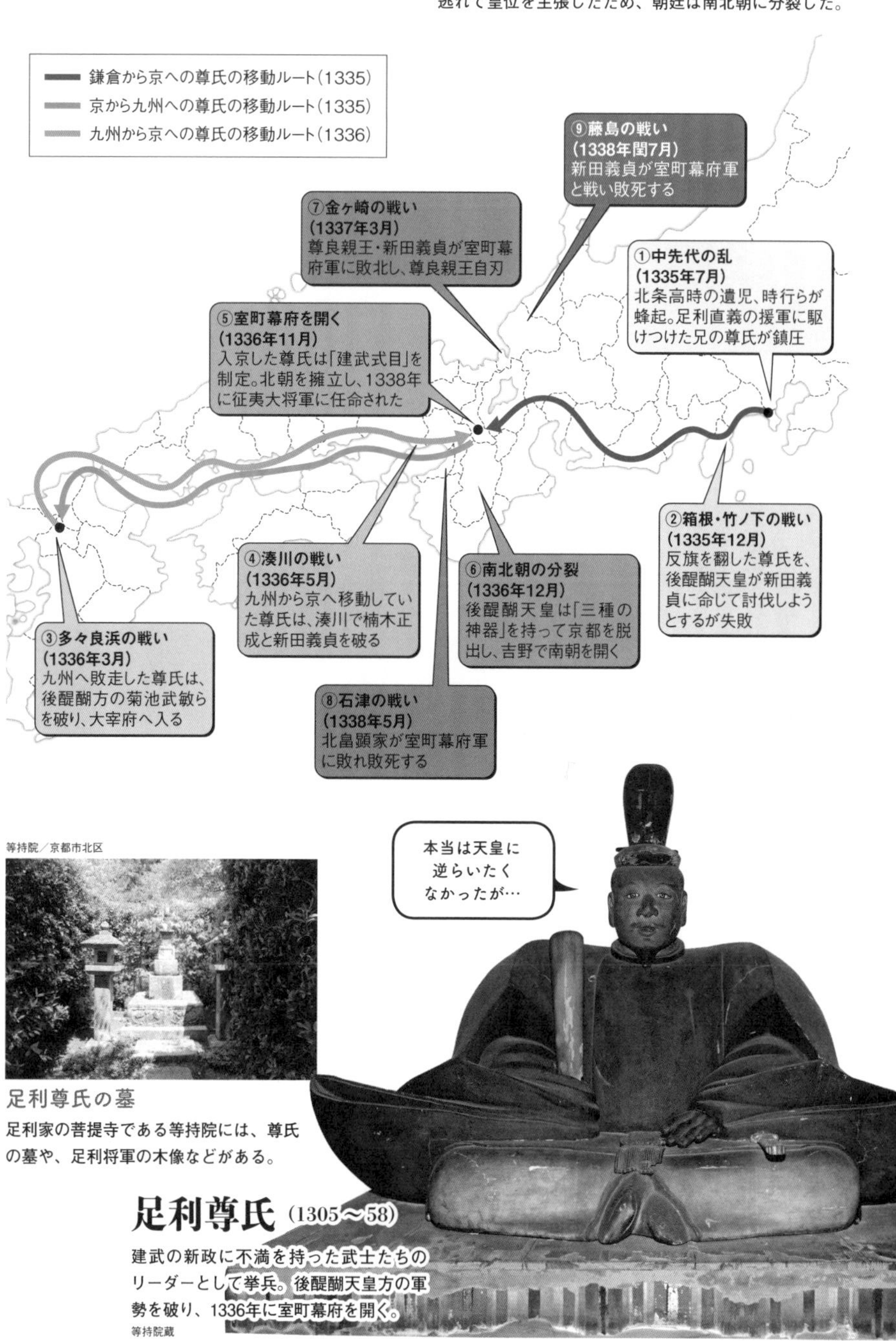

足利尊氏の墓

足利家の菩提寺である等持院には、尊氏の墓や、足利将軍の木像などがある。

足利尊氏 (1305〜58)

建武の新政に不満を持った武士たちのリーダーとして挙兵。後醍醐天皇方の軍勢を破り、1336年に室町幕府を開く。

等持院蔵

なぜ尊氏と直義は対立し観応の擾乱が起こったのか？

急進派の師直が対立の呼び水に

初期の室町幕府は、おおざっぱに言うと足利尊氏が軍事担当、弟の直義が行政・司法担当という二頭体制だった。**この体制の齟齬は、尊氏の執事**（**側近**）**である高師直と直義の対立という形で現れた。**

師直は優れた武将だったが、畿内の悪党を傘下にして勢力を広げており、貴族・寺社による荘園制と鋭く対立していた。そのため、荘園領主と妥協的な直義との間に幕政の主導権争いが起きたのである。

1348年（正平3／貞和4）、高師直は四条畷の戦いで南朝の楠木正行を破り、権勢を拡大。これが両派の対立を先鋭化させ、観応の擾乱が始まった。

幕府の内紛に関与する南朝

まず、直義派の工作で師直が執事を解任される。師直は反撃のクーデターを起こし、直義を失脚させた〈1349〉。しかし、直義は京都を脱出して南朝と講和する。態勢を整えた直義は、尊氏・師直の軍を撃破。師直の一族は殺された〈1351〉（擾乱第1幕）。

しかし、今度は尊氏の嫡子・義詮と直義の対立が発生する。**尊氏・義詮派は直義派に対抗するため南朝と和睦し、一時的に南北朝が合一された**（**正平一統**）。**敗北した直義は幽閉されたのち、急死した**〈1352〉（**擾乱第2幕**）。

幕府の内紛が続く一方、南朝はこれに助けられて生き残り、全国的な内乱を長引かせたのである。

時代のギモン

直義は本当に毒殺されたのか?

最後は鎌倉に拠って抵抗した直義だったが、1352年に尊氏に降伏する。直義は幽閉されるが、直後に47歳で急死してしまった。『太平記』には、直義に黄疸が出たこと、「毒殺ではないか」という噂が流れたことが記述されている。

直義の命日は旧暦2月26日であるが、これは直義と対立した高師直が、ちょうど一年前に殺された日付である。この不自然さが毒殺説を支える根拠だ。毒殺に触れた史料は『太平記』しかないため病死説をとる研究者もいるが、毒殺説も根強く支持されている。

登場人物

- 足利尊氏 ☞P26
- 光明天皇
- 後醍醐天皇 ☞P24
- 北畠親房
- 高師直

人物解説

足利義詮［1330～67］　尊氏の三男。直義と高師直の対立が激化すると直義に代わって政務を担った。尊氏死後は後継として征夷大将軍に任命され、室町幕府の2代将軍となった。

史上最大の兄弟喧嘩～観応の擾乱

室町幕府は、尊氏・直義の二頭政治だったが、執事・高師直と直義が対立し、尊氏・直義の兄弟争いに発展した。

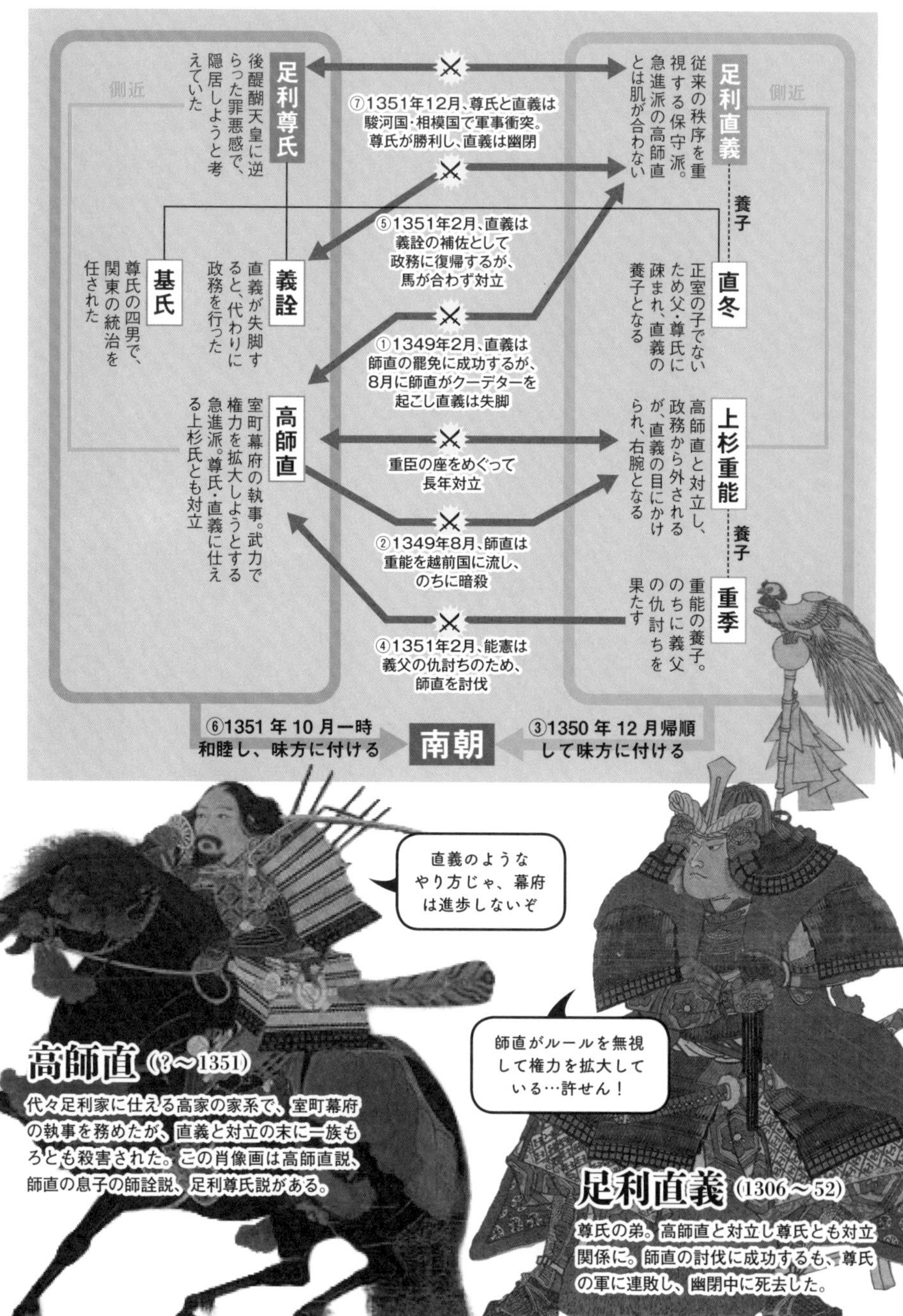

高師直（?～1351）

代々足利家に仕える高家の家系で、室町幕府の執事を務めたが、直義と対立の末に一族もろとも殺害された。この肖像画は高師直説、師直の息子の師詮説、足利尊氏説がある。

京都国立博物館蔵

足利直義（1306～52）

尊氏の弟。高師直と対立し尊氏とも対立関係に。師直の討伐に成功するも、尊氏の軍に連敗し、幽閉中に死去した。

『英勇一百伝』都立中央図書館特別文庫室蔵

1358年

尊氏死去

南北朝対立と幕府の内乱が重なる九州の三つ巴の争いとは？

中央の動向を反映した九州情勢

ここでいったん時代をさかのぼり、九州の動向に触れる。

1336年（延元1／建武3）、**九州から再起を図って東上した足利尊氏は、一色範氏を九州に残して平定を任せた。**これが九州探題の始まりである。

その後南北朝に分裂すると、後醍醐天皇は皇子の**懐良親王を征西将軍に任命し、九州に送る。**彼は肥後（熊本県）の菊池武光らに助けられ、九州に大きな勢力を築いていった。

さらに観応の擾乱が始まると、**足利直義の養子**（**尊氏の実子**）**直冬が、直義方として九州に下る。**九州は、九州探題・征西将軍府・足利直冬という三つ巴の争いとなった。

2代将軍義詮の時代

中央では、観応の擾乱が終結するとともに正平一統も破綻。南朝・北朝による京都の奪い合いが続いた。1358年（正平13／延文3）、足利尊氏は波乱に満ちた54年の生涯を終えた。**2代将軍義詮の時代も幕府内の権力闘争が続く。一方で南朝勢力への討伐が進み、将軍権力も強化された。**南北朝が合一されるのは、義詮の子・義満の代になってからである。

なお、九州では直義の死とともに足利直冬が没落。懐良親王が北朝方を破って大宰府を制圧し、優勢に立った。**幕府は今川貞世**（**了俊**）**を九州探題として派遣し、14世紀末にようやく九州を平定**（1392）した。

時代のギモン

懐良親王は独立国家をつくろうとした？

九州に一大勢力を築いた懐良親王には興味深い業績がある。成立したばかりの明に朝貢し、「日本国王」として冊封（中国の皇帝に使いを送り、王として認められること）されているのである。歴史学者の村井章介氏は、懐良は明から冊封を受けることで、独立国家をつくろうとしたとする説を提唱した。懐良親王を支えた九州在地の武士たちは中央からの自立性が強く、「九州国家」の構想もあったかもしれない。しかし、明が懐良に送った使者が、博多を奪取した今川貞世に捕らえられたため、懐良と明の関係は途絶えてしまった。

登場人物

- 足利尊氏☞P26
- 懐良親王
- 菊池武光
- 足利義詮
- 今川貞世

人物解説

今川貞世（了俊）〔1326～?〕　観応の擾乱で尊氏方に付き、以後幕府に仕える。1371年、九州探題に任命され南朝が優勢だった九州を制圧。その後、応永の乱で幕府に反旗を翻すが敗北し失脚。

九州三つ巴の争い～幕府vs.南朝vs.直義派

九州では室町幕府（北朝）・南朝・足利直冬による三つ巴の争いが繰り広げられる。一時は南朝が優勢となるが、幕府の今川貞世が南朝を制圧。1392年の南北朝の合一を機に、九州は幕府に平定された。

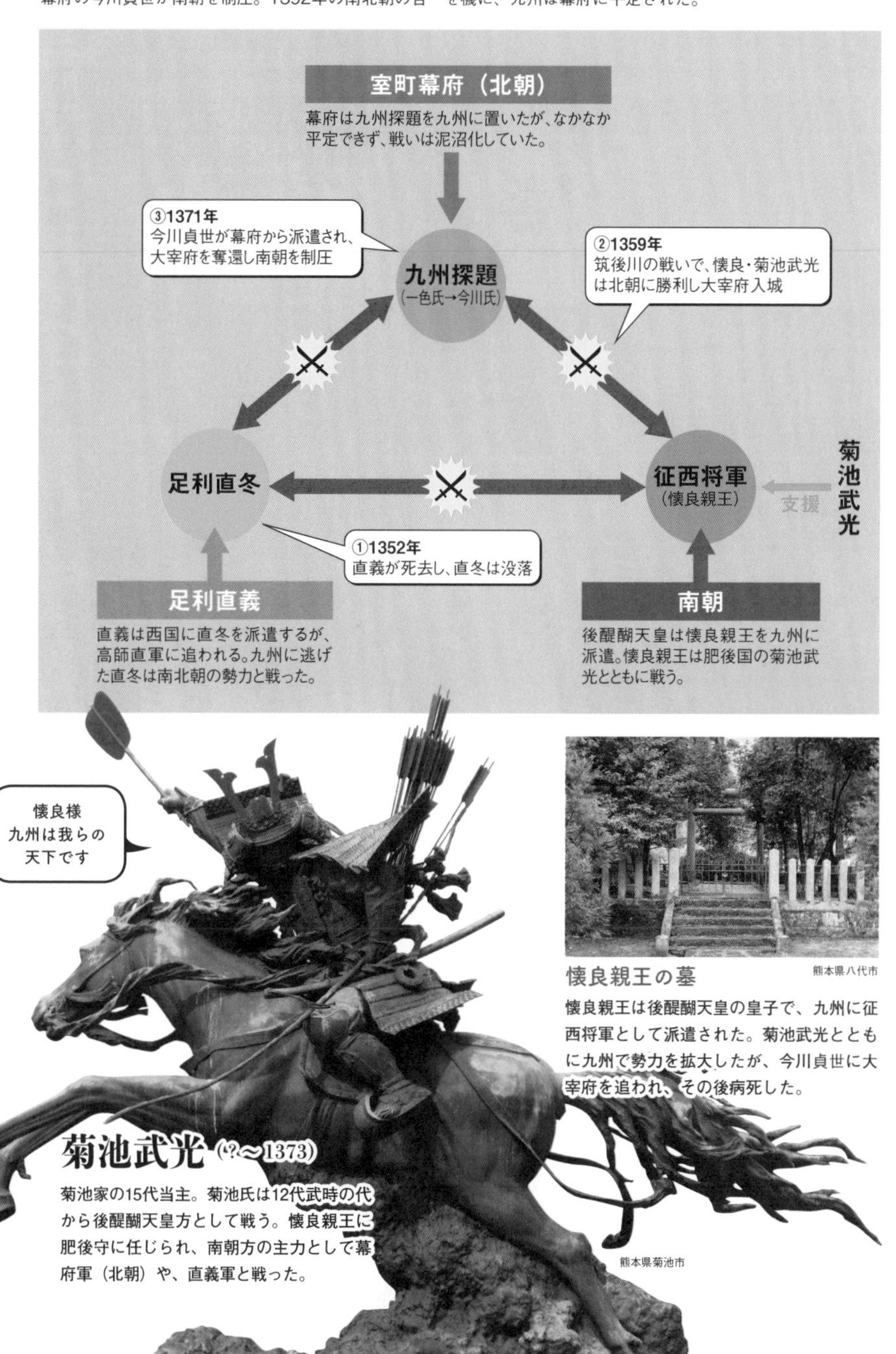

懐良親王の墓　熊本県八代市

懐良親王は後醍醐天皇の皇子で、九州に征西将軍として派遣された。菊池武光とともに九州で勢力を拡大したが、今川貞世に大宰府を追われ、その後病死した。

菊池武光（?～1373）

菊池家の15代当主。菊池氏は12代武時の代から後醍醐天皇方として戦う。懐良親王に肥後守に任じられ、南朝方の主力として幕府軍（北朝）や、直義軍と戦った。

熊本県菊池市

北朝と南朝、正統な天皇はどちらか？ 時代により左右する「南北朝正閏論」

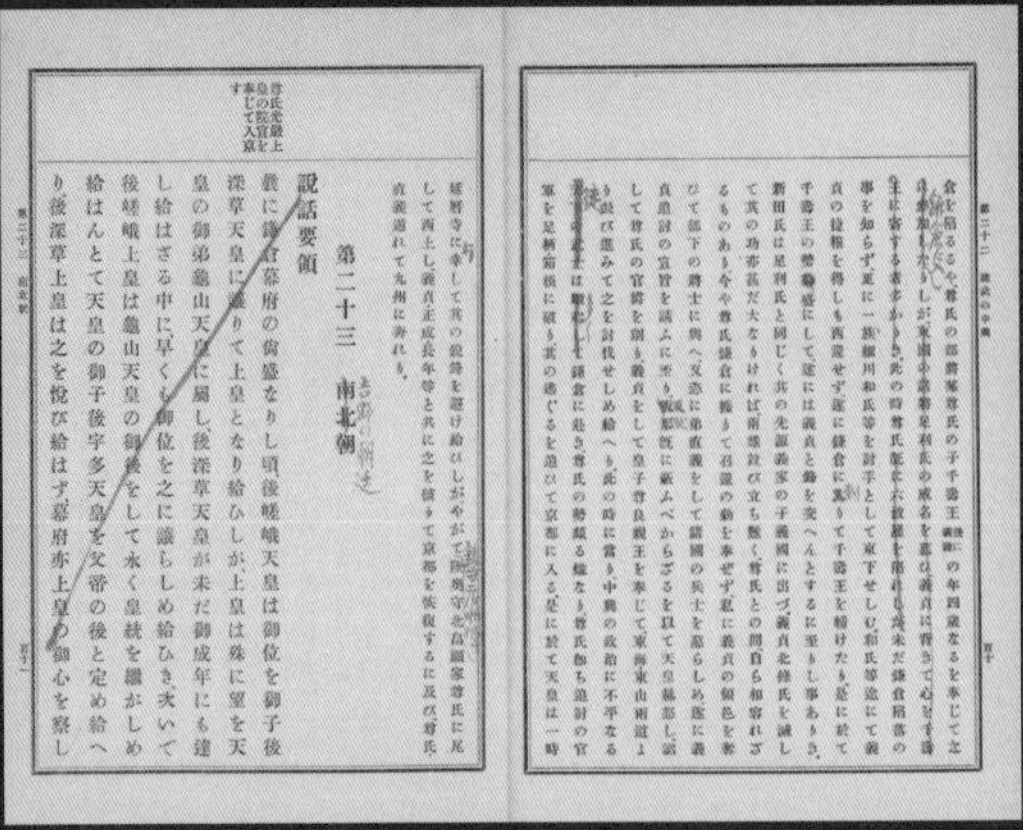

戦前の教師用国定教科書

1910年（明治43）改訂の教師用国定教科書。政府によって南朝が正統とされたため、赤字で尊氏の功績部分が削られ、「南北朝」の表記が「吉野の朝廷」に修正されている。

筑波大学附属図書館蔵

正統性の根拠「三種の神器」

北朝と南朝、どちらを正統な天皇とみなすかについては、「南北朝正閏論」という議論がある。

南朝の重臣である北畠親房は、『神皇正統記』を著し、南朝の正統性を論理的に主張している。とりわけ、皇位の象徴である三種の神器（八咫鏡・草薙剣・八尺瓊勾玉）は、君主に必要な徳を表しているとして、その重要性を強調した。

1336年（延元1／建武3）、後醍醐天皇は足利尊氏と和睦し、三種の神器を引き渡す。その後幽閉されていた花山院から吉野に出奔するが、「和睦の際に引き渡した神器は偽物である」と主張して正統性を示した。通説では、「本物」の神器は南朝が保持し、南北朝合一の際に北朝に引き渡されたことになっている。

もっとも、こうした南朝側の主張を除くと、室町時代以降の共通認識では「北朝が正統」だった。現実に京都にいて朝廷の政務をとっていたのは北朝だからだ。

しかし、江戸時代になると状況が変わる。徳川氏は、系図を操作して南朝の忠臣・新田氏につなげ、源氏一門であると主張した。徳川氏の正統性を儒学的に論じると、南朝正統論に行きつくのである。徳川（水戸）光圀の編纂した『大日本史』、頼山陽の著した『日本外史』などに南朝正統論がみられる。

政治によって歪められた歴史学

明治時代になると実証的な歴史学が登場し、客観的に南北朝いずれの存在も認める「両朝並立説」が学問的に有力となる。最初の国定教科書の記述も、両朝並立説で書かれた。

しかし、天皇制を根幹とするナショナリズムの高まりが歴史学にも影響していく。1910年（明治43）、社会主義者や無政府主義者による明治天皇の暗殺計画があったとする大逆事件が起きた。時の桂太郎内閣の責任問題が浮上し、皇室の歴史をめぐる議論も政治問題となった。

桂内閣は窮地を脱するため、歴史教育に政治介入した。内閣の指示で国定教科書は「南朝正統」に改訂。両朝を並べて記述していた小学校の教科書の執筆者・喜田貞吉（きたさだきち）は休職処分となったのである。それから敗戦まで、歴史教育の場では「楠木正行が忠臣、足利尊氏は逆賊」と教えられた。

1934年（昭和9）には、中島久万吉（なかじまくまきち）商工大臣が、足利尊氏を評価する文章を書いたとして軍部や右翼団体から攻撃され、辞任に追い込まれた。

この事件は、天皇機関説などと並ぶ戦前の学問・思想の排撃運動の一つである。自由主義を委縮させ、戦争に突入していく流れに、南朝正統論も一役買っていたのである。

戦後になると、歴史学は南朝正統論の支配から解放され、足利尊氏の業績の客観的な評価などができるようになった。南北朝をめぐる議論は、時代の潮流に大きく左右されてきたといえる。

奈良県吉野町

吉野朝宮跡（南朝妙法殿）
後醍醐天皇が吉野に逃れた際に皇居となった場所。

天皇を自称した熊沢寛道氏
戦後の一時期、自らを天皇の後継と名乗る「自称天皇」が各地に出現。熊沢氏はその代表的な人物だ。

特別テーマ

Features

【合戦と戦い方】

源平の争乱と南北朝の動乱では戦い方はいかに変化したのか？

平安時代と南北朝期の戦い方の違い

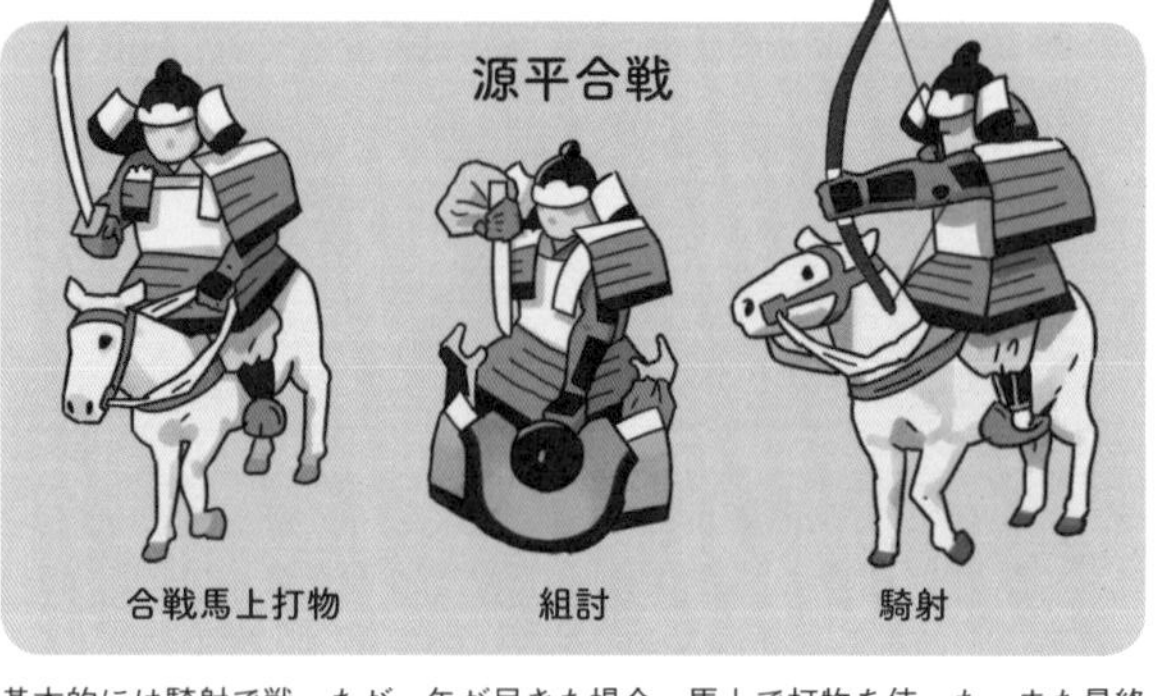

基本的には騎射で戦ったが、矢が尽きた場合、馬上で打物を使った。また最終的に馬から下り太刀・腰刀で首を取り合うこともあった。

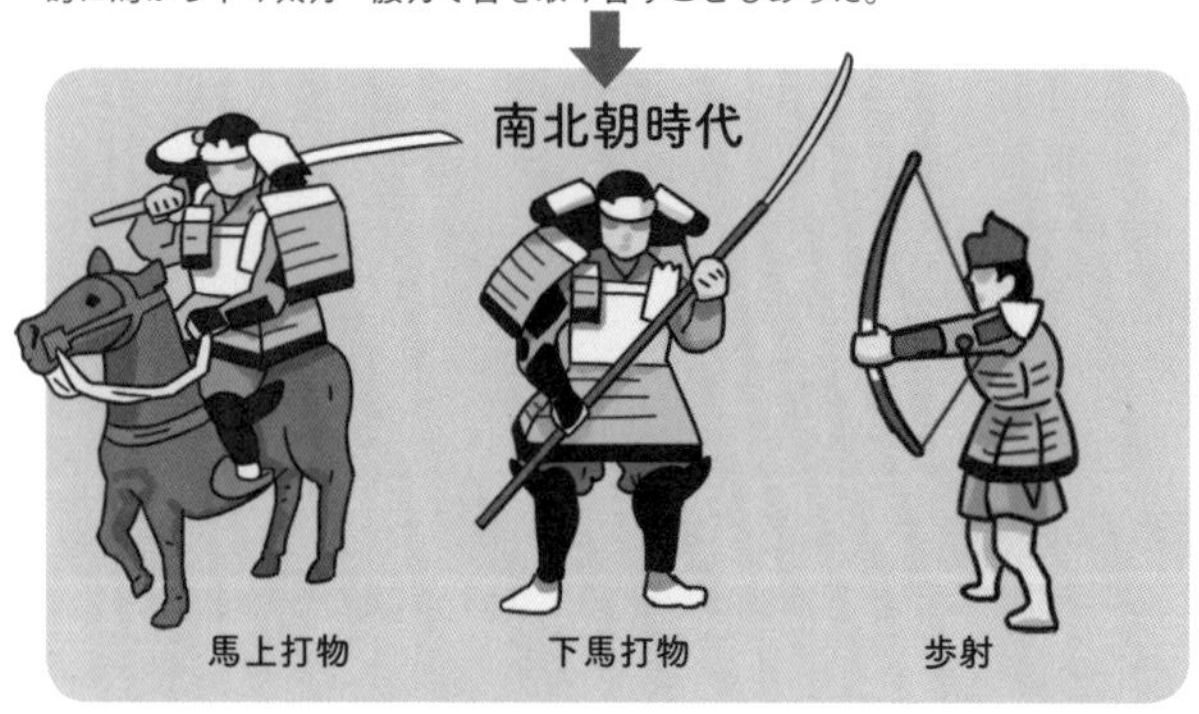

騎射が苦手な兵士は、馬上で打物を使うか、歩兵として弓か打物を使って戦った。歩兵は戦場において欠かせない存在となった。

多種多様な戦闘集団に変化

平安時代は馬上で弓を使う「騎射（きしゃ）」が一般的な戦い方だった。高度な技術が必要な「騎射」は源氏・平氏などのプロ集団によって行われた。

しかし鎌倉末期以降、大規模な戦が増えると、寺侍や下級武士が参戦。**「騎射」の技術がない彼らは、弓の代わりに長柄の棒や長刀などの打物（うちもの）という武器を使う「馬上打物（ばじょううちもの）」で戦った。また、歩兵が弓で戦う「歩射（ぶしゃ）」や打物で戦う「下馬打物（げばうちもの）」が登場**し、戦において要となった。こうして戦闘は様々な兵種が集まった集団の戦いへと変化していった。

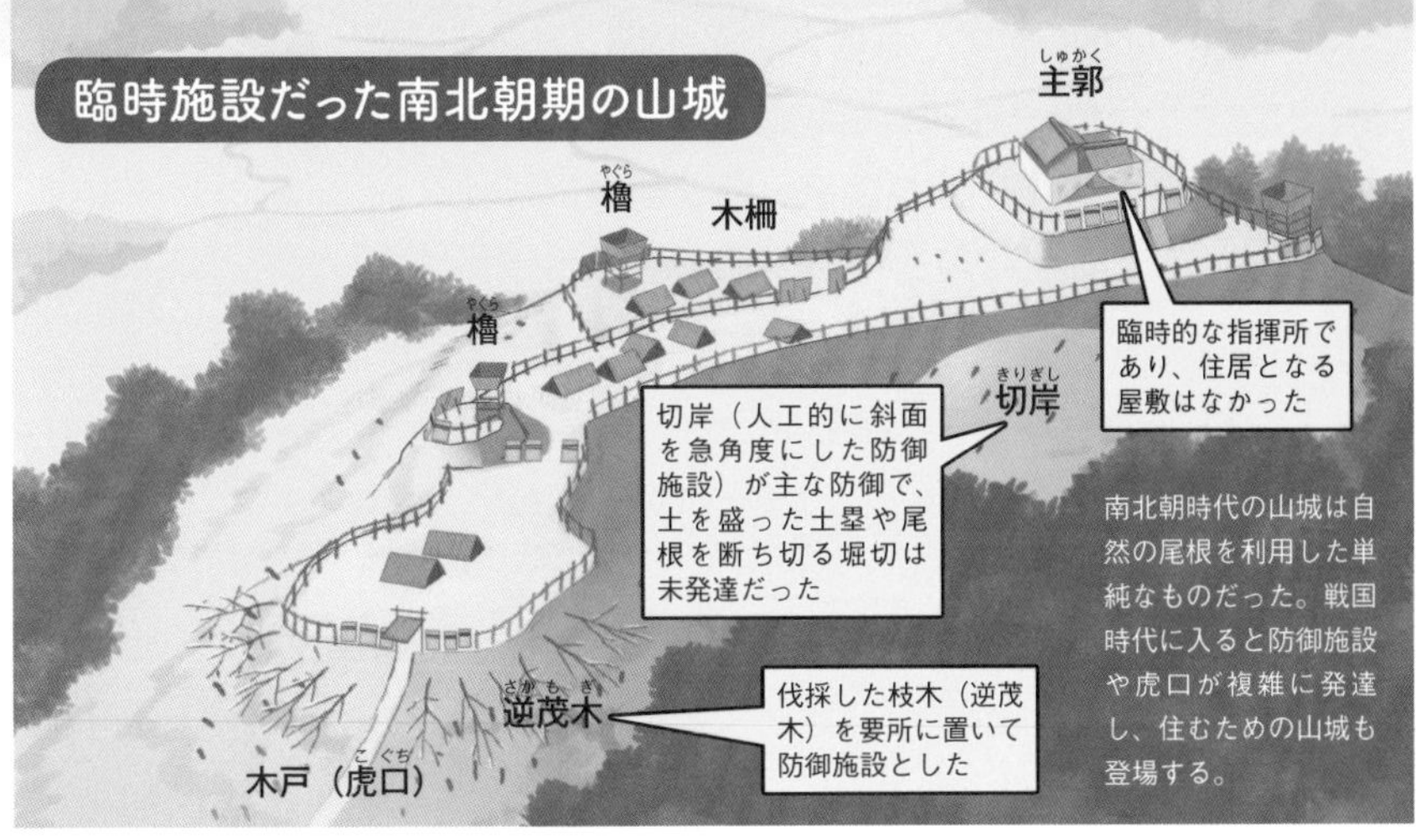

南北朝時代の山城は自然の尾根を利用した単純なものだった。戦国時代に入ると防御施設や虎口が複雑に発達し、住むための山城も登場する。

城をめぐる戦いで歩兵が活躍

兵種や戦闘方法が変化した理由の一つに、山城の登場がある。城を落とすため、**複雑な地形での奇襲戦やゲリラ戦が得意な歩兵が活躍**したのだ。また、**弓の改良が進み、遠くの敵を射ることが可能になった。**より正確に敵を射るには馬上よりも歩兵の方が好都合だったのだ。

また、鎧も変化を遂げた。歩兵による弓矢の上方からの大量の打ち込みに対応し、頭から肩を守る「笠錣」の付いた兜が使用された。また徒歩戦闘に対応し、動きやすく軽量なつくりとなった。さらに「馬上打物」に対応し、胸部を守るために脇板が付いた。**様々な戦闘に対応できるように鎧も汎用化**したのだ。

南北朝時代の大鎧

大鎧は平安中期～南北朝時代に使用された甲冑。南北朝時代、戦闘方法が多様になったことに伴い、大鎧も様々な状況に対応できるものに改良された。

イラスト（見開きすべて）＝ウエイド

北畠親房／南北朝時代成立

神皇正統記

南朝の正統性と君主のあるべき姿を説く

功もなく徳もなきぬす人世に
おごりて、四とせ餘がほど宸襟を
なやませ、御世をすぐさせ
給ぬれば、御怨念の末むなしく
侍りなんや。

（後醍醐天皇が崩御した場面）

〔現代語訳〕

功なく徳もない盗人（足利尊氏）が世にはばかって四年余の間、天皇は御心を悩まし続けられ、治世をお過ごしになった。天皇の（国賊に抱かれた）ご無念がそのままなくなってしまうことがあるだろうか（いや、必ずや国賊を滅ぼすだろう）。

『神皇正統記』岩佐正校注（岩波文庫）、
「現代語訳 神皇正統記」今谷明（新人物文庫）を参照

『神皇正統記（じんのうしょうとうき）』の著者である公家の北畠親房は、南朝の代表的な忠臣の一人である。息子の顕家も優れた武将として知られている。

顕家が戦死した1338年、親房は南朝の劣勢を挽回するために東国に向かうが、嵐にあって常陸国（ひたちのくに）に漂着。常陸国の豪族・小田（おだ）氏の保護を受けながら、白河結城（しらかわゆうき）氏など東国の武士を味方に付けようとした。

劣勢の南朝に比べ、北朝の天皇は現実に京都を抑えて政務をとっている。武士の論理としては勝ちそうな側に味方するのは当然である。どうして南朝の天皇のために戦わなければならないのか、親房は論理によって説得を試みたのだ。

日本神話からの歴史を叙述して南朝の正統性を訴えた『神皇正統記』は、こうした切実な理由と密接に関わっている。親房が小田城にいた頃に書かれた書物だ。

『神皇正統記』は、「或童蒙（あるどうもう）」に示すために書かれたとしている。「童蒙」とは南朝の幼君・後村上天皇であるとも、広く関東の武士であるとも解釈されている。

親房は、「徳のある者こそ天皇にふさわしい」という帝徳論に立ち、三種の神器は帝王の徳の象徴であると主張する。そして、その神器を持つ南朝の天皇こそが正統であるとした。

しかし、「武士たちは正統な天皇のために戦うべきだ」という親房の訴えは、ついに関東武士を動かすことはなかった。1343年（興国4／康永2）、関東における南朝の拠点は失われ、親房は吉野に逃れた。武士を動かすには、親房の語るような観念ではなく、実利が必要だったのである。

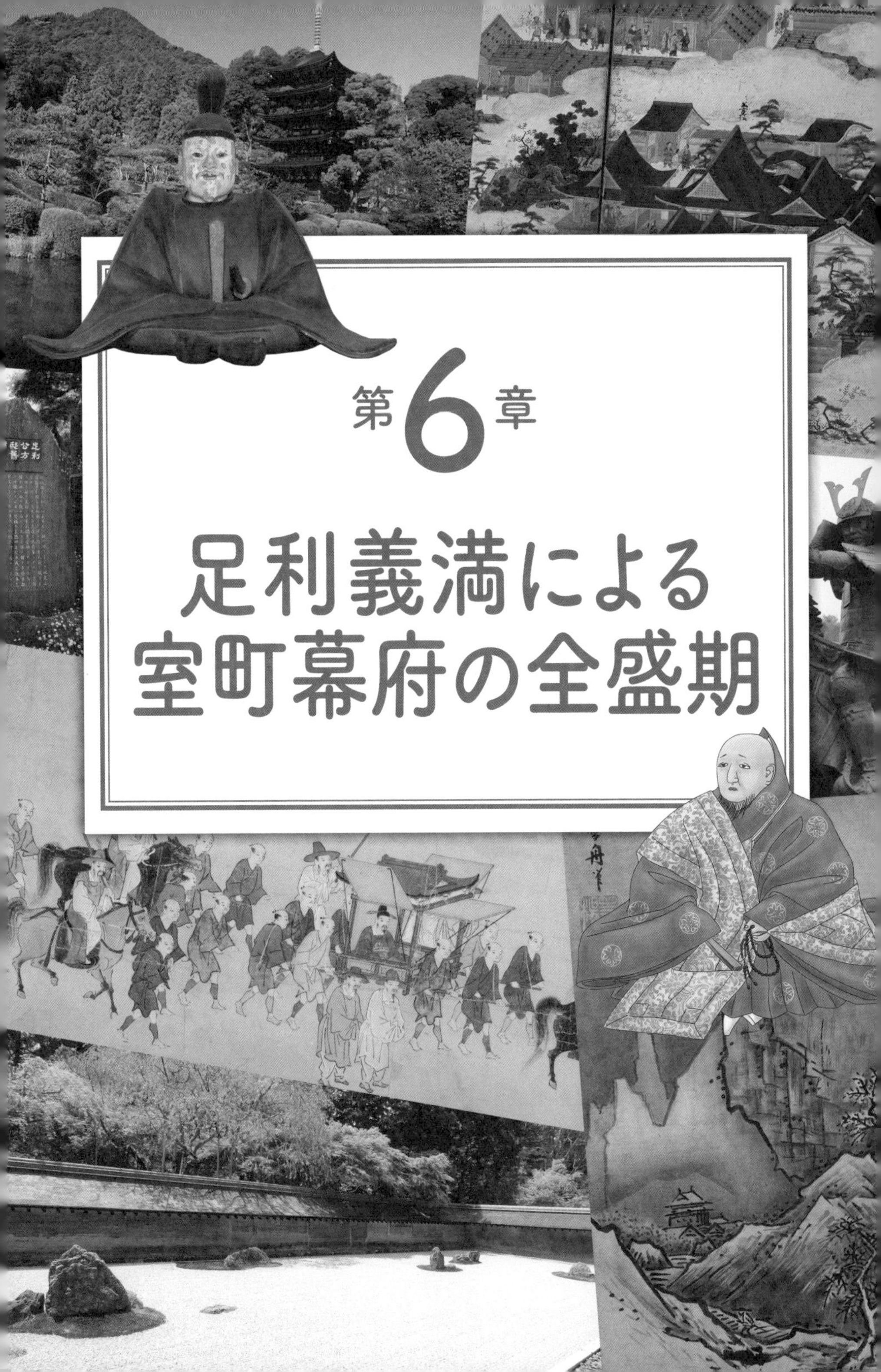

第6章 足利義満による室町幕府の全盛期

時代の流れ

南北朝の分裂が続く中、3代将軍に就任した足利義満は、南朝側と交渉を重ね、南北朝の合一を実現。約60年続いた朝廷の内乱に、終止符を打った。息子の足利義持に将軍職を譲った後も実権を持ち続けるが、義満の死後、義持は諸政策を転換。幕政の安定に努めた。

権力者	足利尊氏	義詮	義満

時代	
室町幕府成立	室町時代
	南北朝時代

1336 足利尊氏が光明天皇を立てて室町幕府を開く

1358 足利尊氏死去

1368 足利義満が3代将軍に就任

1368 朱元璋が明を建国し中国統一

1374 観阿弥・世阿弥親子が義満の前で能を披露

1379 康暦の政変
義満を補佐していた管領の細川頼之が、諸大名からの反発を受け失脚。

1380 足利義満が23歳の若さで従一位に昇進

1391 明徳の乱
山名氏清・満幸らが幕府に対し反乱を起こすも、細川氏らによって鎮圧された。

南北朝の合一

室町時代

義持

1392
南朝の後亀山天皇が退位
南朝から三種の神器を引き受け、北朝の後小松天皇が即位した。

1394
足利義持が4代将軍に就任
義満が義持に将軍職を譲り、太政大臣に就任するも、実権は義満が握ったままだった。

1399
応永の乱
朝鮮や明との貿易で利益を得ていた大内義弘を義満が討伐した。

1408
足利義満死去

1411
日明貿易の停止
義持は朝貢形式の日明貿易を屈辱として、交易を停止した。

1416
上杉禅秀の乱
前関東管領の上杉禅秀が、鎌倉公方の足利持氏と対立。義持は持氏を支援し、禅秀は敗死した。

1418
足利義嗣死去
義持は弟の義嗣が上杉禅秀と内通していたとし、幽閉した後、殺害した。

1419
応永の外寇
朝鮮が倭寇の被害に苦しみ、倭寇の本拠と考えた対馬を襲撃した。

足利義持

足利基氏

足利義満が家督を相続

足利義満はどのようにして幕府の権威を高めたのか？

14世紀に起きた支配の変化

南北朝時代の戦乱が続いた背景には、武家社会の変化がある。貧しい御家人の窮乏を生んだ分割相続の慣習は、鎌倉時代末期から嫡子単独相続に変化した。これが家督争いの原因となり、戦乱を長引かせたのだ。

社会の変化にともない、武士たちは血縁的なつながりよりも、地縁的なつながりを重視するようになる。

また、長引く動乱は地方の武士の成長も促した。各地の武士を統率するため、国ごとの軍事を担当した守護の権限強化が強まった。**こうして登場したのが守護大名だ。守護大名は、自身の任国を実質的に領国化し、地方分権的な権力を得た。**

守護大名たちを討伐する義満

1367（正平22／貞治6）年、2代将軍足利義詮が死去し、10歳の義満が跡を継いだ。幼い将軍の後見は、管領の細川頼之が担当するが、義満が成長すると失脚した（康暦の政変〈1379〉）。

当時、室町幕府の全国的な支配力はあまり強くなく、守護大名の連合政権のような実態だった。そのため義満の課題は、守護大名の力を削ぎ、将軍の権力を強めることだった。

義満は、巧みな政治力で守護大名家の争いを引き起こし、土岐氏や11カ国を領有した山名氏を滅ぼしていった（**明徳の乱**〈1391〉）。有力守護大名が統制されたことで、室町幕府の将軍の権威は頂点に達したのである。

時代のギモン

室町幕府はどこにあったか?

1378年、足利義満は京都北小路室町に邸宅を築いた。邸宅は室町殿や花の御所などと呼ばれ、「室町時代」の由来にもなった。しかし、将軍が室町殿にいた時期は意外と短い。

初代尊氏は、現在の等持寺跡に屋敷を構えた。直義の邸宅だった三条坊門邸では、2代義詮が執務を行った。父と反目していた4代義持は室町殿を離れ、三条坊門邸に移り住む。6代義教、8代義政も室町殿を屋敷としたが、1476年に焼失。幕府の衰えのため本格的な再興はならず、13代義輝が二条御所を築いたことで「花の御所」の歴史は終わった。

登場人物

- 足利義満☞P28
- 足利義詮
- 細川頼之
- 山名氏

人物解説

細川頼之〔1329～92〕　義満の下で幕政に携わり、倹約令の制定や半済令の施行、「花の御所」の造営など、将軍権威の増進に努めた。ライバルの斯波氏など、諸大名から反発を受け失脚。

足利義満と「花の御所」

権威を高めた義満は、「花の御所」と呼ばれる邸宅を完成させ、ここで政治を行った。

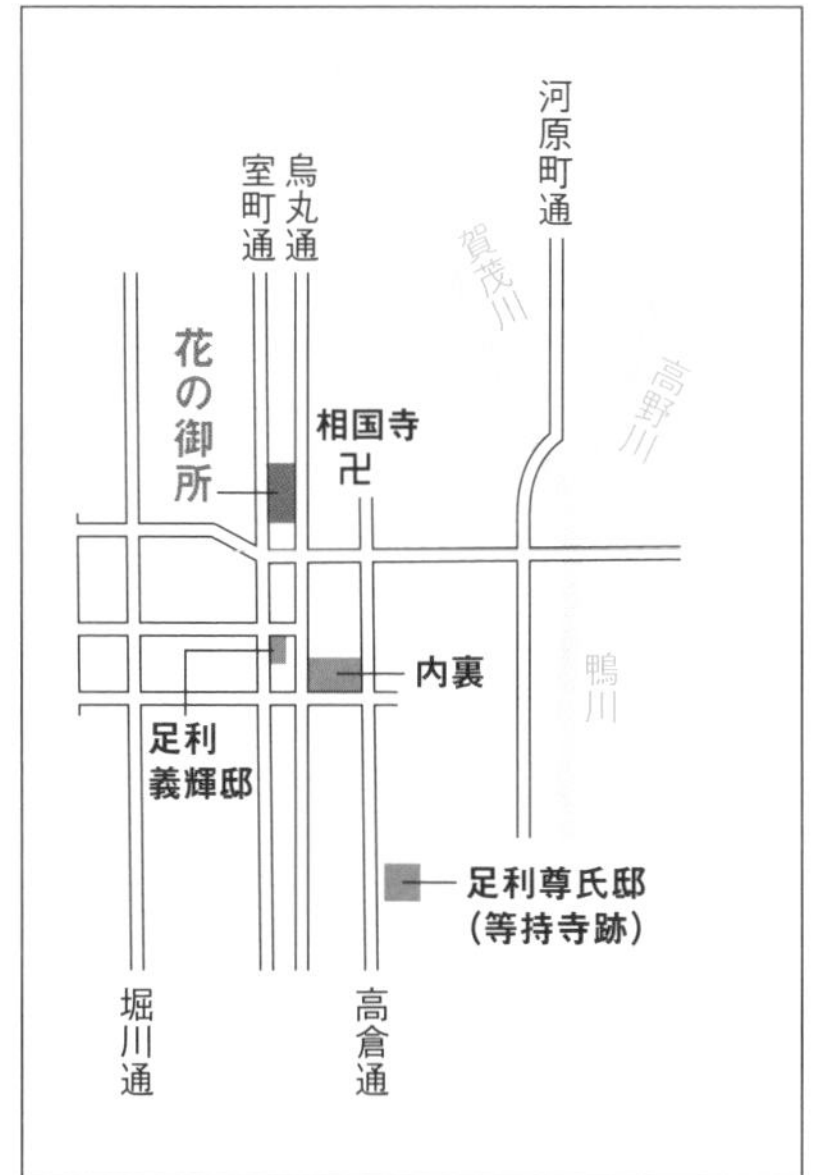

京都の将軍御所の場所

内裏（天皇の御所）の周辺に将軍の御所があり、花の御所は内裏の北西近くにあった。

花の御所跡石碑

京都府京都市

大聖寺内にある石碑。この一帯が御所の場所とされ、石碑には「花乃御所」と刻まれている。

ワシが幕府の最盛期を築いたのだ!!

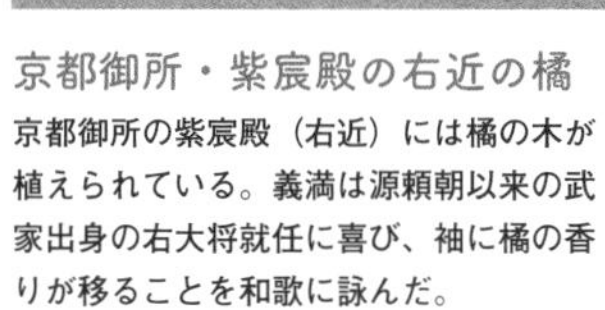

京都御所・紫宸殿の右近の橘

京都御所の紫宸殿（右近）には橘の木が植えられている。義満は源頼朝以来の武家出身の右大将就任に喜び、袖に橘の香りが移ることを和歌に詠んだ。

イラスト＝ニシザカライト

足利義満 (1358～1408)

室町幕府3代将軍。花の御所（室町殿）に幕府を移す。京都の北山に築いた金閣寺は、室町時代の文化を象徴する。

南北朝の内乱が終結する

南北朝を統一した義満は明から日本国王の称号を得た

56年ぶりに朝廷が統一される

吉野を拠点とした南朝は、九州や関東、東北などで味方を得て抵抗を続けていた。しかし、3代将軍足利義満の頃には大きく劣勢となっていた。有力守護大名の統制を進め、権力を集中させた義満は、南北朝の合一にも取り組んだ。

1392年(元中9/明徳3)、**交渉により南朝の後亀山天皇が退位。三種の神器は北朝の後小松天皇に引き渡され、ここに約60年に及んだ南北朝時代の内乱は終結した。** 持明院統(北朝)・大覚寺統(南朝)が交互に皇位に就くというのが和睦の条件だったが、これは守られず、以降は北朝の皇統が続いていくこととなった。

大内氏が討伐された理由とは

1394年(応永1)、義満は将軍職を息子の義持に譲るが、依然として絶大な権力を保持し続けることとなる。

周防(山口県)など6カ国の守護であった大内氏は、大陸に近いという利点を生かして朝鮮との貿易で繁栄。**対外貿易の利益に注目していた義満はこれを障害とみなし、大内義弘を討伐したのだ(応永の乱〈1399〉)。**

応永の乱の後、義満は明に使者を派遣し、「日本国王」の称号を獲得。これは明の皇帝の臣下扱いだが、幕府は明との朝貢貿易によって莫大な利益を得られるようになる。

こうして義満は、室町幕府の最盛期を築くことになった。

時代のギモン

能が大成した秘密の理由とは?

能役者の世阿弥は、能楽を大成し、芸術にまで高めた人物として知られる。彼の成功は、3代将軍義満の寵愛を抜きに語ることはできない。

能役者・観阿弥の長男である世阿弥は、絶世の美少年としても知られた。関白を務めた二条良基の寵愛も受け、「藤若」の名前を与えられている。

1374年、観阿弥・世阿弥父子が将軍義満の前で芸を披露したことが、世阿弥が義満から寵愛を受けるきっかけとなった。この時、義満17歳、世阿弥12歳の時のことである。

世阿弥が厚い庇護を受けた背景には、義満の少年愛があったのだ。

登場人物

- 足利義満 ☞P28
- 後亀山天皇
- 後小松天皇
- 足利義持
- 大内義弘

用語解説

能楽 観阿弥・世阿弥親子により大成された芸能。女性や翁などの面を付け、謡や囃子に合わせて踊りながら演目を演じる。2008年にユネスコの無形文化遺産に登録された。

幕府の体制と全国支配の方法

義満の時に政治機構がほぼ整備された室町幕府は、将軍の権威が高まり、最盛期を迎えた。

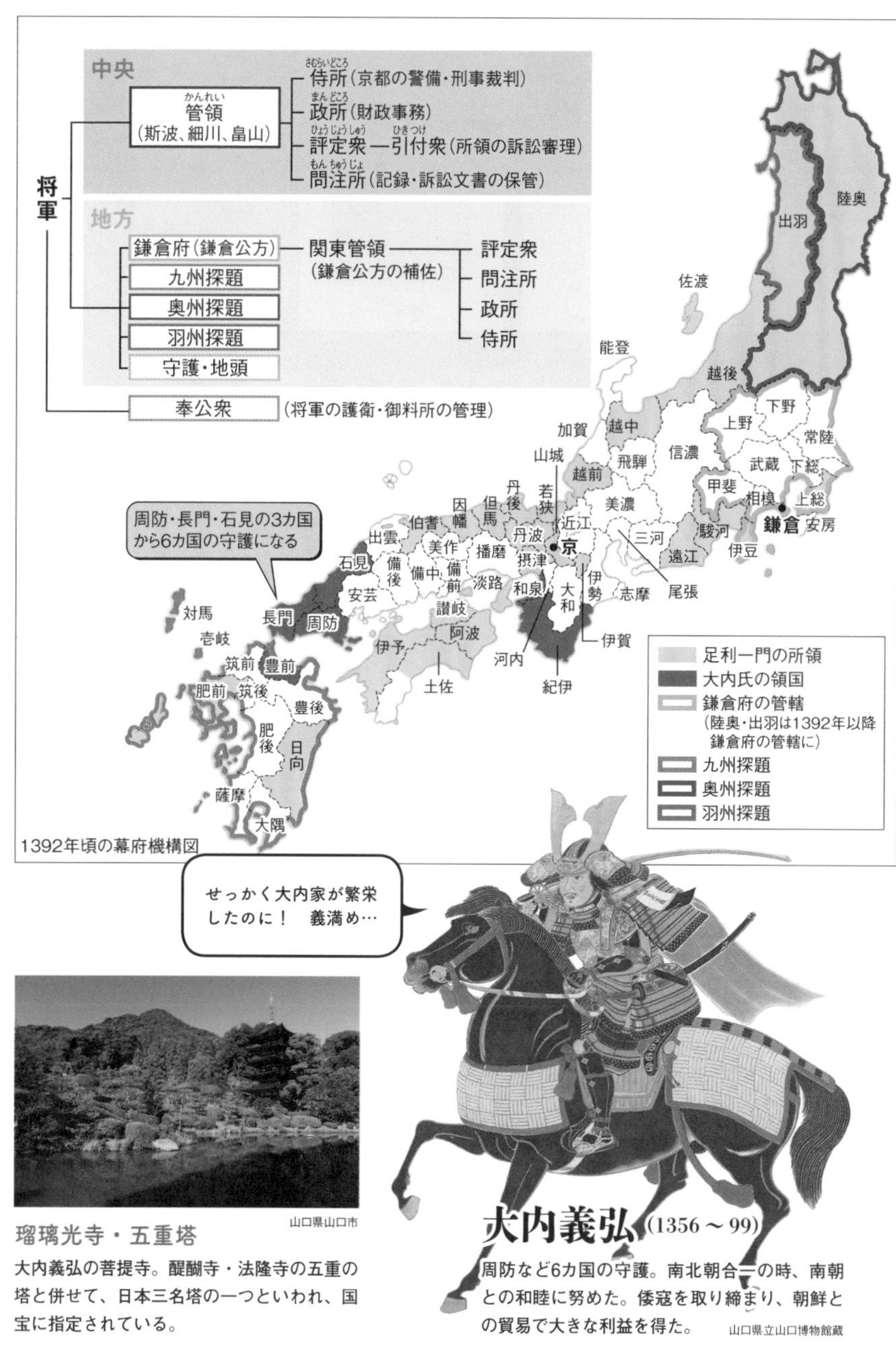

山口県山口市

瑠璃光寺・五重塔

大内義弘の菩提寺。醍醐寺・法隆寺の五重の塔と併せて、日本三名塔の一つといわれ、国宝に指定されている。

大内義弘（1356～99）

周防など6カ国の守護。南北朝合一の時、南朝との和睦に努めた。倭寇を取り締まり、朝鮮との貿易で大きな利益を得た。

山口県立山口博物館蔵

権勢を振るった武士の棟梁義満は本当に皇位を奪おうとしたのか？

日本国王之印

明から義満に与えられたとされる判子（左）と雲龍の文様が描かれた印箱（下）。判面は「日本国王之印」と刻印されている。

日本国王之印箱

すべて毛利博物館蔵

義満は太上天皇を狙った？

天皇をさえしのぐ権力を持った足利義満には、「皇位簒奪（＝皇位を奪い取ること）を狙っていた」とする説がある。彼の権勢が前例のないものだったのは事実だ。

祖父の尊氏や父の義詮の官位は、生前には正二位権大納言までで、朝廷の実質的な政務には携わっていなかった。

それに対し、義満は1380年（天授6／康暦2）に23歳の若さで従一位にまで昇進。公家の二条良基に有職故実を教わりながら、朝廷の儀礼に積極的に関わり、最終的には太政大臣にまで上りつめたのだ。義満は、有力守護大名を討伐するなどして「武士の棟梁」の権威を確立する一方で、公家をもしのぐ存在になったといえるのだ。

その義満が、息子の義嗣を帝位につけ、自らは太上天皇（上皇）になろうとしたという説がある。明治・大正期の歴史家、田中義成に始まり、近年では今谷明氏が著書『室町の王権』で「皇位簒奪説」を唱えた。

義満が皇位をうかがっていたとする根拠は、義満の正室日野康子が天皇の母に準じる「准母」となったことだ。後小松天皇の母が死去した際、「天皇の在位中に父に続けて母の喪に服すのは不吉である」として、便宜的に天皇の母代わりを立てたのである。そうすれば義満は天皇の父（＝上皇）扱いとなる。

太政大臣まで上りつめた義満

異例の早さで官位を得た義満は、源氏として初めての太政大臣に就任。翌年に出家すると、仏門に入る人が続出した。

年代	官位など	年齢
1367 年	左馬頭になり、家督を相続	10 歳
1368 年	征夷大将軍に就任し、室町幕府３代将軍に就任	11 歳
1372 年	御教書（将軍直筆の公文書）に花押を署名する儀式、判始めを行った	15 歳
1374 年	従四位下、参議、左中将に任命	16 歳
1375 年	従三位に昇格	17 歳
1378 年	従二位に昇格し、源頼朝以来の権大納言兼右近衛大将に就任	21 歳
1380 年	従一位に昇格	23 歳
1381 年	内大臣に就任	24 歳
1382 年	左大臣に昇格、蔵人所別当（長官）に就任	25 歳
1383 年	源氏の中で最も位の高い源氏長者と、准三宮に就任	26 歳
1394 年	征夷大将軍を辞任。義持に将軍職を譲り、太政大臣に就任	37 歳
1395 年	太政大臣を辞任し、出家。道義と称した	38 歳

尊号と皇位簒奪は関係がない

義満が１４０８年（応永15）に急死すると、後小松天皇は直ちに「太上天皇」の尊号を贈ろうとしたが、息子の義持はそれを辞退した。実際、生前の義満は「太上天皇」の尊号を受けることを望んでいたとされる。

将軍による皇位を簒奪の野望は、センセーショナルで面白いこともあり、この説は一般にも知られている。しかし、現在ではその見解はほぼ否定されている。

太上天皇の尊号は天皇が贈るものなので、「上皇あっての天皇」ではない。義満が上皇になることと、その息子の義嗣が天皇になることは別問題。義満が上皇の尊号を望んだとしても、皇位簒奪の意図を読み取ることはできないのである。

また、義満の権威の源である官位も天皇から与えられたものだ。天皇を頂点とする体制を利用して権勢を持った以上、天皇の制度自体を否定するメリットは、義満に存在しない。

確かに、義満の行使した権限は天皇を超えていた。例えば、「日本国王」の印を使用し、明と通交したことは、天皇の持つ外交権を奪ったという見方ができる。

また、義満の造営した室町殿（花の御所）では国家的な祭祀（さいし）が行われたが、これは天皇の保持してきた祭祀の権利を手中に収めたといえる。

義満は天皇の権限を奪う一方で、天皇そのものは、象徴的な権威を持つ存在として残した。

天皇と実質的な権力が分離される体制は、室町時代に限らず後世にも長く受け継がれ、明治維新まで続くのである。

アジアとのつながり
East Asia
【日明貿易】

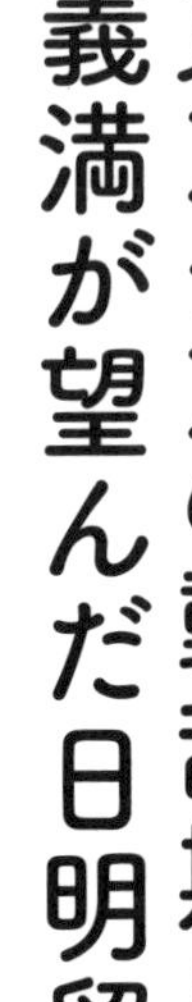

東アジアの動乱期に出現した倭寇と義満が望んだ日明貿易

大陸を荒らす倭寇の姿　東京大学史料編纂所蔵
後期倭寇の風俗を描いた「倭寇図巻」には、倭寇と明軍が水上で戦いを繰り広げている場面が描かれている。

東アジアの国際情勢

日本が南北朝の内乱となった14世紀は、東アジアでも動乱期だった。

ユーラシア大陸に君臨していた元は、14世紀になると内紛などで衰え、紅巾の乱（1351）と呼ばれる大規模な農民反乱も発生。**貧農出身の朱元璋は、諸戦で活躍し、1368年（正平23／応安1）に皇帝に即位、国号を明と定め、中国統一を果たした。**

朝鮮半島では、衰退していた高麗に対し、李成桂がクーデターを起こす。自らが王位に就くと、朝鮮王朝（李氏朝鮮）を建国した。そもそも高麗がなぜ衰退していたかというと、「倭寇」の被害を受けていたからだ。

武装集団・倭寇の出現

倭寇とは、中国大陸や朝鮮半島沿岸で、物資の強奪を行う武装集団。前期倭寇と後期倭寇に分類される。

倭寇の侵略が激化する中、**足利義満は、明から倭寇の取り締まりを命じられ、倭寇を弾圧。明との貿易では勘合を携帯し、倭寇と正規の貿易船を区別する証明書として使用。**こうした対策により、前期倭寇は15世紀を境に沈静化した。だが、幕府が衰退した16世紀以降、倭寇は再び活発化。中国人貿易商らを中心とする後期倭寇が誕生。明の海禁政策転換などにより、後期倭寇は収束した。

日明貿易の航路と倭寇の侵略

倭寇の出現により、東アジアの情勢が不安定になるが、周辺諸国は対策を取りながら、明と交易した。

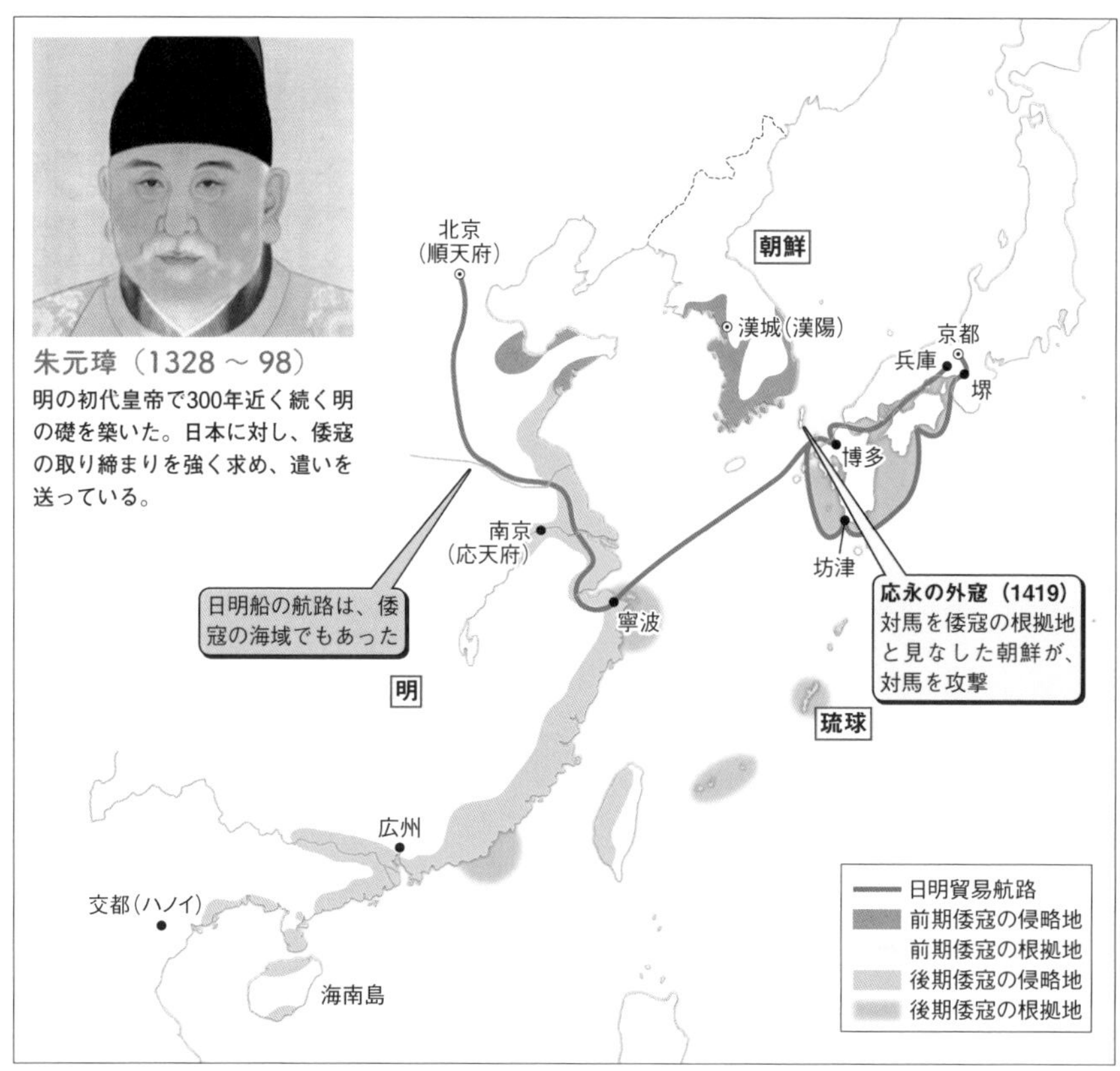

朱元璋（1328～98）
明の初代皇帝で300年近く続く明の礎を築いた。日本に対し、倭寇の取り締まりを強く求め、遣いを送っている。

周辺国が朝貢するメリットとは

前述したように、義満は前期倭寇を弾圧し、明と正式な国交を結んで朝貢貿易（日明貿易）を行った。この朝貢貿易とは何だろうか。

中国には「自らが世界の中心で、周囲の異民族は野蛮な夷狄（いてき）」という伝統的な中華思想がある。周辺民族の首長は、中華の皇帝の徳を慕って貢物を捧げに来る。皇帝は、彼らをその土地の王として認め（冊封（さくほう））、貢物に対して返礼の品（回賜（かいし））を与える。これが朝貢である。

中国の皇帝は貢物よりはるかに贅沢な品を返礼に与える。また、朝貢使が入った港でも貿易ができるため、周辺国は大きな利益を得ることができた。冊封体制では、中国の皇帝が主君で異民族の王が臣下という扱いになるが、義満は実利を取ったのだ。

アジアとのつながり
East Asia
【対馬と対外関係】

大陸に対する前線基地であり朝鮮との架け橋だった対馬の歴史

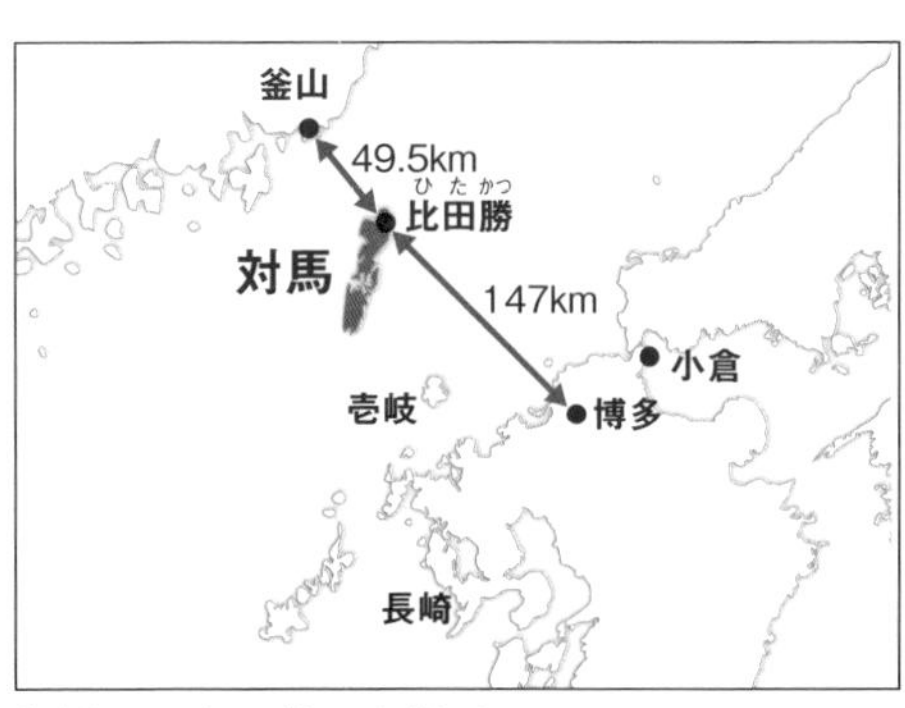

朝鮮と日本を結ぶ中継地
博多からも朝鮮半島からも近距離にあった対馬は、古代より外交で大きな役割を果たしていた。

外敵の襲来を受けてきた対馬

九州と朝鮮半島の間に浮かぶ対馬は、古くから日本と大陸の交流の舞台となっていた。

日本の弥生時代の様子を記した中国の歴史書『魏志』倭人伝にも対馬の記述があり、「良田がなく、海の物を食べて自活し、船に乗って南北に交易している」とある。前方後円墳も残っており、古墳時代にはヤマト政権の影響下に入ったとされる。

7世紀に律令体制が始まると、対馬には国衙が置かれ、旧国の一つとなる。白村江の戦い（663）で日本が唐・新羅の連合軍に敗北、対馬に防衛の前線として金田城が築かれた。

平安時代には、大陸北方に住む女真族が九州北部に襲来する刀伊の入寇（1019）が起き、対馬も被害を受けた。

鎌倉時代以降、対馬の領主となったのが宗氏だ。筑前（福岡県）や壱岐・対馬の守護である少弐氏の代官として対馬を統治。文永の役（1274）の際、宗助国が元軍と交戦し、戦死した。

室町時代以降、**宗氏は李氏朝鮮と関係を深めたが、日朝関係はしばしば衝突した**。15世紀初め、前期倭寇に悩む朝鮮が、対馬を倭寇の根拠地とみなして、襲撃する事件が起きてしまった（応永の外寇（1419））。

対馬と周辺国との関係史

九州と朝鮮半島の間に位置する対馬は、大陸との交流の架け橋となると同時に、戦いの前線としての役割を持っていた。

時代区分	対馬のできごと
弥生	『魏志』倭人伝に、対馬の田畑について記述された
飛鳥	白村江の敗戦により、金田城が築城
平安	刀伊の入寇で人馬や銀山など大きな被害を受けた
鎌倉	文永の役で宗助国が元軍を迎え撃つも戦死
室町	日明貿易の利益を宗氏が独占
戦国	三浦の乱で、朝鮮と対馬の関係が断絶状態
安土桃山	朝鮮出兵（文禄・慶長の役）の前線基地になった
江戸	朝鮮との国交が回復し、江戸に朝鮮通信使が派遣
明治	近代戦争において防衛拠点のため砲台が築かれた

小茂田浜神社／長崎県対馬市

宗助国（1207～74）

文永の役の際、対馬の地頭代だった助国は80騎を率いて応戦するも戦死。彼を祀る小茂田浜神社では、2020年に騎馬像が建立された。

朝鮮国信使絵巻

徳川将軍の代替わりごとに派遣された朝鮮通信使。対馬藩は江戸までの道のりを警護・案内しており、道中では日朝の文化交流が広がった。

長崎県対馬歴史研究センター蔵

日朝の仲介を務めた宗氏

16世紀初頭には、日本船の入港が認められていた朝鮮の三つの港（三浦(さんぽ)）で、日本人が争乱を起こす（三浦の乱）（1510）。**宗氏にとって朝鮮との交易は生命線であり、こうした紛争で日朝関係が途絶えるたびに関係改善に努めた。**朝鮮も、日本との交易が統制されることを望み、日朝貿易は宗氏の独占体制が固まっていく。

豊臣秀吉(とよとみひでよし)が朝鮮出兵を行った際、対馬は前線基地とされ、またも通交は断絶。当主の宗義智(よしとし)は国交回復に尽力し、江戸時代初期に通交が再開された。宗氏は江戸時代を通じて対馬藩主を務め、朝鮮との通交・交易を担当することになる。

江戸時代には鎖国政策がとられたが、対馬は長崎などと並ぶ対外的な拠点としての役割を果たしたのだ。

1411年

日明貿易を停止する

なぜ4代将軍足利義持は父義満の政策を転換したのか？

在職年数最長の将軍義持

4代将軍の足利義持は、将軍の地位を幼くして父の義満から譲られたが、実権は父が握ったままだった。しかも、義満の寵愛は異母弟の義嗣に移ってしまったため、父との関係は悪かったとされる。

1408年（応永15）に義満が急死し、実権を握った義持は、父の政策の多くを転換した。**朝廷が義満に太上天皇（太上法皇）の追号を贈ろうとしたのを辞退。また、日明貿易についても、日本が中国の皇帝の臣下になることを屈辱とみなして停止した（1411）。**

義満が築いた別邸、北山殿（きたやまどの）の一部が破却され、将軍の執務所は室町殿ではなく三条坊門邸に移った。

関東を混乱に陥れた反乱

義持の時代の重大な戦乱としては、上杉禅秀（うえすぎぜんしゅう）の乱が挙げられる。室町時代、関東地方は鎌倉公方（かまくらくぼう）が統治し、足利将軍家の支流が世襲していた。また、鎌倉公方の補佐役を関東（かんとう）管領（かんれい）といい、上杉氏が世襲した。

1416年（応永23）、関東管領の上杉禅秀（氏憲（うじのり））が、鎌倉公方の足利持氏（あしかがもちうじ）を排除しようとクーデターを起こす。**これに対し、将軍の義持は持氏を支援、敗れた禅秀は自害した（1417）。その後も鎌倉公方と関東管領の紛争が発生し、関東地方は戦乱が続いていく。**

こうした動乱はあったものの、義持の時代は、室町幕府の将軍権力が最も安定した時代だったといえる。

時代のギモン

将軍の弟・義嗣はなぜ殺されたのか?

足利義満の寵愛を受け、兄の義持の地位を脅かしていた義嗣だったが、義持の権力継承直後の関係は良好だった。しかし、上杉禅秀の乱の勃発が彼の運命を暗転させた。

義持は、反乱を起こした上杉禅秀が義嗣と内通していたと断定し、義嗣を幽閉する。そして1418年、義嗣は義持の命を受けた富樫満成（とがしみつなり）に殺害された。この事件は、他の有力守護大名の名も内通者として挙がり、下手人の満成も後に謀殺されるなど、不可解な点が多い。いずれにせよ、義持は内乱の火種となりうる異母弟を抹殺することができたのである。

登場人物

- 足利義持
- 足利義嗣
- 上杉禅秀（氏憲）
- 足利持氏

用語解説

北山殿 北山殿は義満の別荘として造営され、広い庭園を持っていた。義満の死後、義持は臨済宗僧侶の夢窓疎石を招き、北山殿を金閣寺（鹿苑寺）と名付けた。

三管領・四職の領地とその後の歴史

義持の時期に安定した幕府の政治体制は、三管領・四職に就いた守護によって支えられていた。

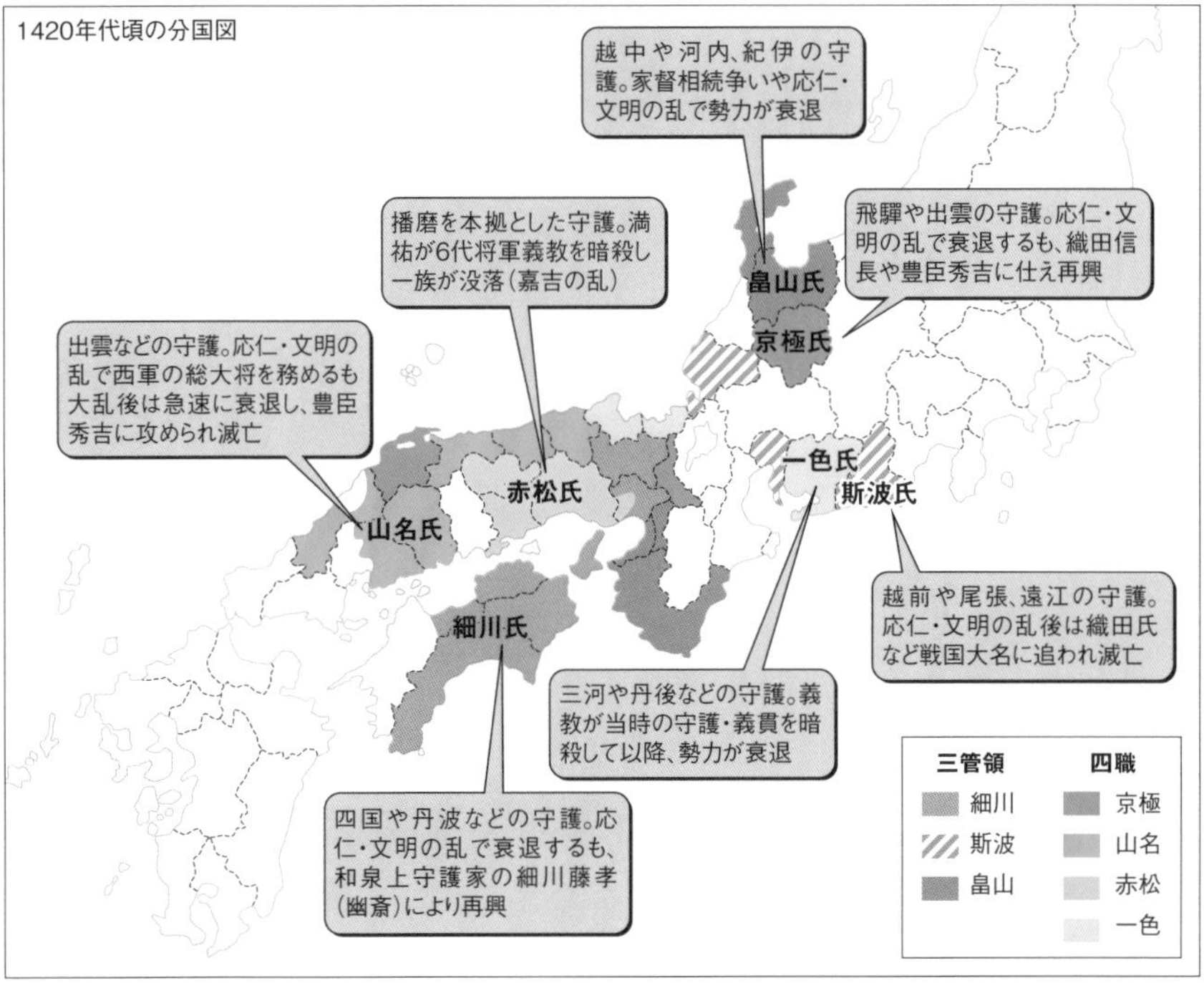

1420年代頃の分国図

越中や河内、紀伊の守護。家督相続争いや応仁・文明の乱で勢力が衰退

畠山氏

飛騨や出雲の守護。応仁・文明の乱で衰退するも、織田信長や豊臣秀吉に仕え再興

京極氏

播磨を本拠とした守護。満祐が6代将軍義教を暗殺し一族が没落（嘉吉の乱）

赤松氏

出雲などの守護。応仁・文明の乱で西軍の総大将を務めるも大乱後は急速に衰退し、豊臣秀吉に攻められ滅亡

山名氏

一色氏

斯波氏

越前や尾張、遠江の守護。応仁・文明の乱後は織田氏など戦国大名に追われ滅亡

三河や丹後などの守護。義教が当時の守護・義貫を暗殺して以降、勢力が衰退

細川氏

四国や丹波などの守護。応仁・文明の乱で衰退するも、和泉上守護家の細川藤孝（幽斎）により再興

三管領	四職
細川	京極
斯波	山名
畠山	赤松
	一色

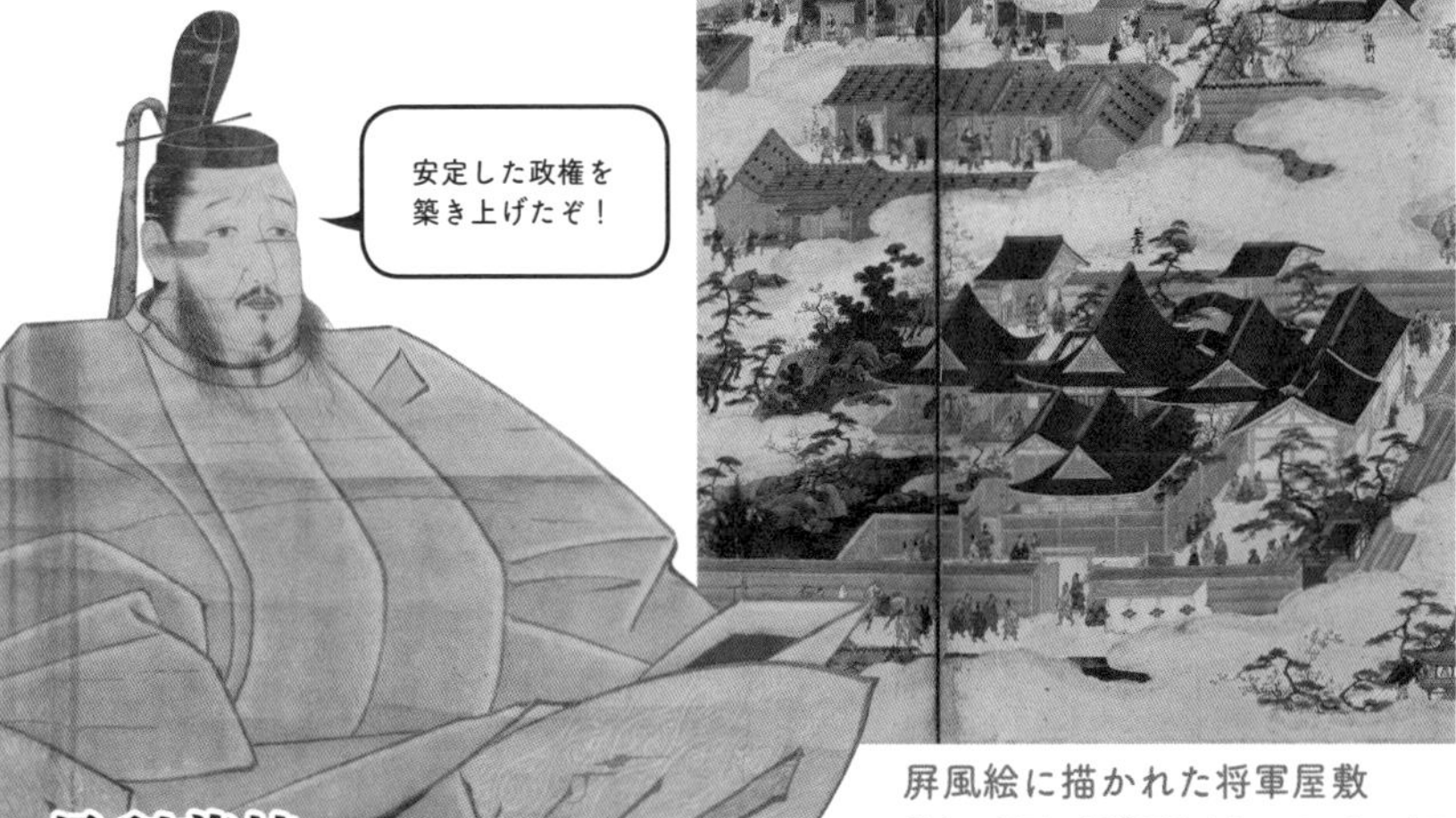

屏風絵に描かれた将軍屋敷

幕府の場所は義満以降変わっていた。室町時代末に描かれた「洛中洛外図屏風」の将軍屋敷と、花の御所は同じような構造をしていたと考えられる。　米沢市上杉博物館蔵

足利義持（1386〜1428）

4代将軍。折り合いが悪かった父義満の死後、日明貿易の停止など、諸政策を転換。頰の長い髭は威厳を示すためとされる。

模写／東京大学史料編纂所蔵

関東の統治を行っていた鎌倉府はなぜ戦乱のきっかけをはらむのか？

鎌倉府の体制

鎌倉公方を長官として、関東を統治していた鎌倉府は、軍事の統率権や、土地の安堵など、様々な権利を持っていた。

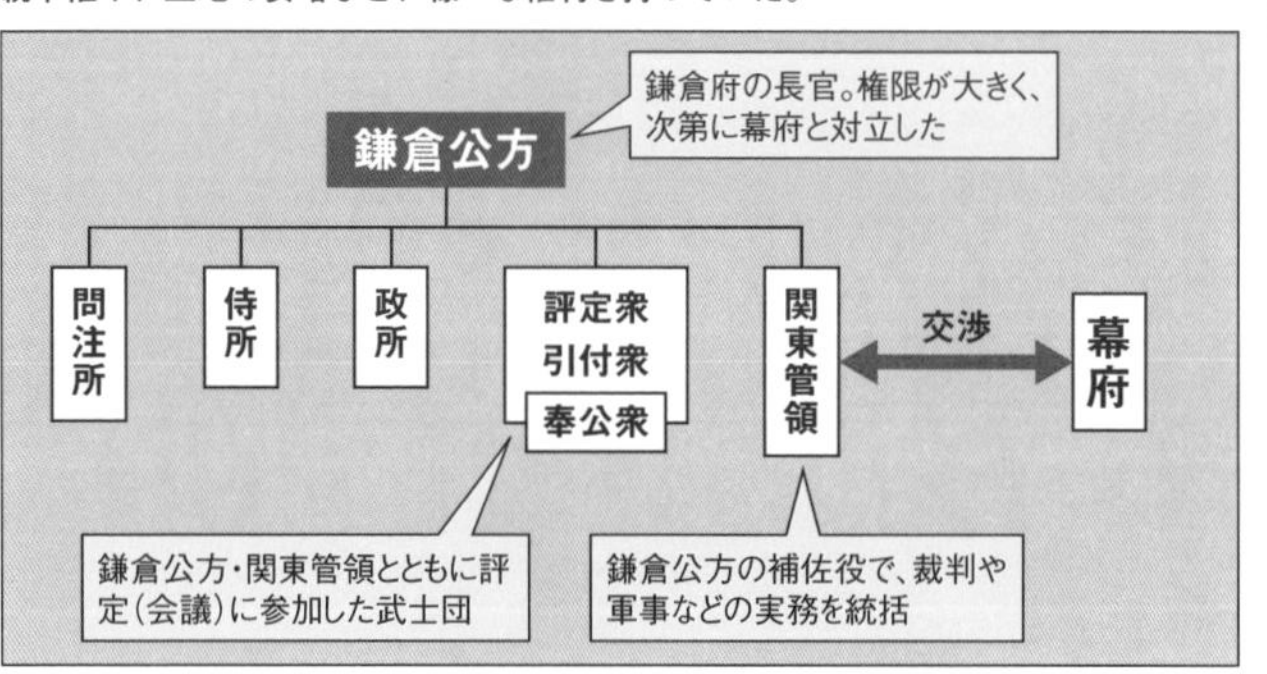

西の室町幕府と東の鎌倉府

室町時代、関東の統治をしていたのが鎌倉公方である。1333年（元弘3／正慶2）、鎌倉幕府を滅ぼした足利尊氏は、弟直義の補佐のもと義詮を鎌倉に置いた。これが鎌倉公方の前身である。

観応の擾乱が勃発すると、尊氏は義詮を京都に呼び、四男の基氏を代わりに鎌倉に派遣した（1349）。この基氏が初代鎌倉公方となり、以後は基氏の子孫が鎌倉公方を世襲していく。

鎌倉公方を補佐し、裁判や軍事などの実務を担当した役職が関東管領である。上杉氏は足利氏と婚姻関係にあり（尊氏や直義の母も上杉氏）、その縁で関東管領のポストをほぼ独占することになった。鎌倉公方を頂点とする関東の統治機構を、鎌倉府と呼ぶ。管轄は、関東八カ国に伊豆（静岡県）・甲斐（山梨県）を加えた十カ国だったが、東北地方や信濃（長野県）なども担当した。

鎌倉府は、鎌倉幕府の機能をほとんど引き継いでいた。また、代々の鎌倉公方も足利将軍からただ任じられたのではない。そのため、鎌倉府は室町幕府の単なる出先機関と考えるのは適切ではない。**鎌倉府は、室町幕府とともに日本の統治を東西で分担する東国政権だったのだ。**

鎌倉公方と室町幕府将軍の関係

鎌倉府は幕府の関東支配における拠点。鎌倉府のトップ、鎌倉公方を基氏が務めて以降、基氏の子孫が継承していった。

足利基氏（1340〜67）

初代鎌倉公方。上杉憲顕を関東管領に任命し、関東における鎌倉府支配体制の基礎を築く。

瑞泉寺蔵／鎌倉国宝館提供

足利公方邸跡の碑

鎌倉時代に足利氏が居を構えた屋敷跡で、基氏以降の鎌倉公方は、この地を拠点に政務を行った。

神奈川県鎌倉市

戦乱の火種となった二つの対立

こうした事情から、**鎌倉公方は幕府から自立する傾向が強かった。一方、関東管領の上杉氏は足利将軍家とも関係が深く、鎌倉府を統制する役割を期待された。**このため、鎌倉公方と室町幕府、鎌倉公方と関東管領、という2種類の対立軸で、たびたび情勢を不安定にさせた。

例えば2代氏満（うじみつ）は、細川頼之が失脚した康暦の政変に介入しようとしたが、関東管領の上杉憲春（うえすぎのりはる）が諌死したため断念している。3代満兼（みつかね）は、応永の乱の際に大内氏と結んで幕府に反抗しようとしたが、未遂に終わった。4代持氏はさらに自立の傾向を強め、幕府に追討されるに至る（永享（えいきょう）の乱）（1438）。15世紀以降の関東における戦乱を知るには、鎌倉府の理解が不可欠なのである。

特別テーマ

Features

【自治組織・惣村と一揆】

農耕技術や生産力が向上した農村は惣という自治組織を形成する

「たはらかさね耕作絵巻」

戦国時代頃より描かれた農業絵巻。灌漑技術の発展など農業の発展が描かれている。

東京大学史料編纂所蔵

生産性の向上が農村を自立させる

中世の歴史を語るうえで、農村の発展を欠かすことはできない。

鎌倉時代には、畿内や西国を中心として農業技術が発達し、牛馬耕や鉄製農具、草木灰といった肥料が普及した。虫害や旱魃に強く、収穫量も多い大唐米が、中国を経由して伝来したことも大きかった。また、一つの耕地で年に2回、米と麦を収穫する二毛作も広まった。農業の発達は室町時代でも続いた。1420年(応永27)に来日した朝鮮の使節は、三毛作が行われていること、日本の優れた灌漑技術を記録している。

生産力が高まると、農村では余剰の生産物ができる。商品作物を栽培する余裕も生まれ、余剰生産物や商品作物は都市の定期市で貨幣に交換された。こうして**農村にも富が蓄積され、自立が促されていく。南北朝から室町時代の動乱も、古代からの荘園制が解体され、村が自立していく傾向に拍車をかけた。**

生産力の高まった農村では、用水の利用などをめぐる紛争も起きるようになった。このような紛争を話し合いで解決するため、自治組織が形成。これらの農村の自治組織を「惣村」または「惣」と呼ぶ。

惣村の構造と農民の抵抗手段

ルールを定めた農村の自治組織である惣は、おとなの下、様々なことを話し合い、時には一揆を結び、領主に抵抗した。

惣村（惣）
農民たちがつくり出した自立的で自治的な村。惣百姓（地侍・名主・作人）らで構成される。

指導者
村の年長者から複数人選ばれるおとな（長・乙名）と、沙汰人で構成される。

寄合	宮座
村人全員が参加する、村の運営会議のこと。村掟や一揆について話し合った。	村にある神社の祭祀を取り仕切る役割を持っていた。

入会地	地下請	自検断	惣掟
村人が共同で利用する山や沼のこと。	村でまとめて年貢を納める制度のこと。	村の治安維持のため、村人自身が警察権を行使すること。	惣で決められた規則。違反者は処罰された。

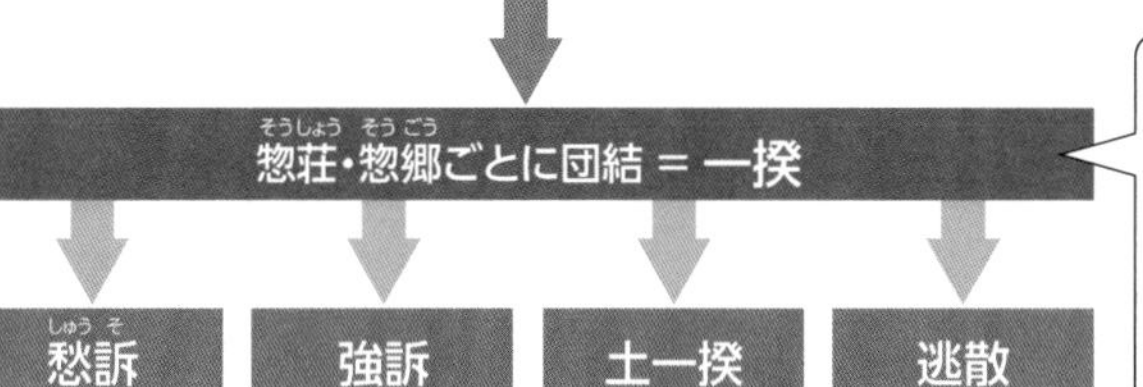

愁訴	強訴	土一揆	逃散
領主に年貢の減免などを嘆願すること。	領主の元へ要求を掲げ、集団で押しかけること。	高利貸しや領主に武力で抵抗すること。	村人が集団で田畑を放棄して逃げること。

荘園（荘園領主の支配地）	郷（公領）（国司の支配地）
惣荘	惣郷
惣村	惣村
惣村	惣村
惣村	惣村

惣村の連合体

中世農村の「自力救済」の思想とは

惣村は、古くからの有力農民である名主たちに、新たに成長した小規模農民が加わって形成された。村の重要事項は寄合という会議で決定され、惣掟という独自の掟を持った。

村の秩序を守るため、村人たちは自分たちの手で、罪人などを捕らえて処罰した。こうした司法権・警察権の行使を自検断という。**自分たちの安全は自分たちで守る「自力救済」が、中世社会の原則だった。**

自立を強めた村人たちは、一揆を取り結んで領主に抵抗することもあった（「一揆」の本来の意味は、同じ目的のため人々が団結すること）。領主のもとに押しかける強訴、耕作を放棄して逃げ去る逃散といった手法により、年貢の減免などを認めさせたのである。

特別テーマ

Features

【座の形成と職人】

貨幣流通で広く発展する商業と職人化していく手工業者

永楽通宝と私鋳銭

明の時代につくられた明銭（左）は、日本で広く利用された。明銭を真似して私鋳銭（右）がつくられるも、金属の質などが粗悪だった。

すべて日本銀行貨幣博物館蔵

なぜ中世に商工業が発展したか

鎌倉時代の頃になると、商品経済の発達も顕著となった。

古代の地方では、国司が政務をとる国府が地方経済の中心だった。職人たちは、国府に仕え、中央や国府の使う器具を製作した。

しかし、古代末期に国府の力が弱まると、11〜12世紀頃に生産のあり方も変化していった。職人たちは、貴人に献上するような高級品ではなく、安く大量生産のできる普及品を生産し、武士層や都市の住民に売りさばいた。商品経済が本格的に生まれたのである。

同時期に流通も発達した。各地に分立した荘園は、所有者である都の貴族・寺社に年貢を運ぶ必要があるため、数多くの港と航路が開かれた。**農業生産が増大して余剰生産物が生まれ、様々な物品を売買する定期市も開かれるようになる。** 定期市は交通の要所などで開かれ、鎌倉時代には月3回の三斎市が一般化した。

こうした商業の発展を支えたのが渡来銭の存在である。中国の北宋で大量に鋳造された宋銭が日本に輸入され、流通した。貨幣経済の浸透に伴い、借上と呼ばれる金融業者（高利貸）も登場した。

商業の発達と職人の登場

商工業に携わる人々は同業者同士で「座」を結成。また、地方などから特産品を売る行商人や、物づくりで生計をたてる職人も登場。

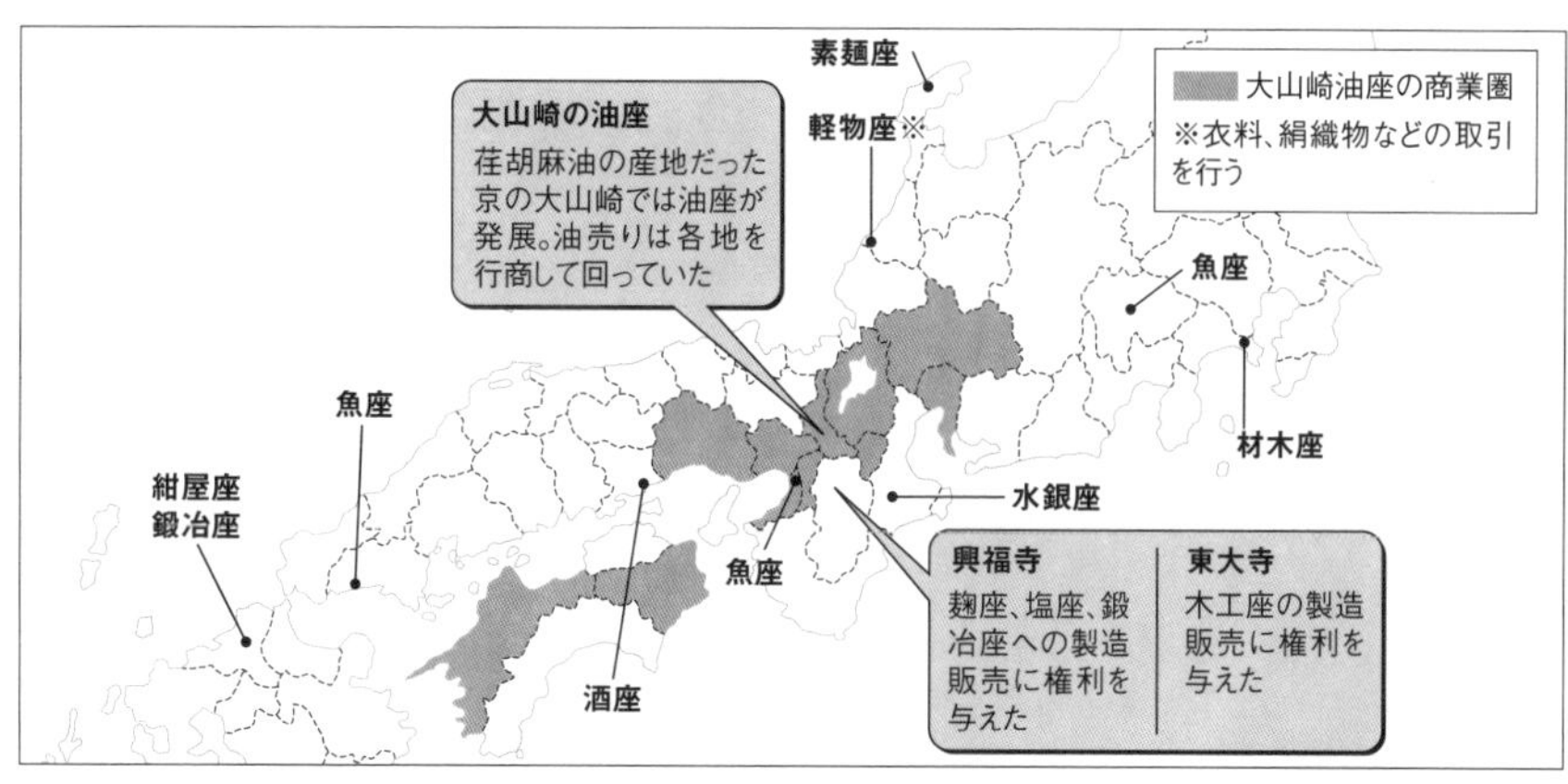

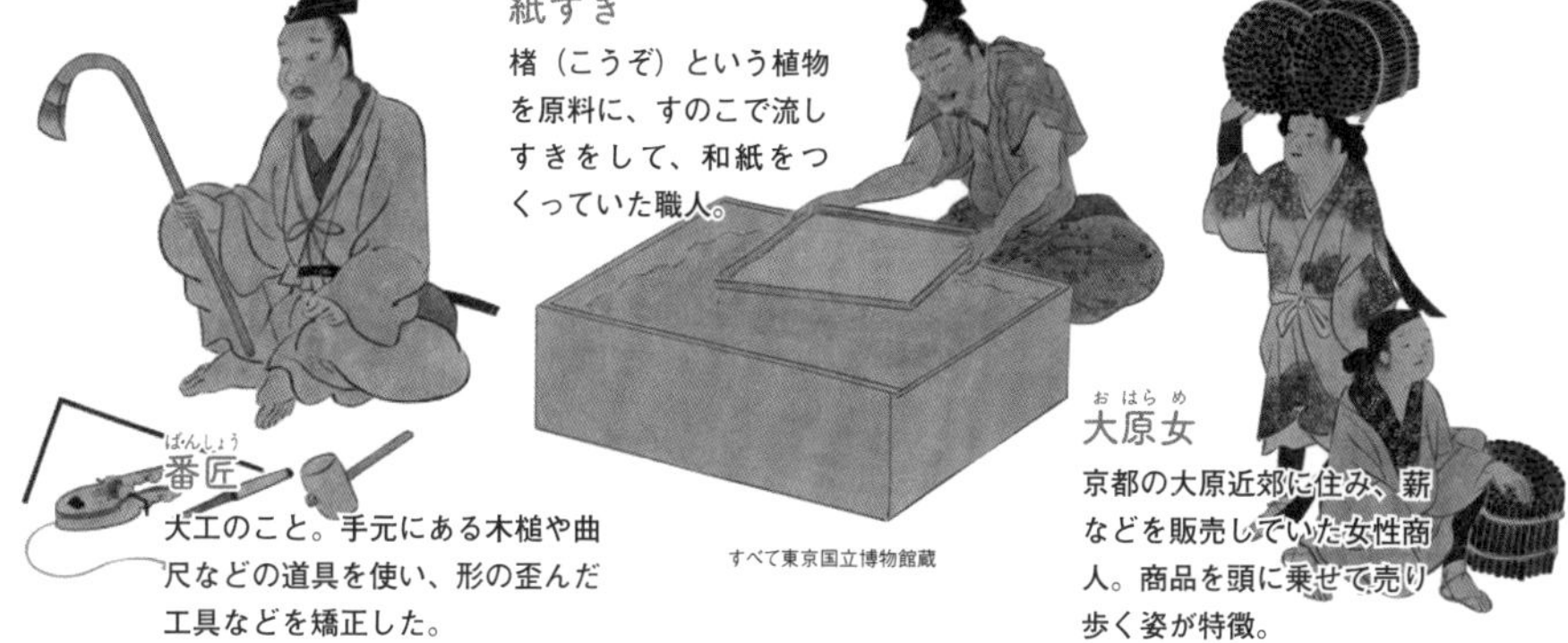

すべて東京国立博物館蔵

営業を独占した座の起源

室町時代になると各地の特産物生産が盛んになり、商業はさらに発展する。応仁の乱（1467）の後には、定期市は月6回の六斎市が多くなった。

貨幣流通としては、宋銭に加えて明銭も広く使われるようになった。また、土倉と呼ばれる金融業者も多く登場する。酒屋と土倉を兼ねる者が多かったため、土倉・酒屋と併記されることも多い。

中世に自立を強めた商工業者は、座と呼ばれる同業者組織を形成するようになる。**座は、もとは朝廷や大寺社に奉仕する代わりに特権を与えられた職能集団であるが、やがて営業権の独占や免税などを認められた商工業者の組合となった。** 石清水八幡宮に奉仕した、山城国（京都府）大山崎の油座が有名である。

武家・公家の文化を融合した北山とわび・さびを基調とした東山

義満が保護した北山文化

3代将軍足利義満の頃に生まれた北山文化は、将軍の保護下で完成した能楽や、禅宗の文化が取り入れられている。

能面

世阿弥と同時期に活躍した、増阿弥が創作したとされる増女の能面。

東京国立博物館蔵

能楽図絵

観阿弥・世阿弥親子によって完成された能は、時代とともに発展し、庶民にも親しまれるようになった。

東京都立中央図書館特別展示室蔵

時代の潮流と文化の関わり

室町時代の文化は、南北朝文化、北山文化、東山文化に大別される。南北朝文化では、歴史書や軍記物語が多く書かれた。『神皇正統記』『太平記』が代表例である。また、新興武士層が主導した文化の気風は「婆娑羅」と呼ばれた。

3代将軍足利義満の頃の文化は、彼が邸宅を置いた北山にちなみ、北山文化と呼ぶ。義満の時代は、将軍権力が安定し、公家との結び付きが強まった時代だった。**上級武士の文化が貴族の文化と結び付き、中国から入ってきた文化を取り入れることで、北山文化が生まれたのだ。**1層・2層が公家風の寝殿造、3層が中国由来の禅宗様でつくられた金閣寺は、北山文化を象徴する建築物だ。

8代将軍足利義政の頃の文化は、彼の山荘のあった場所から、東山文化と呼ばれる。この頃は将軍権力が弱体化、義政は山荘に住み、風雅な生活にふけった。その結果、**「わび・さび」や「幽玄（言い表せない深い趣）」を基調とする、東山文化が誕生。**

現代の和室のもとになった書院造の様式や、茶道・花道の原型が生まれたのもこの時代で、現在の日本文化の源流になっている。

禅宗の精神が息づく東山文化

8代将軍足利義政の頃に生まれた東山文化は、飾りを捨てた味わいの「わび」、古びたところに趣を感じる「さび」を反映している。

足利義政（1436〜90）
自らの山荘として銀閣寺（慈照寺）を建立。銀閣寺を拠点に東山文化を発展させた。

東京国立博物館蔵

龍安寺・枯山水　京都府京都市

龍安寺の枯山水は大小15個の石を用いて奥行きを演出し、禅の境地や海に浮かぶ島々など、様々な解釈ができるようになっている。

「秋冬山水図（冬景）」　東京国立博物館蔵

独自の水墨画を確立した禅僧・雪舟は、切り立った崖を中心に描き、建物を小さく見せる技法で奥深さを演出している。

水墨画を大成した雪舟

室町時代で最も有名な芸術作品といえば、雪舟の水墨画だろう。

墨の濃淡だけで自然を表現する水墨画は、中国の唐代に始まり、宋代に禅の思想と結びついて発展し、鎌倉時代に日本にも伝えられた。

臨済宗の僧侶である雪舟は、京都の相国寺で、優れた画僧であった周文に絵を学んだ。1467年（応仁1）には明に渡って技法を学び、帰国後に「山水長巻」などの傑作を残した。

雪舟を保護したのは、周防（山口県）の大名大内氏である。**応仁の乱を境に、都の文化人の多くは戦火を避けて地方に下向しており、大内氏の保護を受けた者も多かった。**

雪舟は、従来の日本の技法とも、中国の技法の模倣でもない、新たな画風を切り開いたのである。

作者不明／南北朝時代成立

太平記

講釈師も登場するほど人気の物語

南北朝時代の動乱を伝える最も基本的な史料が、軍記物語『太平記』だ。1322（元亨2）年の後醍醐天皇の倒幕計画から、1367（正平22／貞治6）年に幼い足利義満の補佐役として細川頼之が管領に就任するまでを扱う全40巻の書物である。

この壮大な物語は誰によって書かれたのだろうか。公家の洞院公定の日記によれば、1374（文中3／応安7）年に「小嶋法師」なる人物が亡くなったという伝聞記事がある。彼はこの頃世間で人気の『太平記』の作者で、卑賤の身ながら名匠の評判を得ている人だという。だが、小嶋法師の詳細な経歴は不明だ。

もっとも、小嶋法師がたった一人で『太平記』を書いたとは考えにくい。物語の原型は、14世紀半ばまでにはできあがっており、応永年間（1394～1428）に現存する形になったと考えられている。小嶋法師は、大勢いる『太平記』作者の一人として、名を知られていたのだろう。

『太平記』は南北朝時代を知るための基本史料だが、後世の創作や事実誤認と思われる表現が多く存在する。例えば、足利尊氏の執事（側近）であった高師直は、極悪非道の悪人として描かれている。作中で師直が人妻に横恋慕し、『徒然草』の作者である吉田兼好に恋文を代筆させたという有名な逸話も、史実ではない。

悲しいかな、天下を収めて
六十余州、
命に随ふ者多しと雖も、
有為の境を辞するには、
伴ひ行く人もなし
（足利尊氏が火葬された場面）

［現代語訳］
悲しいことだ。（尊氏）が60余の国を治め、（尊氏）の命令に従ってきた者が多かったにもかかわらず、この世からいなくなるときには、誰も伴う人はいない。

『太平記（五）』（岩波文庫）を参照

物語の構成としては、中国の史書の引用などが脈絡なく挿入されており、統一感があるとはいいがたい。しかし、その雑多ぶりがかえって『太平記』の魅力ともいえそうだ。中世後期から近世にかけて、『太平記』は人々の間で親しまれ、「太平記読み」と呼ばれる講釈師も登場した。『太平記』は誰もが知る物語となり、後の軍記物語にも大きな影響を与えたのである。

第7章

動揺する室町幕府

時代の流れ

6代将軍足利義教が暗殺されたことで、幕府の権威には傷がついていた。関東では鎌倉府での争いが長引き、いち早く戦乱の時代へと突入。応仁・文明の乱が起こると、幕府の権威は衰退。15代将軍足利義昭が、織田信長に敗れ、ついに室町幕府は滅亡した。

権力者：足利義量、義持、三宝院満済、義教、義勝

時代：室町時代

1428 足利義持死去

義持が将軍後継を決めぬまま死去したため神前でくじ引きを行い、足利義教に決定した。

1428 正長の徳政一揆

近江坂本の馬借が「代替わりの徳政」を求めて一揆を起こした。

1429 〝くじ引き将軍〟足利義教が6代将軍に就任

1429 尚巴志が琉球を統一

三山に分かれていた琉球を統一し、首里城を拠点とする琉球王国を建国した。

1438 永享の乱

鎌倉公方の足利持氏と関東管領の上杉憲実との対立に幕府が介入し、持氏を討伐（鎌倉府一時断絶）。

1441 嘉吉の乱

播磨などの守護、赤松満祐が義教を屋敷に招き、暗殺した。

1449 足利義政が8代将軍に就任

足利義政

言うことを聞かない者は処罰する

足利義教

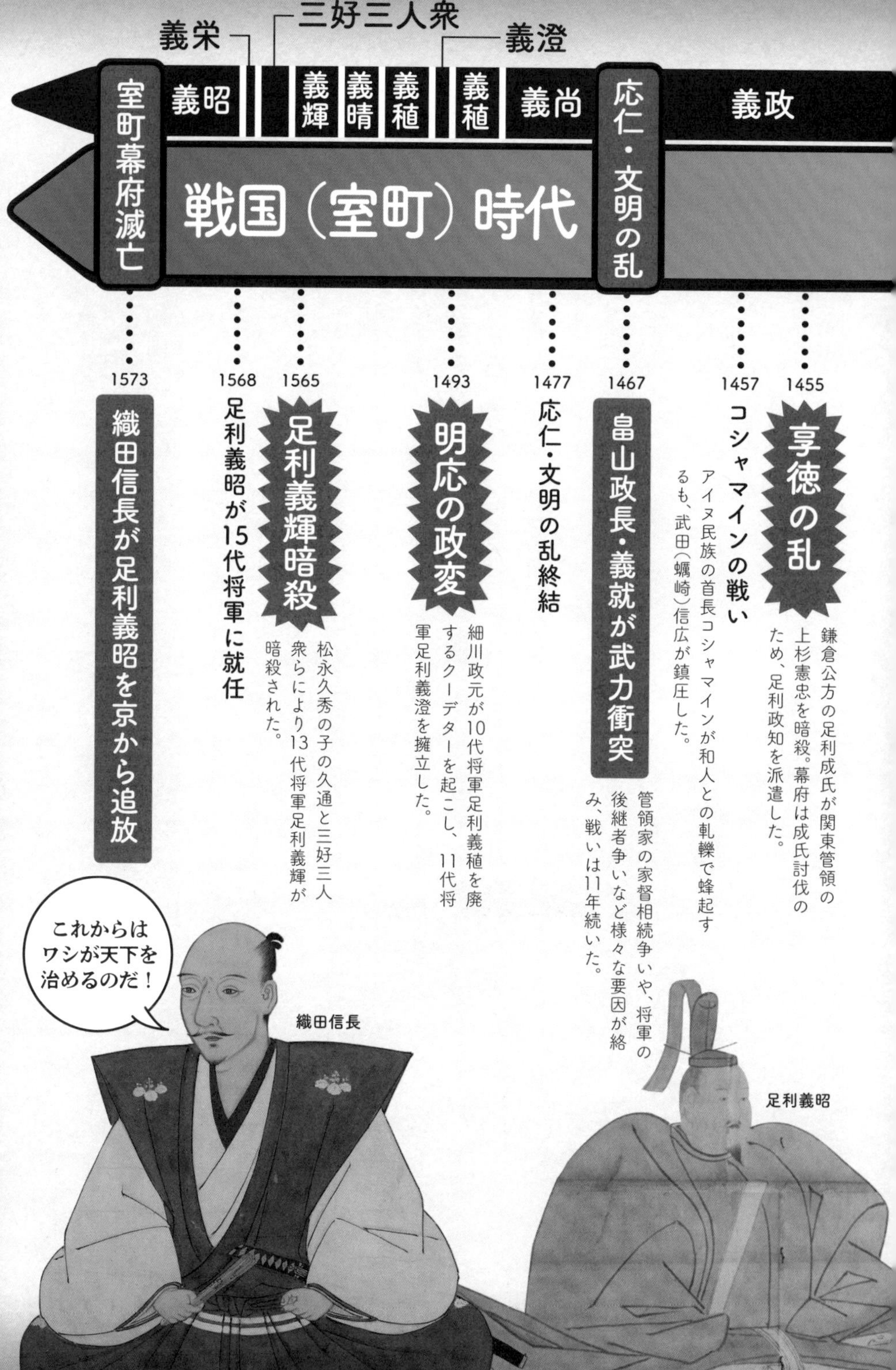

三好三人衆
義栄
義澄
室町幕府滅亡
義昭
義輝
義晴
義稙
義稙
義尚
応仁・文明の乱
義政
戦国（室町）時代
1573
織田信長が足利義昭を京から追放
1568
足利義昭が15代将軍に就任
1565
足利義輝暗殺
松永久秀の子の久通と三好三人衆らにより13代将軍足利義輝が暗殺された。
1493
明応の政変
細川政元が10代将軍足利義稙を廃するクーデターを起こし、11代将軍足利義澄を擁立した。
1477
応仁・文明の乱終結
1467
畠山政長・義就が武力衝突
管領家の家督相続争いや、将軍の後継者争いなど様々な要因が絡み、戦いは11年続いた。
1457
コシャマインの戦い
アイヌ民族の首長コシャマインが和人との軋轢で蜂起するも、武田（蠣崎）信広が鎮圧した。
1455
享徳の乱
鎌倉公方の足利成氏が関東管領の上杉憲忠を暗殺。幕府は成氏討伐のため、足利政知を派遣した。
これからはワシが天下を治めるのだ！
織田信長
足利義昭

1429年

足利義教が将軍に就任

くじで選ばれた6代義教が恐怖政治を展開する

神に選ばれた将軍

4代将軍足利義持は、いったん息子の義量に位を譲ったものの、義量が早世したため引き続き政務をとった。だが、義持は1428年（応永35）に後継者を決めないまま急死してしまう。

義持の弟たち4人が将軍の候補となり、神前のくじ引きで青蓮院義円が選ばれた。還俗した義円は、6代将軍足利義教となる。〈1429〉

神に選ばれたという意識があった義教は、積極的に権力を行使。父義満の政治を理想として義満時代の儀礼に復し、訴訟の判決にも深く関与していった。しかし、補佐役の畠山満家や三宝院満済らの死去を境に、義教はしだいに暴走し始める。

専制を強めた将軍の最期

義教時代の末期には、将軍の怒りを買って処罰される者が相次ぎ、「万人恐怖」と評された。

宗教的権威を背景に、しばしば強引な要求を押し通した比叡山延暦寺にも、厳しい態度で臨んだ。関東では、幕府に反抗的な鎌倉公方の足利持氏を攻め滅ぼした（永享の乱）〈1438〉。

さらに、有力守護大名の一色義貫と土岐持頼を謀殺し、守護職を側近で与えた。この状況に、播磨（兵庫県）などの守護赤松満祐は危機感を持つ。**満祐は義教を屋敷に招いて暗殺。その後、満祐も幕府に追われ、自害**（**嘉吉の乱**）〈1441〉。この事件により、将軍の権威は大きく傷ついた。

時代のギモン

後継者を決めたくじ引きは八百長だった?

現代人の感覚だと「くじ引き将軍」は驚きだが、神仏を信じていた中世の人にとって、くじは神の意志を知る手段の一つであった。

後継者を決めるくじは義持の危篤時に引かれ、死後に開封された。くじは三宝院満済が作成し、管領の畠山満家が石清水八幡宮に持参して神前で一通を引くというやり方だった。

このくじ引きには、事前に後継者は義円に決まっていたとする八百長説がある。八百長説が正しければ、義教の将軍就任に貢献した満済らが幕政に重用されたことにも符合するが、真相は闇の中だ。

登場人物

- 義円（足利義教）
- 三宝院満済
- 一色義貫
- 土岐持頼
- 赤松満祐

人物解説

三宝院満済〔1378～1435〕 義満、義持、義教の3代に仕え、幕政を補佐した僧侶。将軍を決めるくじの作成に関わっていた。彼の日記『満済准后日記』には当時の政治や行事が書かれている。

万人恐怖の政治体制

神前で引かれたくじにより将軍に就任した義教は、幕府に反抗する勢力を次々と滅ぼす恐怖政治を行った。

神前くじの場・石清水八幡宮　京都府八幡市

将軍を決めるくじ引きは石清水八幡宮で行われたとされ、将軍がくじ引きで決まったのは日本初の出来事だった。

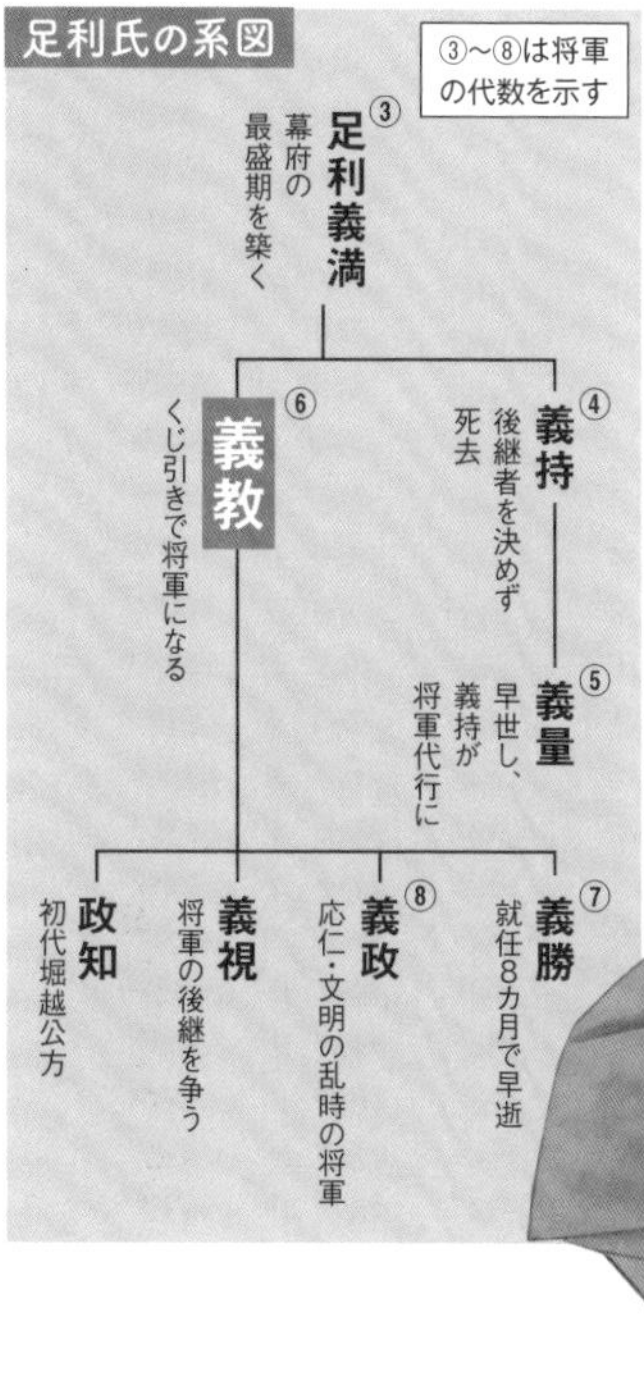

足利氏の系図

③〜⑧は将軍の代数を示す

- ③ **足利義満**　幕府の最盛期を築く
  - ④ **義持**　後継者を決めず死去
    - ⑤ **義量**　早世し、義持が将軍代行に
  - ⑥ **義教**　くじ引きで将軍になる
    - ⑦ **義勝**　就任8カ月で早逝
    - ⑧ **義政**　応仁・文明の乱時の将軍
    - **義視**　将軍の後継を争う
    - **政知**　初代堀越公方

3代義満から8代義政までの系図。4代義持の頃までは幕府と守護の関係も安定していたが、次第に将軍権威は弱まっていった。

私は神に選ばれたのだ！

模写／東京大学史料編纂所蔵

足利義教
(1394〜1441)

足利義満の子で、義持の弟。義満の頃のように将軍の権威を高めようとしたが、その政治体制は「万人恐怖」と呼ばれた。

1455年

享徳の乱が始まる

鎌倉公方と関東管領の対立が原因で関東が戦乱の時代に突入した

鎌倉公方が追討された永享の乱

15世紀以降、関東では鎌倉府を中心とした戦乱が相次いだ。

4代鎌倉公方の足利持氏は、関東からの自立を志向して関東管領の上杉憲実と対立した。1438年（永享10）、持氏は憲実を討伐しようとしたが、**将軍義教が憲実に味方して持氏追討を命令。憲実の助命嘆願にもかかわらず、持氏は自害に追い込まれた。これを永享の乱といい、鎌倉府は一時的に断絶する。**

その後、下総（千葉県・茨城県）の結城氏朝が持氏の遺児を擁して挙兵するも滅亡（結城合戦）（1440）。しかし鎌倉府は、のちに持氏の子成氏が鎌倉公方に就任することで復興した（1449）。

関東が大動乱となった享徳の乱

しかし、鎌倉公方と関東管領の対立は継続する。1454年（享徳3）、成氏は関東管領の上杉憲忠（憲実の子）を暗殺。翌年から享徳の乱が始まり、関東の武士が足利方と上杉方に分かれて戦った。

成氏は鎌倉を離れて下総の古河を拠点としたため、以後は古河公方と呼ばれる。一方、**幕府は成氏を謀反人とみなし、将軍義政の弟・政知を鎌倉公方として派遣した。しかし、政知は鎌倉に入れず、伊豆**（**静岡県**）**堀越を拠点とした**（**堀越公方**）。

享徳の乱は両者決定打のないまま20年以上続き、関東は一足早く戦国の動乱に入った。

時代のギモン

足利学校では何を教えていたのか？

中世の高等教育機関で、宣教師フランシスコ＝ザビエルが「坂東の大学」と紹介した足利学校。創設は平安時代前期とも、鎌倉時代前期ともされるが定かではない。室町時代には衰退していたが、関東管領の上杉憲実が復興に努めた。

足利学校は僧籍にある者が、主として儒学の経典などの漢学を学ぶ場だった。一方、戦乱の続く時代を背景として易学も盛んだった。合戦に臨む際の吉凶を占う「軍配者」が、武将たちに重用されたからである。足利学校は後北条氏や徳川家康にも保護され、江戸時代まで続いた。

登場人物

- 足利持氏
- 上杉憲実
- 結城氏朝
- 足利成氏
- 上杉憲忠

人物解説

結城氏朝［1402～41］　下総で鎌倉時代より続く名家だった結城家の養子になり、家督を継いだ。永享の乱で持氏を支援していた氏朝は、関東管領の上杉憲実と対立し、敗死。

室町幕府と関東を取り巻く情勢

室町幕府と鎌倉公方の対立が激化。長きにわたる動乱は、関東を戦国の時代へと突入させた。

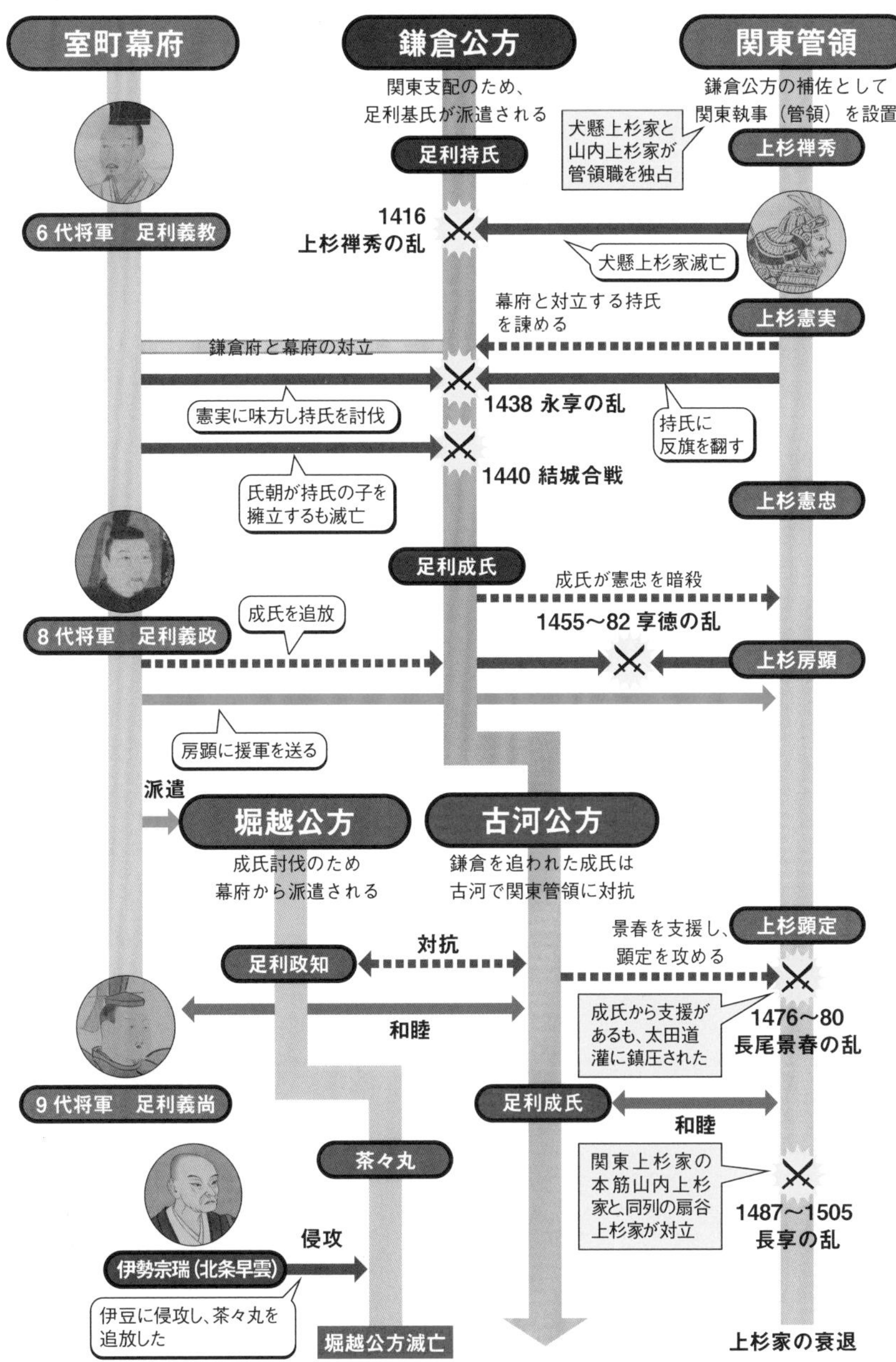

上杉憲実／国立国会図書館蔵、足利義政／東京国立博物館蔵、北条早雲／小田原城天守閣蔵、足利義教／模写・東京大学史料編纂所蔵、足利義尚／東京大学史料編纂所蔵

1428年

徳政を求めて土一揆が勃発

徳政や自治を求める一揆はなぜ各地に拡大していったのか？

登場人物
- 畠山政長
- 畠山義就

土一揆が要求した徳政とは

室町時代の後期になると、人々が団結して（一揆を結んで）幕府や領主に要求を通すことが多くなる。

南北朝時代の一揆は一つの荘園程度の規模だったが、**15世紀には成長した惣村が広域的に結びつき、都市民も巻き込んだ大規模な土一揆（民衆による一揆）が頻発した。**

土一揆は、債務の破棄や質入れ地などを元の持ち主に戻す「徳政」を要求した。貨幣経済が進展し、農民たちも土倉などの高利貸しに頼るようになった結果であった。1428（正長1）年、近江（滋賀県）の馬借の蜂起から畿内周辺に広がった正長の土一揆は、初の大規模な土一揆である。

乱世に現れた多様な形態の一揆

当時の人々は、為政者が交代するとそれまでの債務関係も清算されると考えていた。そのため、足利義教の暗殺後に起きた嘉吉の徳政一揆〈1441〉など、将軍の交代時には「代替わり徳政」を求める土一揆が頻発した。

一方、**応仁・文明の乱〈1467〉後には、国人（国衆）と呼ばれる在地領主層が起こす国一揆が起き、守護大名に抵抗するようになる**（例：山城国一揆〈1485〉）。

浄土真宗本願寺派の信徒による一向一揆は、民衆から武士層まで幅広い階層が結びついた一揆である（例：加賀の一向一揆〈1488〉）。「一揆」は民衆の抵抗というだけでなく、多様な姿を持っていたのである。

時代のギモン

「百姓」とは農民のことではない？

一般的には「お百姓さん」といえば農民のことだと思うだろう。しかし、歴史的には「百姓」と「農民」は同じではないことが明らかになっている。

歴史学者の網野善彦氏は、「百姓」とは農民だけに限らず、漁民や職人などの被支配者層全体を指す、と主張し、日本史研究に大きな転換をもたらした。「姓」とは本来職業という意味で、「百姓」とは「様々な職業の人々」という意味なのである。しかし、江戸時代になると「百姓＝農民」という誤解が浸透し、現代まで続いたのだという。

用語解説

山城国一揆　山城国の国人や農民たちが、守護大名の畠山政長と義就の家督争いに抗議・抵抗し、畠山氏の支配を排除した一揆。以降約8年間にわたり、一揆軍が自治を行った。

各地で拡大・多発する一揆

税の免除や徳政令の発布を求めて、民衆や国人が一揆を起こすと、自治権を獲得することもあった。

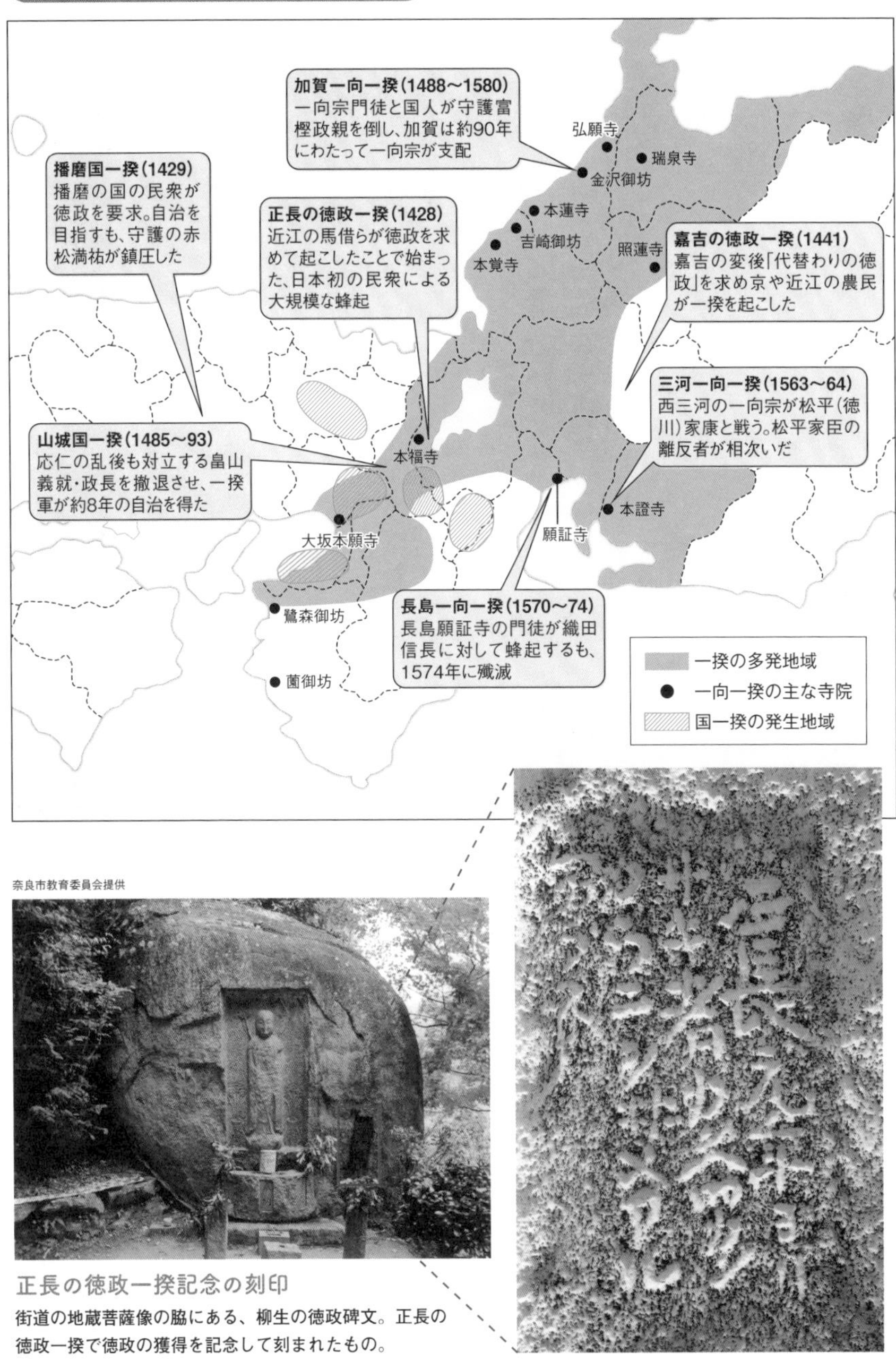

正長の徳政一揆記念の刻印

街道の地蔵菩薩像の脇にある、柳生の徳政碑文。正長の徳政一揆で徳政の獲得を記念して刻まれたもの。

7章 動揺する室町幕府

1467年

応仁・文明の乱で京都が荒廃する

京を戦場にした応仁・文明の乱はなぜ長期化したのか？

大乱には多くの要因があった

嘉吉の乱（1441）の後に将軍職を継いだ義勝は早世し、弟の義政が14歳で8代将軍となった。幼い将軍が続いたことで将軍の権力は弱まり、側近や守護大名の力が強まった。

また、この頃には畠山氏・斯波氏など守護大名家の内部で家督争いが頻発する。日明貿易の利権をめぐる細川氏と大内氏の対立など、守護大名同士の争いの火種もあった。さらに、**将軍義政の弟義視と息子義尚の後継者争いが絡み、全国を二分する内乱に至ったのである。**

将軍義政は守護家の内紛に介入したが、一貫性のない態度によってかえって事態を悪化させた。

勝者なき大乱から戦国の幕開け

大乱の直接の引き金は、畠山義就・政長のいとこ同士の家督争いである。前者に山名持豊（宗全）、後者に細川勝元が味方したため、諸勢力が東西に分かれて戦ったのだ（1467）。

京都を舞台にした戦闘は一進一退を繰り返し、やがて膠着状態に入った。総大将の山名・細川の両名も戦いを疎むようになるが、諸勢力の利害調整は事実上不可能で、講和がまとまらず対陣が続いてしまった。

1477年（文明9）、西軍の畠山義就と大内政弘が京都を撤退し、大乱は形式的に東軍勝利で終結する。**この間、将軍の権威は失墜し、全国的に戦乱が波及していった。**

時代のギモン

戦場の主役となった「足軽」とは？

応仁の乱では京都で市街戦が繰り広げられたが、序盤で両軍が堀や櫓を築いて防備を固め、戦況は膠着した。そこで戦局打開のため、東軍が使い始めた軽装歩兵が足軽だった。彼らの主な役目は敵軍の補給を断つことで、機動力を生かして略奪や放火を行った。しかし、その被害は戦に関係ない公家や庶民にも及び、京都の荒廃に拍車をかけた。

足軽の供給源は、都市に流入した下層民で、土一揆の際には土倉などの襲撃を実行した人々だったと考えられている。現に応仁の乱が始まると、京都での土一揆は見られなくなる。

登場人物

- 足利義政 ☞P30
- 足利義視
- 足利義尚
- 山名持豊（宗全）
- 細川勝元

人物解説

細川勝元〔1430〜73〕　土佐などの守護で、管領。嘉吉の乱で没落した赤松氏の再興を支援したことで、山名宗全と対立。応仁の乱で東軍の総大将になるも、戦中に病死した。

東西に分かれて長期化した応仁の乱

守護の家督争いの広がりや軍の寝返りなど、将軍家の力だけではなすすべもなく、戦いが進行した。

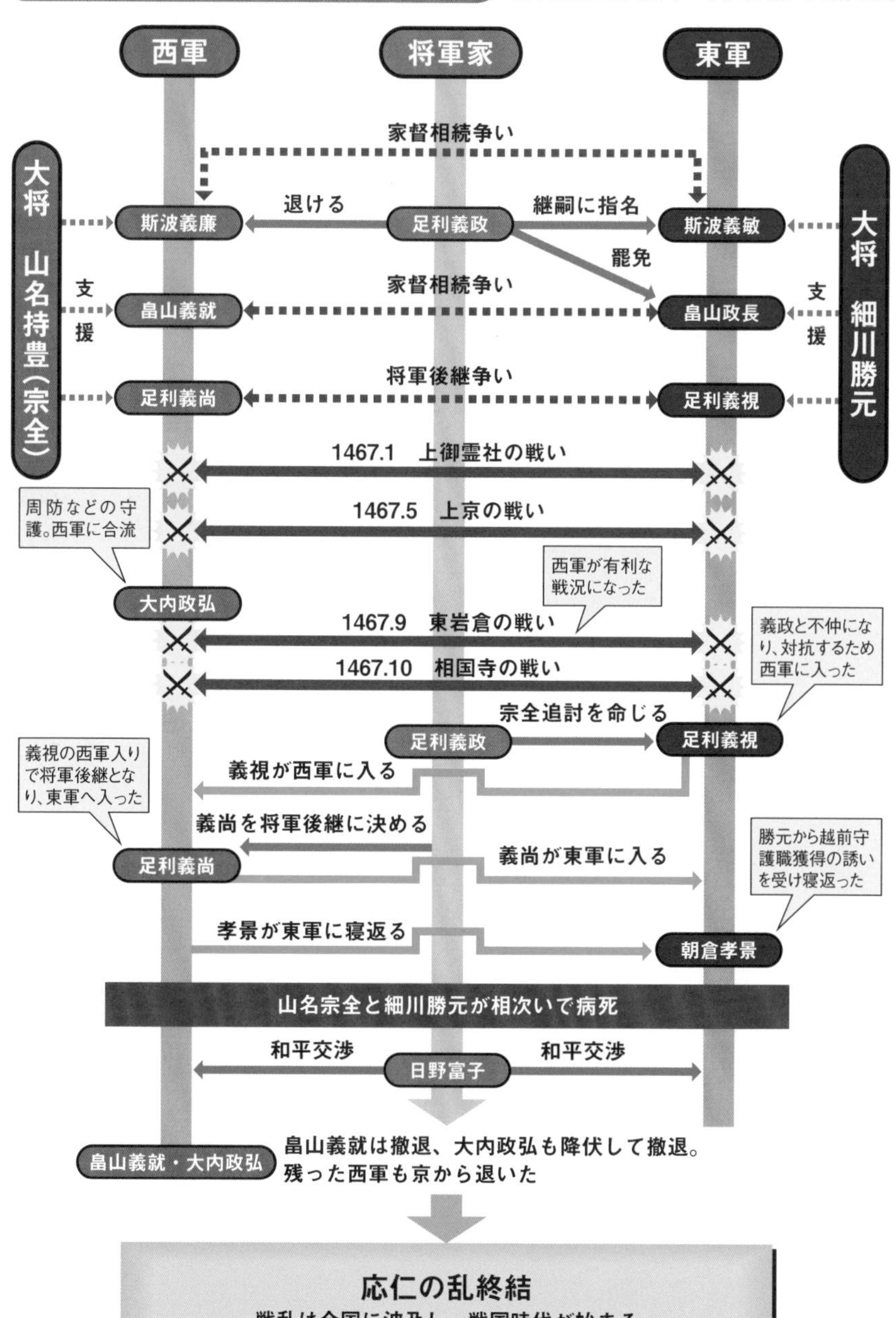

応仁の乱の原因とされる日野富子は本当に悪女だったのか？

富子は大乱の勃発に無関係

通俗的な説だと、応仁の乱の原因は次のように説明される。

8代将軍足利義政には男子がおらず、出家していた弟の義視を還俗させて後継者とした。しかしその後、義政と正室の日野富子の間に、義尚が生まれてしまう。

富子はわが子を将軍にしたかったため、義視と義尚の後継者争いが勃発する。義視には細川勝元、義尚には山名宗全が味方し、天下を二分する大乱になった、というのだ。

日野富子の悪評には、金に汚い守銭奴というものもある。各地に関所をつくり、高額な関銭（通行料）を課して莫大な富を得たなどの逸話が残る。しかし、日野富子に対する悪女のイメージは、研究の進展により覆りつつある。

まず、応仁の乱は守護大名家の内紛や、守護同士の主導権争いなどが複雑に絡み合って起きたということがわかっている。

例えば、元々関係が良好だった細川勝元と山名宗全が対立したきっかけは、畠山氏の内紛だ。また、足利義視は初め東軍の総大将だったが、やがて義政と対立して西軍の山名宗全のもとに走った。この経過も、冒頭の説明と矛盾する。大乱の勃発に、日野富子が関係する余地はなかったと言っていい。

日野義資
日野重子
⑥足利義教
日野重政
日野勝光
日野富子
⑧義政
義視
⑨義尚
⑥〜⑨は将軍の代数を示す

日野家と将軍家の関係
日野富子が8代将軍義政に嫁いでから、富子の兄の勝光が政治権勢を振るい、勝光の死後は富子が政務を担うようになった。

むしろ講和交渉で活躍した富子

　そもそも、富子の実家である日野家は、藤原北家の流れをくむ公家である。足利義満以来、足利将軍の正室は日野家から出ており、高い政治力を発揮した。富子の兄日野勝光も、8代将軍義政の側近として権勢を振るっていた。

　足利義視の正室も、日野富子の妹である。そもそも政略結婚をした女性に期待されるのは、家同士の結合である。富子が我が子可愛さを優先し、義視とわざわざ対立するのは不合理であることがわかる。

　日野富子が政治力を発揮するのは、1476年（文明8）に兄の勝光が死去してからである。義政が政治に関心を失い、義尚がまだ若かったという状況で、やむを得ず政務をとったのである。

　大乱の末期には、富子の妹が義視（西軍）の妻、という縁戚関係であることから、西軍との和平交渉も行っているのだ。

　では、なぜ富子には実像に反する悪女のレッテルが貼られてしまったのか。歴史学者の呉座勇一氏が理由を整理している。第一に、後世に書かれた軍記物語『応仁記』の創作が世間に広まったこと。第二に、当時は女性が政治に携わることに忌避感があったこと。そして、関銭徴収などの利殖活動のため、富子への庶民の評判が悪かった、などの理由が挙げられる。

　利殖活動については、苦しくなった幕府財政を立て直し、朝廷にも献金するなど、単なる私利私欲とは言えない面もある。

　日野富子は、応仁の乱とそれに続く社会の混乱の責任を、過剰に被せられたと言える。

日野富子（1440～96）

8代将軍義政の正室だった彼女は、応仁の乱の渦中において政治手腕を発揮し、和平交渉など、外交的な役割を担っていた。

宝鏡寺蔵

アジアとのつながり

East Asia

【アイヌ文化】

北海道で文化を育んだアイヌ民族と本州に住む和人との関係とは？

アイヌ民族の交易

独自の文化を形成したアイヌ民族は、和人や周辺国と交易を行っていた。

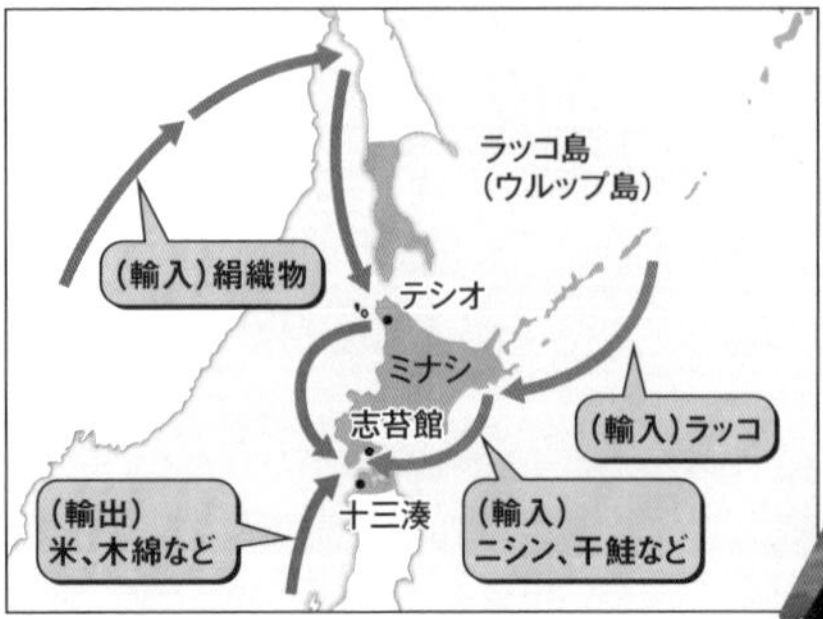

ラッコ島（ウルップ島）
（輸入）絹織物
テシオ
ミナシ
志苔館
十三湊
（輸入）ラッコ
（輸出）米、木綿など
（輸入）ニシン、干鮭など

ラッコ

ラッコの毛皮は最高級の交易品だった。

北東アジアにあった交易圏

北海道の先住民族であるアイヌ。本来は北海道だけでなく、本州北部や樺太南部、千島列島にかけて広く居住していた。文字を持たないため正確な歴史の解明は難しいが、北海道周辺では古くから生活が営まれていたことがわかっている。

縄文文化は日本列島全域に及んでいたが、気候により稲作に向かない北海道には弥生文化が伝わらず、狩猟・漁労中心の続縄文文化となった。その後擦文文化やオホーツク文化を経て、13世紀頃にアイヌの文化が誕生した。

アイヌに民族としてのまとまりができたのは、本州に住む和人との交易の影響が大きい。東北地方北部の豪族安東氏は、十三湊を拠点とした交易で栄え、鎌倉幕府から「蝦夷管領」に任じられた。十三湊は、蝦夷地（北海道）や樺太だけでなく、ロシア沿海州や朝鮮半島東岸などを結ぶ一大交易センターであった。

和人との交流はアイヌ社会を発展させた一方、和人の蝦夷島進出は矛盾をもたらすことになった。15世紀になると、蠣崎氏など安東氏配下の豪族たちが蝦夷島南部に割拠するようになる。

アイヌ民族との衝突

和人がアイヌ民族を刺殺したことにより、アイヌ民族は蜂起。コシャマインの戦いが起こった。

武田（蠣崎）信広（1431～94）

コシャマインの戦いを平定。蠣崎氏の家督を継ぐと、勝山館を新たに築造し、本拠地とした。

北海道大学附属図書館蔵

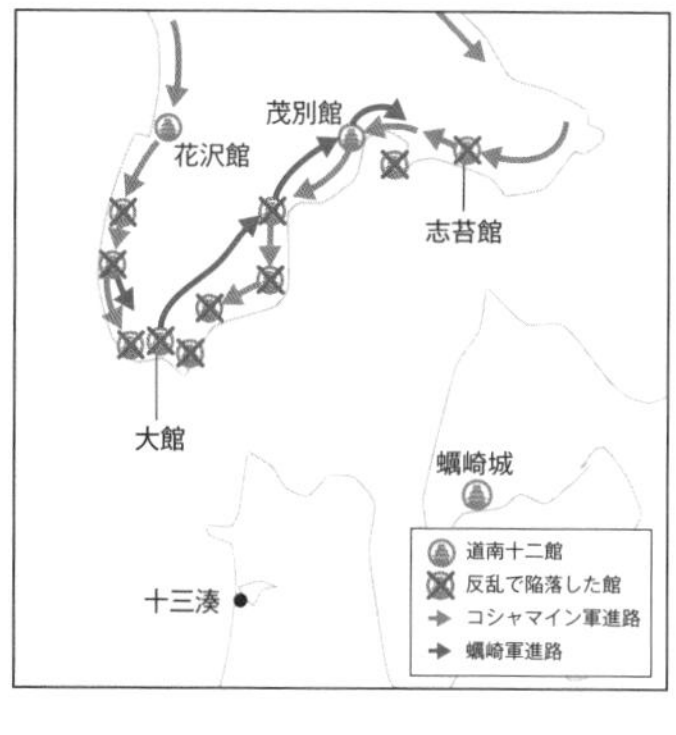

中世・近世を通じて続いた収奪

こうした軋轢（あつれき）の結果、大規模なアイヌ蜂起であるコシャマインの戦い（1457）が勃発する。直接の引き金は、商売上のいさかいから、和人がアイヌを刺殺した事件である。

志苔館

和人が築いた館の中で最も東に位置し、交易の拠点としての役割を持っていた。現在は史跡公園として整備されている。

北海道函館市

1457年（長禄1）、東部アイヌの首長であるコシャマインの指導により、アイヌ諸部族が一斉に蜂起した。蝦夷島にあった12の館（たて）（城）のうち10を攻め落とされるなど和人は苦戦したが、蠣崎氏の武将、武田信広（たけだのぶひろ）の活躍でコシャマインは討たれ、反乱は鎮圧された。

功績を挙げた信広は、蠣崎氏の家督を相続し、蝦夷島南部の領主となった。近世には、蠣崎氏は松前（まつまえ）氏と改姓し、松前藩の藩主となる。

江戸時代の対外窓口「四つの口」の一つとしてアイヌ交易を独占した松前藩だが、アイヌは和人による激しい収奪に苦しむ。17世紀のシャクシャインの戦い（1669）も鎮圧され、厳格な支配下に置かれる。日本史を語るうえで、アイヌの長い苦難の歴史は忘れてはならない。

アジアとのつながり

East Asia 【琉球王国】

“海の十字路”に位置した琉球はどのような歴史を歩んだのか？

三山に分かれた琉球

14～15世紀の琉球は三山時代と呼ばれ、按司と呼ばれる権力者が沖縄本島の北山・中山・南山に大きなグスク（城）をつくり、3つの勢力が覇権を競っていた。

琉球が貿易で繁栄した理由とは

普段の見慣れた日本地図では、琉球諸島は日本列島の周縁に思えるが沖縄を地図の中心にすると、日本・中国・東南アジア方面につながる「海の十字路」であることがわかる。

琉球諸島の歴史は古く、旧石器時代の痕跡も確認されている。弥生時代以降は、北海道と同様に稲作文化が流入せず、貝塚文化という独自の文化が発展した。12世紀頃には農耕がさかんになり、グスクと呼ばれる城と按司と呼ばれる指導者層が成長していく。按司の抗争の結果、沖縄本島では北山・中山・南山の三つの勢力に分かれていた。

１４２９年（永享1）、中山王の尚巴志が沖縄本島を統一。周辺の島々も支配下に置き、琉球王国が成立した。琉球王国は明や清の冊封を受け、朝貢貿易をさかんに行った。この頃、明は倭寇対策として、民間人の海外渡航を禁じる政策を行っていた。民間貿易は打撃を受け、明との貿易ルートは公式の朝貢貿易に限られていた。

じつは、琉球王国は他の朝貢国よりも多くの回数の朝貢を認められていた。海禁政策で制限された貿易の需要を、琉球王国の中継貿易が補う役割を果たしていたのである。

独自の歴史を育んだ琉球

琉球は、交易を通じ国際色豊かな文化を持つ国だった。

鎌倉

グスクの形成と按司

・交易で得た富や権力を元に按司と呼ばれる首長が出現し、グスク（城）を築き、支配力を強めた

三山時代と勢力争い

・沖縄本島は3つの勢力が台頭し、対立していた
・三山の王はそれぞれ明と朝貢貿易を行い、発展した

室町

琉球王国の建国

・尚巴志が中山の王位を奪い、首里城を拠点とした
・北山・南山を滅ぼし、琉球王国を建国した

戦国

江戸

薩摩藩の侵攻

・江戸幕府の許可を得た薩摩藩は琉球に武力侵攻をした
・首里城を包囲し琉球軍を制圧。薩摩藩は琉球王国を管理下に置いた
・中国との冊封体制はそのままで、琉球王国は2国に属する状態になっていた

明治以降

琉球王国の滅亡とその後の沖縄

・明治政府は琉球を鹿児島に編入し、琉球藩を設置。その後沖縄県を設置した（琉球処分）
・太平洋戦争では沖縄本島での地上戦が展開された
・終戦後はアメリカの統治下に置かれ、米軍基地が拡大。沖縄返還協定で本土復帰を果たすも、基地問題は未だ続く

琉球国王の玉冠

琉球国王が即位式や重要な儀式の際に着用していた玉冠。金や銀などの宝石が装飾されている。

那覇市歴史博物館蔵

琉球の進貢船

琉球が朝貢貿易をする時に使用された進貢船は、船首に目玉が描かれているのが特徴。

沖縄県立博物館・美術館蔵

日清両属となった琉球の近世

海の十字路という地理的特性を活かして繁栄した琉球王国。しかし、16世紀頃に密貿易集団である後期倭寇が活発化すると琉球の中継貿易は衰えていく。

日本で天下統一がされると、その余波は琉球にも及んだ。1609年（慶長14）薩摩（鹿児島県）の島津氏は江戸幕府の許可を得て琉球に出兵し、武力で服属させた。もっとも、薩摩藩は中国との貿易の実利を考慮し、琉球と中国の冊封関係も維持させた。そのため、江戸時代の琉球王国は清と薩摩の双方に従属する状態だった。

明治時代になると、近代化を進める政府によって、琉球は日本に正式に併合される（琉球処分）。近世以降の琉球は、苦難の多い歴史を歩むことになったのである。

古都を歩く

京都

将軍に保護された禅寺は文化の中心になった

京都五山と御所の位置関係

御所から離れた洛外の寺院も京都五山に指定され、室町幕府の保護のもと発展した。

京都を支えた商工業者の力

室町時代は将軍の政庁が置かれたことにより、京都（京都府京都市）は政治的・文化的に発展を遂げた。

臨済宗は将軍家の保護を受け発展。足利尊氏は臨済宗僧侶の夢窓疎石に帰依、義満は南宋の禅宗保護制度にならい、五山十刹の制を整えた。天龍寺・相国寺・建仁寺・東福寺・万寿寺の五つの寺を「京都五山」とした。五山の僧侶たちにより、文化も栄え、漢詩などの文学が発展。

しかし、応仁の乱が勃発すると京都の広範囲が被災。力を失った幕府に代わり、裕福な商工業者である町衆が自治を行い、京都を復興させた。

京都五山に指定された寺院

3代将軍足利義満の時に、天龍寺をはじめとする五つの寺院が、京都五山として指定された。

❶天龍寺

京都五山第一位。尊氏・直義兄弟が後醍醐天皇の菩提を弔うために建立した。建立資金を得るために、中国の元に天龍寺船が派遣された。庭園（上）からは嵐山が望める。

❷相国寺

京都五山第二位。義満が建立した。応仁の乱の激戦地で、全焼の被害に遭うも、1605年に法堂が再興。

❸建仁寺

京都五山第三位。鎌倉幕府2代将軍源頼家の援助で健立され、栄西を開山とする京都で最初の禅寺。室町時代中期に書かれた「春眺」という詩の中に、建仁寺三門の記載がある。

❹東福寺

京都五山第四位。鎌倉幕府4代将軍九条頼経の父道家が建立した。応仁の乱でいくつかの塔頭が焼失するが、豊臣秀吉らによって再興。

❺万寿寺

京都五山第五位。平安時代末期に創建された六条御堂を鎌倉時代に禅寺とした。1434年に火災に遭うも再興され、東福寺の末寺になった。

1573年

室町幕府が滅亡する

将軍の権威が衰退し幕府が滅亡 群雄割拠の戦国時代へと突入する

登場人物
- 細川政元
- 三好長慶
- 足利義輝
- 足利義昭
- 織田信長

将軍を頂点とする秩序の崩壊

応仁の乱以後、将軍権力の衰えに歯止めがかからなくなった。1493年（明応2）、細川政元は将軍を廃立するクーデターを起こし、実権を掌握した（明応の政変）。しかし、細川氏も後継者争いで分裂し、畿内は長い戦乱に陥る。その間、**地方では実力で領国の支配を固めた戦国大名が成長し、戦国動乱の時代となった。**

畿内の戦乱の結果、細川氏の家臣である三好氏が台頭していく。16世紀半ば、三好長慶は畿内を中心に十数カ国を支配し、独自の支配を行った。しかし、長慶の死後に家臣の三好三人衆と松永久秀が対立し、三好政権も瓦解してしまう。

信長の登場で室町幕府は滅亡

13代将軍足利義輝は、戦国大名の調停を行うなど、将軍権力の復興に努めた。これが三好氏との対立を引き起こし、三好義継（長慶の後継者）によって暗殺（1565）されてしまう。

難を逃れた義輝の弟義昭を奉じて上洛したのが織田信長である。信長は義昭を将軍職につけ（1568）、三好三人衆らの抵抗を退けた。しかし、**義昭もやがて信長と対立し、1573年（天正1）に追放されてしまった。ここに室町幕府は滅亡するのである。**

信長・秀吉・家康による天下統一により、武家による中央集権的な政権が樹立された。こうして中世は幕を閉じ、近世が始まったのだ。

時代のギモン

「中世」の終わりはいつか？

一般的に、日本史における中世は分権的な武家政権、近世は中央集権的な武家政権の時代と理解されている。時代区分で言うと、安土桃山時代～江戸時代を近世ととらえることが多い。それでは、中世が終わって近世が始まるのはいつなのだろうか。

織田信長が足利義昭を伴って入京した1568年、豊臣秀吉が天下を統一した1590年、江戸幕府が成立した1603年、豊臣氏が滅亡した1615年など、説は多くある。いずれにせよ、たった一つのできごとで時代が転換するわけではないので、ある種の目安として考えたい。

用語解説

三好三人衆 三好宗渭（政康）、長逸、岩成友通の三人を合わせて三好三人衆と呼ぶ。松永久秀と共に義継を補佐して政務を担ったが、信長に屈して衰退。

室町幕府の滅亡と近世の始まり

将軍の権威が衰えると、次第に三好や織田などの新興勢力が政治の実権を握っていくようになった。

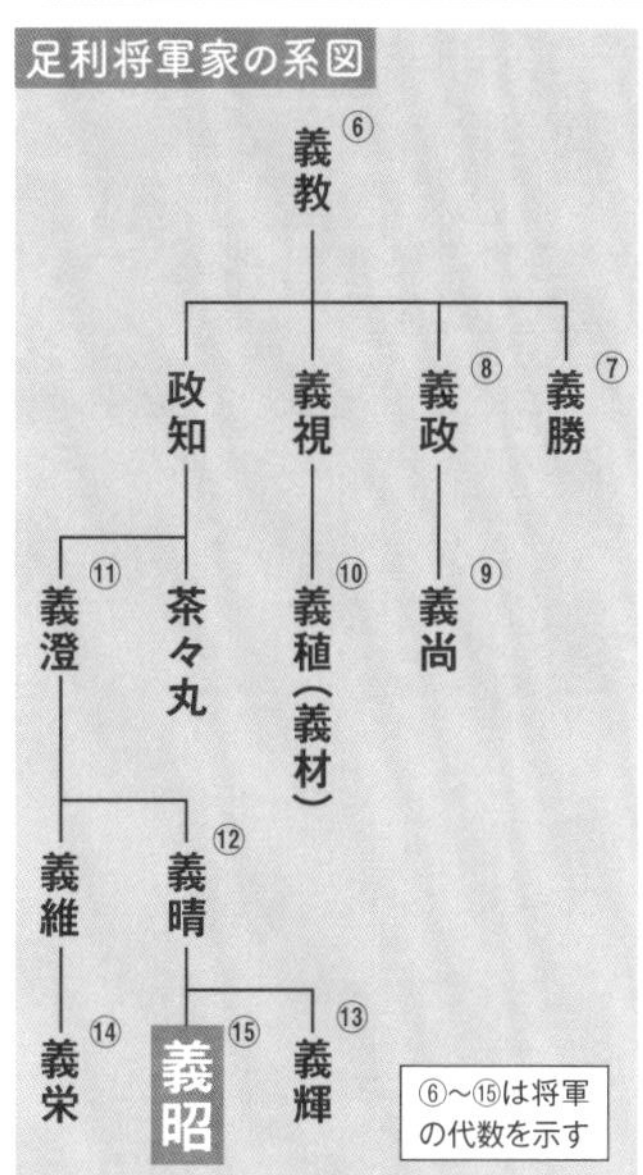

6代将軍義教から15代将軍義昭までの系図。幕府の権威が次第に弱まり、義昭の時についに幕府は滅亡した。

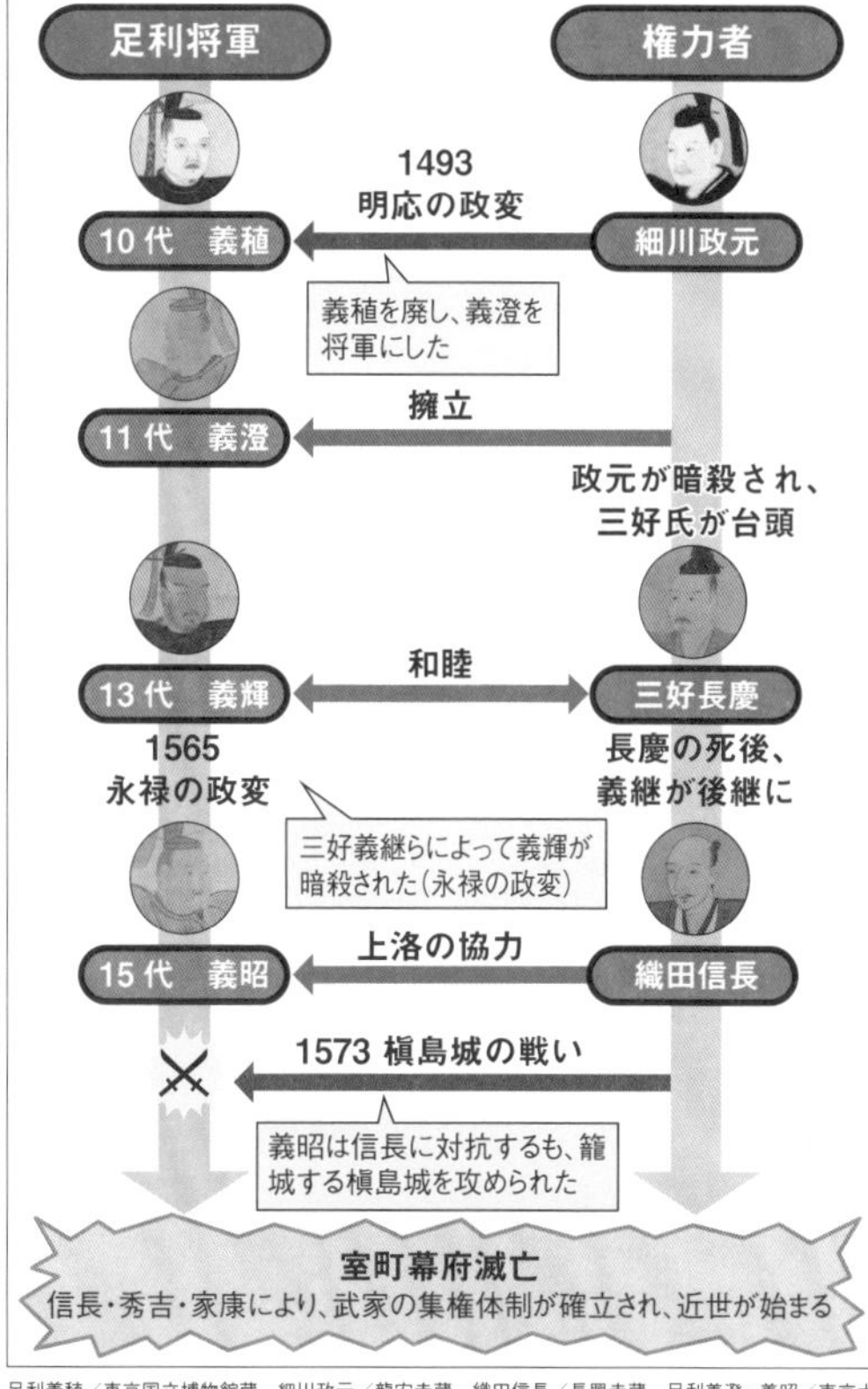

足利義稙／東京国立博物館蔵、細川政元／龍安寺蔵、織田信長／長興寺蔵、足利義澄・義昭／東京大学史料編纂所蔵、それ以外はすべて模写／東京大学史料編纂所蔵

義昭様を
追い出さねば

足利義昭（1537〜97）

兄の義輝暗殺をきっかけに、信長の協力を得て上洛を果たす。15代将軍に就任。信長と次第に対立し、京から追放された。

東京大学史料編纂所蔵

織田信長（1534〜82）

駿河の今川氏を破り勢力を拡大した、尾張の戦国大名。義昭と共に上洛し、幕府の実権を掌握した。

長興寺蔵

鎌倉・室町時代を知る!
MEDIA GUIDE

時代背景はやや複雑だが、魅力ある人物が次々と登場する鎌倉・室町時代。ここに挙げた作品を通じてドラマチックで人間くさい日本中世史に触れてみよう。

『炎環』

［著者］永井路子
［巻数］全1巻（文庫版）
［刊行］2012年（新装版）
［出版］文藝春秋

燃え上がる鎌倉武士の野望

鎌倉幕府の成立過程を、阿野全成・梶原景時・阿波局・北条義時の視点で語る連作短編集。命を燃やして権力への道を進む者たちはその果てに何を見たのか。

『北条時宗』

［脚本］井上由美子
［主演］和泉元彌
［放送］2001年
［制作］NHK

迫力の映像で描かれた元寇

権力争いに明け暮れる御家人をまとめ、蒙古軍の襲来に立ち向かった北条時宗が主人公。当時の最新技術だったCGやデジタル合成技術を駆使した戦闘シーンは必見だ。

『義経』

［著者］司馬遼太郎
［巻数］全2巻（文庫版）
［刊行］2004年（新装版）
［出版］文藝春秋

司馬遼太郎が見た"人間義経"

平氏滅亡の立役者・源義経の生涯を題材とした小説。悲劇のヒーローとして神格化されがちな義経を未熟な一人の人間として描いた、司馬遼太郎の人間描写が光る一作だ。

『平清盛』

［脚本］藤本有紀
［主演］松山ケンイチ
［放送］2012年
［制作］NHK

院政期のリアルを描く

武士の世を築き、交易で国を富ませるという夢を叶えようとあがいた平清盛の生涯を描く。視聴率では苦しんだが熱心なファンが多く、放送終了後も根強い人気を誇る。

『アンゴルモア 元寇合戦記』

［作者］たかぎ七彦
［巻数］全10巻
［連載］2013〜18年
［出版］KADOKAWA

命をかけて蒙古軍を撃退せよ!

文永の役直前、対馬の最前線で蒙古と戦った朽井迅三郎らの奮戦が描かれる。合戦は凄惨ながらリアルに描かれ、当時の絶望感を体感できる。続編の「博多編」も必見。

『炎立つ』

［脚本］中島丈博
［主演］渡辺謙、村上弘明
［放送］1993〜94年
［制作］NHK

北の王者の栄華と滅亡

奥州藤原氏開祖・藤原経清、初代清衡、最後の当主・泰衡の三人を主人公に据えた三部作。前九年の役から滅亡まで、理想を求めた奥州藤原氏当主たちの戦いを描く。

『子午線の祀り』

［作者］木下順二
［巻数］全1巻（文庫版）
［刊行］1999年
［出版］岩波書店

滅亡に向かう平氏一門

一ノ谷の戦いから壇ノ浦の戦いにいたるまでを題材とした戯曲。一門の行く末を思い苦悩する知盛と功に逸る義経の対比など、巧みな心理描写に引き込まれる。

『花の乱』

[脚本]市川森一
[主演]三田佳子
[放送]1994年
[制作]NHK

彼女は本当に悪女だったのか？

足利義政の正室日野富子を主人公とした大河ドラマ。応仁の乱の原因をつくった悪女とされる富子を、運命に翻弄されながらも我が子のために奮闘する烈女として描く。

『風の群像』

[著者]杉本苑子
[巻数]全2巻（文庫本）
[刊行]2000年
[出版]講談社

室町幕府成立をめぐる人間ドラマ

自分を慕う武士たちのため、後醍醐天皇に反旗を翻し、室町幕府を築いた足利尊氏の生涯を描く。複雑な時代背景がわかりやすく説明された、初心者にもオススメの一作。

『太平記』

[脚本]池端俊策、仲倉重郎
[主演]真田広之
[放送]1991年
[制作]NHK

数少ない南北朝期の映像作品

鎌倉幕府滅亡から足利尊氏の死までの動乱の時代を描いた唯一の大河ドラマ。重厚な演出と登場人物の熱演が高く評価され、今なお傑作の呼び声が高い。

『新九郎、奔る！』

[作者]ゆうきまさみ
[巻数]1〜8巻（続刊中）
[連載]2018年〜
[出版]小学館

青年早雲が見た戦国乱世

のちに東国で覇を唱える北条氏初代伊勢宗瑞が主人公。応仁の乱や備中荏原での領地経営など、青年時代の宗瑞（新九郎）の活躍に光をあてた作品である。

『悪党の裔』

[著者]北方謙三
[巻数]全2巻（文庫版）
[刊行]2021年（新装版）
[出版]中央公論新社

夢を追い続けた悪党の生涯

播磨の悪党で討幕・室町幕府成立に貢献した赤松円心を主人公とした小説。迫力ある合戦描写と悪党の誇りを重んじる円心の生き様が痛快な作品だ。

『私本太平記』

[著者]吉川英治
[巻数]全8巻
[刊行]1990年
[出版]講談社

戦前のイメージを覆す武将像

吉川英治晩年の作品。皇国史観で逆賊とされた足利尊氏を人間味あるリーダー、南朝の英雄楠木正成を温厚な人物として描くなど、戦前のイメージを覆す人物描写が特徴。

『獅子の座』

[著者]平岩弓枝
[巻数]全1巻（文庫版）
[刊行]2003年
[出版]文藝春秋

栄華の裏に潜む天下人の孤独

室町幕府最盛期に君臨した足利義満の生涯を描く。冷静かつ冷徹に権力の座に上りつめる政治家と、乳母への恋心に苦悩する一個人の両面を描ききった著者渾身の作。

『逃げ上手の若君』

[作者]松井優征
[巻数]1〜2巻（続刊中）
[連載]2021年〜
[出版]集英社

逃げ続けて英雄に至った少年

中先代の乱を起こした北条時行を主人公とした異色の少年マンガ。臆病で逃げ腰な少年時行が、朝廷方の追っ手から逃げながら幕府を裏切った足利尊氏への復讐を狙う。

DVD 発売中
『大河ドラマ 平清盛 完全版』©2012NHK
『大河ドラマ 炎立つ 完全版』©2007NHK
『大河ドラマ 北条時宗 総集編』©2006 NHK
『大河ドラマ 太平記 完全版』©2008 NHK
『大河ドラマ 花の乱 完全版』©2009NHK
発行・販売元：NHK エンタープライズ
お問合せ：NHK エンタープライズ ファミリー倶楽部
電話：0120-255-288（9時〜18時）

源氏将軍・執権系図

将軍…❶〜❸
執権…1〜16
得宗（北条氏嫡流の当主）…◆1〜◆9

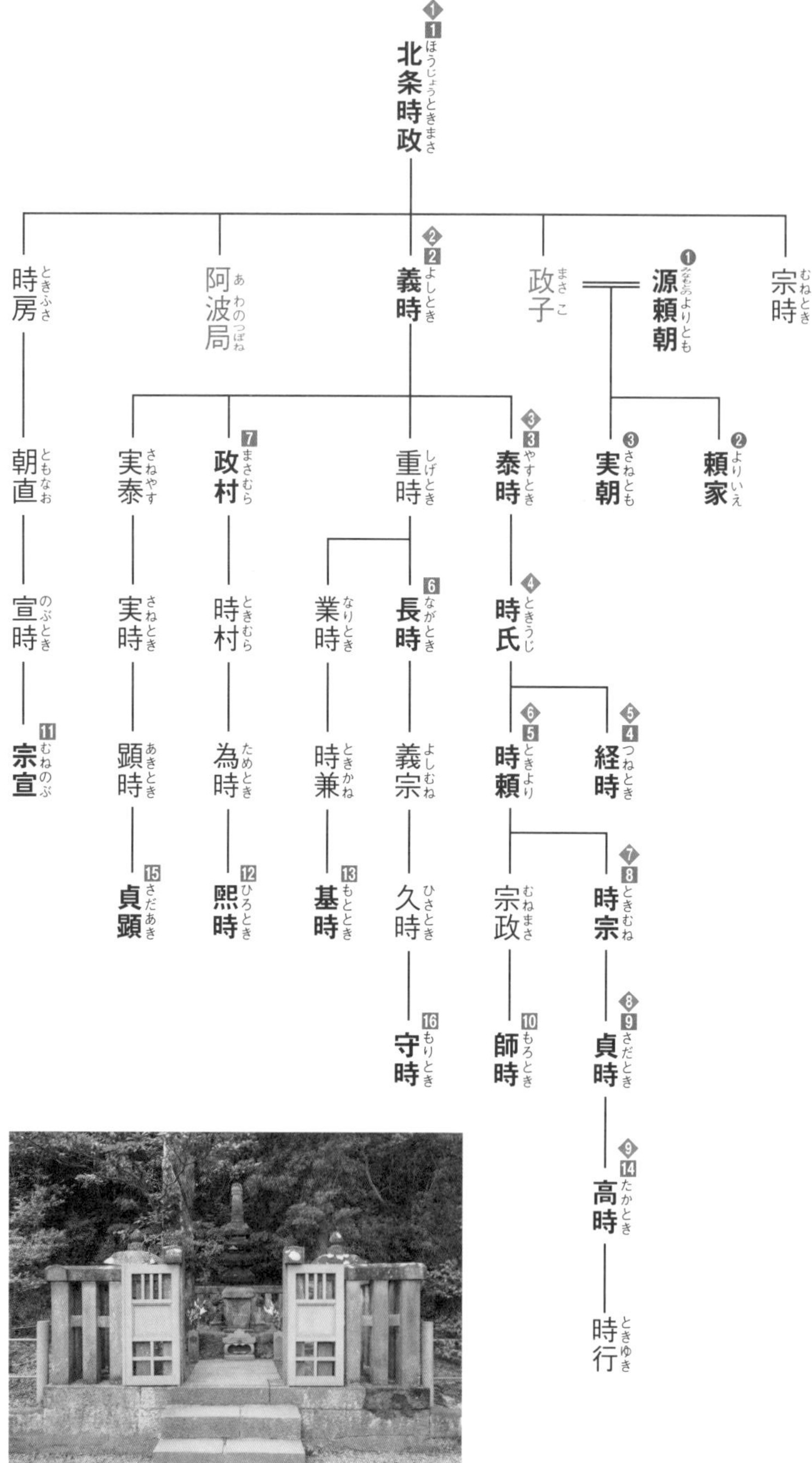

法華寺跡に立つ頼朝墓所／神奈川県鎌倉市

足利将軍系図

将軍…❶〜⑮
鎌倉公方…1〜5
古河公方…1〜5
堀越公方…◆1〜◆2

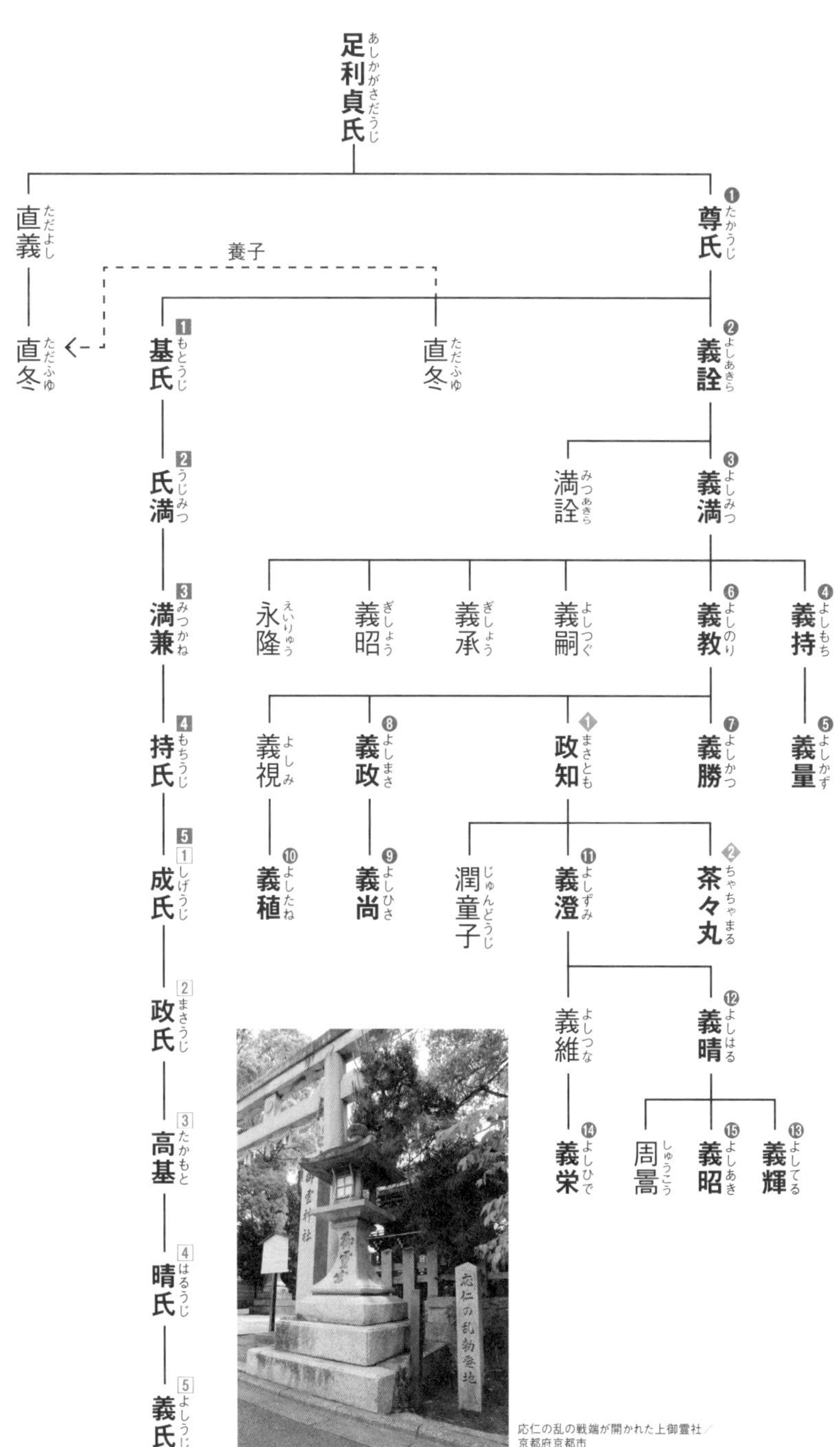

応仁の乱の戦端が開かれた上御靈社／京都府京都市

鎌倉・室町 用語・人物さくいん

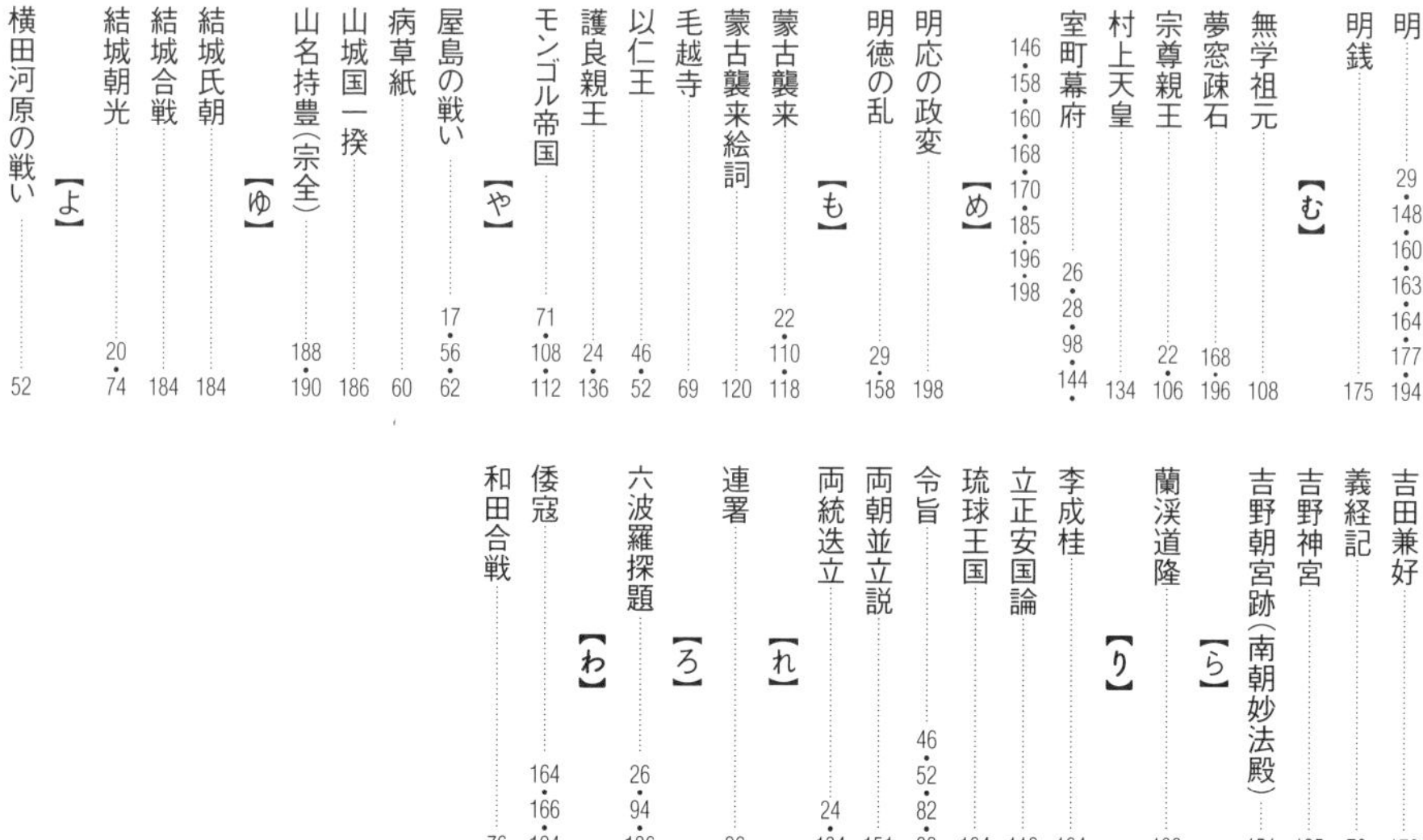

主要参考文献

〈監修・通史〉
『日本中世史の核心』(本郷和人著)、『軍事の日本史』(本郷和人著)、『暴力と武力の日本中世史』(本郷和人著／以上朝日新聞出版)、『乱と変の日本史』(本郷和人著／祥伝社)、『NHKさかのぼり日本史8 室町・鎌倉〝武士の世〟の幕開け』(本郷和人著／NHK出版)、『いっきに学び直す日本史 古代・中世・近世 教養編』(安達達朗著・山岸良二監修／東洋経済新報社)、『ここまで変わった日本史教科書』(高橋秀樹・三谷芳幸・村瀬信一著／吉川弘文館)、『もう一つ上の日本史』(浮世博史著／幻戯書房)、『日本史の論点』(塚原哲也ほか著／駿台文庫)、『日本史の論点』(中公新書編集部編／中央公論新社)、『詳説日本史史料集』(笹山晴生ほか著／山川出版社)、『日本史辞典』(朝生直弘ほか著／角川新版)、『日本美術の歴史 補訂版』(辻惟雄著／東京大学出版会)、『歴史を考えるヒント』(網野善彦著／新潮社)、『日本の歴史4 揺れ動く貴族社会』(川尻秋生著／小学館)、『日本の歴史7 鎌倉幕府』(石井進著／中央公論新社)、『日本の歴史7 走る悪党、蜂起する土民』(安田次郎著／小学館)、『日本の歴史8 南北朝の動乱』(伊藤喜良著／集英社)、『日本の歴史9 南北朝の動乱』(佐藤進一著／中公文庫)、『日本の歴史9 日本国王と土民』(今谷明著／集英社)、『日本史 B 講義の実況中継② 中世〜近世』(石川晶康著／語学春秋社)、『日本社会の歴史(下)』(網野善彦著／岩波書店)、『日本社会の歴史(中)』(網野善彦著／岩波書店)、『執権 北条氏と鎌倉幕府』(細川重男著／講談社)、『陰謀の日本中世史』(呉座勇一著／ KADOKAWA)、『大系 日本の歴史5 鎌倉と京』(五味文彦著／小学館)、『大学の日本史②中世』(五味文彦編／山川出版社)、『中世史講義』(高橋典幸ほか編)、『中世史講義【戦乱篇】』(高橋典幸著／以上筑摩書房)、『鎌倉時代その光と影』(上横手雅敬編)、『日本中世の歴史1 中世社会の成り立ち』(木村茂光著)、『日本中世の歴史2 院政と武士の登場』(福島正樹著)、『日本中世の歴史3 源平の内乱と公武政権』(川合康著)、『日本中世の歴史6 戦国大名と一揆』(池亨著／以上吉川弘文館)、『日本の歴史09 頼朝の天下草創』(山本幸司著)、『日本の歴史10 蒙古襲来と徳政令』(筧雅博著)、『武士論』(五味文彦著／以上講談社)
〈1章〉
『院政』(美川圭著／中央公論新社)、『日本の中世8 院政と平氏、鎌倉政権』(上横手雅敬ほか著／中央公論新社)、『日本の歴史7 武士の成長と院政』(下向井龍彦著／講談社)、『河内源氏』(元木泰雄著／中央公論新社)、『源平の盛衰』(上横手雅敬著／講談社)、『源平の内乱と公武政権』(川合康著／吉川弘文館)、『別冊歴史読本 源氏対平氏』(五味文彦編／新人物往来社)、『平泉 北方王国の夢』(斉藤利男著／講談社)、『武家の棟梁源氏はなぜ滅んだのか』(野口実著／新人物往来社)、『白河法皇』(美川圭著／KADOKAWA)、『平 将門』(北山茂夫著)『平清盛 福原の夢』(高橋昌明著／以上講談社)、『人物叢書 平清盛』(五味文彦著／吉川弘文館)、『平清盛の闘い』(元木泰雄著／ KADOKAWA)、『歴史に裏切られた武士 平清盛』(上杉和彦著／アスキー・メディアワークス)、『後白河法皇』(棚橋光男著／講談社)、『源義経』(近藤好和著／ミネルヴァ書房)、『源義経』(五味文彦著／岩波書店)、『源頼政と木曽義仲』(永井晋著／中央公論新社)、『週刊 日本の美をめぐる44 源頼朝 肖像の誕生』(小学館)、『新版 平家物語(一) 全訳注』(杉本圭三郎訳／講談社)、『図説 平家物語』(佐藤和彦ほか著／河出書房新社)、『平家物語(一) 〜(四)』(梶原正昭・山下宏明校注／岩波書店)、『「平家物語」がわかる。』(アエラ編集部編／朝日新聞出版)、『平家物語の虚構と真実(上)(下)』(上横手雅敬著／塙書房)、『平家物語を知る事典』(日下力ほか著／東京堂出版)、『平家物語を読む』(川合康編／吉川弘文館)
〈2章〉
『日本の歴史6 京・鎌倉ふたつの王権』(本郷恵子著／小学館)、『源頼朝と鎌倉幕府』(上杉和彦著／新日本出版社)、『週刊 新発見!日本の歴史19 京と鎌倉のダイナミクス』／朝日新聞出版)、『知るほど楽しい鎌倉時代』(多賀譲治著／理工図書)、『平家と六波羅幕府』(高橋昌明著／東京大学出版会)、『日本史リブレット人 026 源頼朝』(高橋典幸著／山川出版社)、『現代語訳 吾妻鏡(1) 頼朝の挙兵』(五味文彦・本郷和人編)『現代語訳 吾妻鏡(2) 平氏滅亡』(五味文彦・本郷和人編)、『現代語訳 吾妻鏡(8) 承久の乱』(五味文彦・本郷和人編／以上吉川弘文館)
〈3章〉
『図説 鎌倉幕府』(田中大喜編著／戎光祥出版)、『鎌倉将軍・執権・連署列伝』(細川重男編／吉川弘文館)、『日本の歴史09 頼朝の天下草創』(山本幸司著)、『執権 北条氏と鎌倉幕府』(細川重男著／以上講談社)、『将軍・執権・連署』(日本史史料研究会編)、『三浦一族の中世』(高橋秀樹著／以上吉川弘文館)、『承久の乱』(坂井孝一著／中央公論新社)、『承久の乱』(本郷和人著／文藝春秋)、『歴史 REAL 承久の乱』(洋泉社)、『愚管抄』(丸山二郎校注／岩波書店)、『週刊朝日百科5 日本の歴史 平家物語と愚管抄』(朝日新聞社)
〈4章〉
『鎌倉幕府滅亡と北条氏一族』(秋山哲雄著)、『元寇と南北朝の動乱』(小林一岳著)、『神風の武士像』(関幸彦著／以上吉川弘文館)、『蒙古襲来』(服部英雄著／山川出版社)、『日本の歴史10 蒙古襲来と徳政令』(筧雅博著／講談社)、『寺社縁起』(桜井徳太郎ほか校注／岩波書店)
〈5章〉
『鎌倉幕府と朝廷』(近藤成一著／岩波書店)、『南朝研究の最前線』(呉座勇一編／朝日新聞出版)、『日本の歴史12 室町人の精神』(桜井英治著／講談社)、『図解観応の擾乱と南北朝動乱』(水野大樹著／スタンダーズ)、『足利尊氏と直義 京の夢、鎌倉の夢』(峰岸純夫著／吉川弘文館)、『日本の歴史11 太平記の時代』(新田一郎著／講談社)、『後醍醐天皇』(森茂暁著／中央公論新社)、『太平記の世界展』(NHKプロモーション)、『神皇正統記』(北畠親房著・岩佐正校注／岩波書店)、『現代語訳 神皇正統記』(今谷明著／ KADOKAWA)
〈6・7章〉
『図説 鎌倉府』(杉山一弥編)、『図説 室町幕府』(丸山裕之著／以上戎光祥出版)、『戦国乱世を生きる力』(神田千里著／筑摩書房)、『足軽の誕生』(早島大祐著／朝日新聞出版)、『京都歴史散歩』(成美堂出版)、『足利義満』(佐藤進一著／平凡社)、『七十一番職人歌合』(岩崎佳枝ほか校注／岩波書店)、『旅する長崎学12』(長崎文献社)、『太平記(五)』(兵藤裕己校注／岩波文庫)

監　修　本郷和人

東京都出身。東京大学史料編纂所教授。博士（文学）。日本中世史（主に政治学）と古文書学を専門に研究しており、『大日本史料　第五編』の編纂に携わる。NHK 大河ドラマ「平清盛」の時代考証や、マンガ「逃げ上手の若君」（松井優征著）などの監修を務める。主な著書に『日本史の論点』（扶桑社）、『暴力と武力の日本中世史』『日本中世史の核心』（ともに朝日新聞出版）、『日本史を変えた八人の将軍』『乱と変の日本史』（ともに祥伝社）、『承久の乱』（文藝春秋）、『「失敗」の日本史』（中央公論新社）など多数。

編　集　かみゆ歴史編集部

（滝沢弘康、小関裕香子、丹羽篤志、深草あかね、速川令美）
「歴史はエンターテイメント」をモットーに、雑誌・ウェブから専門書までの編集制作を手がける歴史コンテンツメーカー。扱うジャンルは日本史、世界史、宗教・神話、アートなど幅広い。日本史関連の主な編集制作物に『テーマ別だから理解か深まる日本史』『イラスト図解でサクッとわかる時代別 いちばんエライ人てわかる日本史』『地域別×武将だからおもしろい　戦国史』（ともに朝日新聞出版）、『歴史を深ぼり!　日本史を動かした50チーム』（JTB パブリッシング）など。

執　筆　中丸満（巻頭10人／1～3章）、三城俊一（4～7章）
人物イラスト　竹村ケイ
イラスト　香川元太郎、黒澤達矢、ニシザカライト
ブックデザイン　TYPEFACE（CD.渡邊民人、D.清水真理子）
DTP・図版　株式会社WADE
校　正　聚珍社、木串かつ子

写真協力・資料提供
朝日新聞フォトアーカイブ／岩波書店／講談社／集英社／小学館／中央公論社／文春文庫／Colbace／KADOKAWA／NHK エンタープライズ／photolibrary／PIXTA

キーパーソンと時代の流れで一気にわかる

鎌倉・室町時代

監　修　本郷和人

編　著　朝日新聞出版

発行者　橋田真琴

発行所　朝日新聞出版
〒104-8011 東京都中央区築地5-3-2
電話03-5541-8996（編集）　03-5540-7793（販売）

印刷所　大日本印刷株式会社

ISBN　978-4-02-334053-4

本書は2021年10月末時点での情報を掲載しております